纪检监察专业方向系列教材
西安文理学院精品教材培育项目

纪律审查与监察调查教程

高振虎◎编著

中国政法大学出版社

2019·北京

声　　明　　1. 版权所有，侵权必究。

　　　　　　2. 如有缺页、倒装问题，由出版社负责退换。

图书在版编目（ＣＩＰ）数据

纪律审查与监察调查教程/高振虎编著. —北京：中国政法大学出版社，2019.3
（2021.8 重印）
ISBN 978-7-5620-8938-4

Ⅰ.①纪… Ⅱ.①高… Ⅲ.①中国共产党－纪律检查－审查－教材②行政－监察－调查－中国－教材 Ⅳ.①D262.6②D630.9

中国版本图书馆 CIP 数据核字 (2019) 第 055866 号

出 版 者　　中国政法大学出版社

地　　址　　北京市海淀区西土城路 25 号

邮寄地址　　北京 100088 信箱 8034 分箱　　邮编 100088

网　　址　　http://www.cuplpress.com (网络实名：中国政法大学出版社)

电　　话　　010-58908285(总编室) 58908433（编辑部）58908334(邮购部)

承　　印　　固安华明印业有限公司

开　　本　　720mm×960mm　　1/16

印　　张　　21

字　　数　　400 千字

版　　次　　2019 年 3 月第 1 版

印　　次　　2021 年 8 月第 2 次印刷

定　　价　　68.00 元

献给：

伟大的改革开放四十周年

党的纪律检查机关恢复重建四十周年

《中华人民共和国监察法》元年

前 言
PREFACE

    西安文理学院马克思主义学院思想政治教育专业，首开纪检监察方向专业本科是一件可圈可点、可庆可贺的事情。此举，为纪检监察行业和有志从事纪检监察行业的学子们开辟了一条更好地掌握纪检监察科学知识、增长本事的道路。

    党的十八届三中全会通过的《中共中央关于全面深化改革若干重大问题的决定》提出："全面深化改革的总目标是完善和发展中国特色社会主义制度，推进国家治理体系和治理能力现代化。"十八届中纪委三次全会公报指出："纪检监察机关要在国家治理体系中发挥重要作用，探索实现治理能力现代化。"作为国家治理体系重要组成部分的纪检监察机关，在推进国家治理体系和治理能力现代化过程中要发挥至关重要的作用，纪检监察机关工作人员作为国家治理体系的重要元素，必须是高素质和高水准的队伍。西安文理学院首开纪检监察方向专业本科无疑是一个有益的尝试，对培养高素质高水准的纪检监察干部有着重要意义，必定发挥出预期的良好作用。

    党的十九大报告强调要"健全党和国家监督体系。增强党自我净化能力，根本靠强化党的自我监督和群众监督。要加强对权力运行的制约和监督，让人民监督权力，让权力在阳光下运行，把权力关进制度的笼子。强化自上而下的组织监督，改进自下而上的民主监督，发挥同级相互监督作用，加强对党员领导干部的日常管理监督。""深化国家监察体制改革，将试点工作在全国推开，组建国家、省、市、县监察委员会，同党的纪律检查机关合署办公，实现对所有行使公权力的公职人员监察全覆盖。""构建党统一指挥、全面覆盖、权威高效的监督体系，把党内监督同国家机关监督、民主监督、司法监督、群众监督、舆论监督贯通起来，增强监督合力"。十三届全国人大一次会议修订了《中华人民共和国宪法》，制定并颁布了《中华人民共和国监察法》，我们国家进入了特色社会主义新时代，纪检监察机关更加任重道远。

纪检监察机关是党和国家赋予特殊职能、政治属性极强的机关。《中国共产党党章》第46条规定"党的各级纪律检查委员会是党内监督专责机关"，《宪法》第123条规定"中华人民共和国各级监察委员会是国家的监察机关"，《中华人民共和国监察法》第3条规定"各级监察委员会是行使国家监察职能的专责机关"，是党统一领导下的反腐败专门机构。据此，纪检监察机关是专门监督、执纪问责和调查处置的专门队伍。纪律审查与监察调查是《党章》和《宪法》赋予纪检监察机关的最基本职能，在整个纪检监察体系中处于中心环节，占据主要地位；是纪检监察机关履行"监督执纪问责"和"监督调查处置"职能时最主要、最经常的工作；是全面从严治党、从严理政的有效手段；是保障党的纯洁，干部队伍的统一，密切党群、干群关系的最得力的措施；同时纪律审查与监察调查的成效是人民群众评价纪检监察机关工作优劣的重要标志。实质上纪检监察机关各项职能的实现都离不开纪律审查与监察调查的支持，离开纪律审查与监察调查，纪检监察就没有了本色，倒置了本末，背离了主责，失去了优势。因此纪律审查与监察调查最能体现纪检监察机关的特色，最有震慑力，真正反映了纪检监察机关工作的综合水准和能力。

纪检监察干部队伍要"忠诚、干净、担当"，就要有良好的政治素养、理论素养、业务素养。纪律审查与监察调查是纪检监察机关的主业，是"监督执纪问责"和"监督调查处置"的主要方式，是纪检监察机关经常性的工作。要了解、明确、掌握纪检监察机关纪律审查与监察调查这一主业的主要知识，《纪律审查与监察调查教程》就必然成为西安文理学院所开纪检监察方向专业本科必修纪律审查与监察调查实务课程教学中主要介绍纪律审查与监察调查业务和实践的教材。

编者长年从事案件审理和案件检查工作,注重研究纪检监察工作,对腐败问题、反腐倡廉、党风廉政建设、案件查办等工作有自己的认识和见解;积多年体会,深知纪检监察案件检查这一职业的艰辛,它不仅需要谨言慎行、埋头苦干、淡泊名利,更需要超强的耐力、精通的业务和较高的能力、水准。纪律审查与监察调查实务作为大学课程是首开,是新鲜事物,同时又是一件非常严肃的事情,来不得半点马虎。所以《纪律审查与监察调查教程》编写任务繁重,困难较大,加之编者水平有限,错误在所难免,请同学、同仁和领导批评指正。

本《纪律审查与监察调查教程》是笔者多年的讲稿、文稿的整合修改而成,又按照教学实际要求做了调整。主要依据是《党章》《中国共产党纪律检查机关案件检查条例》及其《实施细则》等党内法规和国家有关监察法律法规,并参考了中纪委《纪检监察业务简明教程》的有关内容。

从 2015 年秋季开始,《纪律审查与监察调查教程》作为纪律审查与监察调查实务课程的自编教材已经教学四届,反响较好。2017 年又根据新发布的《中国共产党纪律检查机关监督执纪工作规则(试行)》做了补充修订。2018 年根据十九大精神、新《党章》和新出台的《中华人民共和国监察法》做了修改。

中共中央印发的《中央党内法规制定工作第二个五年规划(2018-2022 年)》明确要制定《中国共产党纪律检查委员会工作条例》《纪律检查机关监督执纪工作规则》,修订《中国共产党纪律处分条例》《中国共产党问责条例》等党内法规,届时,纪律审查与监察调查实务课程讲授的内容将相应修改。名称将按照十九大后中央纪委国家监委现行提法确定。

按照教学大纲,《纪律审查与监察调查教程》分为六章,即:绪论、原理、程序、证据、文书、素养。主旨是十二个字,就是现行的纪检监察体制"从哪来,到哪去,做什么,怎么做"。

古人云：" 一年之计，莫如树谷；十年之计，莫如树木；终身之计，莫如树人。一树一获者，谷也；一树十获者，木也；一树百获者，人也"。[1]

任何时代，任何社会的人才培养，尤其是复合型人才的培养，都需要时间和实践，需要过程和周期。所以，我们这个专业和课程要不断地补充、完善和巩固。

---

[1] 《管子·权修第三》

CONTENTS

目 录

绪 论

绪论重点介绍我国现行纪检监察体制的来源、历史沿革、改革开放以来的建设发展和十八大以来的改革发展，即中国现行纪检监察体制"从哪来，到哪去"。介绍纪律审查与监察调查是一门什么样的学问、与其它学科的关系，并在介绍其实践特性、发展方向的基础上提出关于学习方法的建议。

一、纪律审查与监察调查发展的历史脉络

2013 年 11 月 22 日下午，十八届中共中央政治局常委、中央纪委书记王岐山在湖北省武汉市调研期间专程来到中央监察委员会旧址，瞻仰第一届中央监委 10 名成员雕像并敬献花篮，深切缅怀革命先辈。王岐山感慨地说："忘记过去就意味着背叛。我这次来就是寻找中央纪律检查委员会的源头和根脉，寻根溯源。"

回顾中国共产党的历史，党的纪律检查工作的历史和党的历史一样久远，与腐败分子和叛党分子作斗争，贯穿了党的整个发展历程。

（一）党的纪律检查机构诞生于大革命时代，成长于战火之中，高举旗帜，监督执纪

1921 年 7 月，中共一大通过的第一个纲领，就强调遵守组织纪律和接受监督。1922 年，中共二大通过第一个《中国共产党章程》（本书简称《党章》），把"纪律"单列一章。随着革命运动的蓬勃发展，党的队伍中不可避免地混入了投机分子，"最显著的事实，就是贪污的行为，往往在经济上发生吞款、揩油的情弊"。为此，党中央在 1926 年发布了第一份反腐文件《关于坚决清洗贪污腐化分子的通告》，要求各级党组织"迅速审查所属同志，如

有此类行为者，务必清洗出党，不可令留存党中"。

1. 1927 年大革命时代初创，严惩叛徒、纯洁队伍

1927 年，国民党右派发动了震惊中外的"四·一二"反革命大屠杀，上海、浙江等地大批中国共产党党员和革命群众被杀害，中国共产党及其领导的革命运动进入了极其艰难的时期。在生死存亡的关键时刻，中国共产党第五次全国代表大会于 4 月 27 日至 5 月 9 日在武汉召开。大会选举产生了我党历史上第一个正式的纪律检查机构——中央监察委员会，正式委员有王荷波、张佐臣、许白昊、杨匏安、刘峻山、周振声、蔡以忱 7 人，候补委员有杨培森、萧石月、阮啸仙 3 人，王荷波为主席。

"中央监察委员会的成立，开启了党内监督的组织创新，高举起党要管党、从严治党、监督执纪的旗帜。""在当时极端严峻、恶劣的环境下，我们党决定成立中央监委，就是为了严惩叛徒、纯洁队伍、严格党的纪律、保护党的组织。"在血雨腥风的斗争中，在生死考验的抉择前，10 名中央监委委员没有一名叛徒，其中 8 人在数年内相继牺牲。

2. 土地革命战争时期白区惩叛徒，苏区除腐败

1928 年，中共六大把中央监察委员会改为中央审查委员会，刘少奇担任书记。在此期间党借鉴中国传统政治文化中的监督方式，探索建立党的巡视制度。党中央于 1928 年制定了巡视条例，以中共中央通告形式下发。在革命战争年代，巡视制度为保证党的集中统一、领导人民夺取革命胜利提供了重要保障。这一时期，形势严峻、环境艰险，设在上海的中共中央，建立了中央特科，专司除奸，被惩治的叛徒有时任总书记向忠发、政治局委员顾顺章和中央机关重要干部白鑫等。同时期的中央苏区政府也坚持与贪污腐化现象作坚决的斗争。1932 年，时任中共瑞金县委书记邓小平亲自组织调查了叶坪村苏维埃政府主席谢步升贪污犯罪行为。毛泽东讲："与贪污腐化作斗争，是我们共产党人的天职，谁也阻挡不了。"同年 5 月 9 日，谢步升被枪决，成为中共党内第一个被枪决的腐败分子。1933 年 12 月 28 日，毛泽东同志亲自主持人民委员会会议，讨论了左祥云及总务厅腐败案件。1934 年 2 月 13 日，中央苏区最高法院在中央大礼堂开庭公开审判左祥云及有关人员，法庭认定："左祥云贪污公款大洋 246 元 7 角。"判决左祥云死刑，于 1934 年 2 月 18 日执行枪决。

3. 延安时期以严厉措施保持队伍纯洁，确立"惩前毖后，治病救人"的基本方针

1934 年，党的六届五中全会决定成立中央党务委员会，取代中央审查委员会，李维汉任书记。很快，长征开始，党中央转移到延安。在外敌入侵的形势下，保持党员的纯洁，才能保持军队的战斗力，党务委员会对违纪党员采取了异常严厉的惩处措施。黄克功案、肖玉壁案就是这一时期我们党从严管党、从严治党、严格执纪、严肃执法的典型案例。

1937 年 10 月，在中共中央所在地延安，发生了一起震惊陕甘宁边区的重大案件。时任红军抗日军政大学第三期第六队队长的黄克功，自恃有功，无视法纪，因逼婚未遂，在延河畔枪杀了陕北公学学员刘茜。毛泽东亲自写信给边区高等法院院长雷经天，建议判处他死刑，明确"共产党与红军，对于自己的党员与红军成员不能不执行比一般平民更加严格的纪律"。

1938 年陕甘宁边区政府公布了《惩治贪污暂行条例（草案）》，该条例中明确规定，克扣或截留应发给或缴纳的财物、敲诈勒索、收受贿赂等 10 种行为均为贪污，并规定对贪污满 500 元以上者，处以死刑或 5 年以上有期徒刑。

边区贸易局副局长肖玉壁，是个劳苦功高、体无完肤、身上有 80 多处伤疤的老红军。为给其治病，毛泽东在供给上给他特别关照。但他出院之后，居功自傲，无视法纪，公然贪污大洋 3000 多元，把根据地奇缺的粮油卖给国民党部队，引起极大民愤。边区政府依法判处其死刑，肖玉壁不服，直接写信向毛主席求情。当陕甘宁边区政府主席林伯渠把肖玉壁的信转交毛主席时，毛主席并不看信，对林伯渠说："你还记得我怎样对待黄克功吧？"林伯渠说："忘不了！"毛主席接着说："那么，这次和那次一样，我完全拥护法院判决。"就这样，1941 年 12 月，肖玉壁被依法执行了枪决。肖玉壁案轰动一时，是我们党在抗日战争时期查处的最大贪污案件。1942 年 1 月 5 日，《解放日报》发表评论："在'廉洁政治'的地面上，不容许有一个'肖玉壁'式的莠草生长！有了，就拔掉它！"

1945 年 4 月，在抗战即将取得胜利的时刻，中共七大召开。在七大修订的《党章》的"纪律"一章中，专门细化了"奖励与惩处"的内容，确立了"惩前毖后，治病救人"的基本方针。党的纪律进一步加强，执纪监督制度进一步完善。回顾新中国成立之前的纪律检查工作，尽管在战争年代纪检机构

和人员屡屡调整，但党的领导层从一开始就认识到加强党的纪律的重要性，为此后党的纪律检查和国家监察制度的建立健全打下了良好的基础。为此，在战争年代，为夺取全国革命的胜利，毛泽东特别强调："加强纪律性，革命无不胜。"

（二）新中国成立执政纯洁队伍，"文革"动荡惨遭破坏

1949年3月5日至3月13日，中国共产党第七届中央委员会第二次全体会议于河北省平山县西柏坡村举行。这次会议是在中国人民革命全国胜利前夜召开的一次极其重要的会议。毛泽东谆谆告诫全党："可能有这样一些共产党人，他们是不曾被拿枪的敌人征服过的，他们在这些敌人面前不愧英雄的称号；但是经不起人们糖衣裹着的炮弹的攻击，他们在糖弹面前要打败仗。我们必须预防这种情况。""必须向党内讲明白，务必使同志们继续地保持谦虚、谨慎、不骄、不躁的作风，务必使同志们继续地保持艰苦奋斗的作风。"

中华人民共和国成立，共产党成为执政党。一些党员、干部居功自傲，贪污腐化行为有所增加。面对执政的考验，加强党纪建设显得尤为迫切。党的领导特别重视对党的干部队伍的纪律教育和检查监察，新中国成立伊始中央人民政府根据《中国人民政治协商会议共同纲领》第19条"在县市以上的各级人民政府，设人民监察机关"的规定，率先于1949年10月19日决定成立中央人民政府政务院人民监察委员会，于11月正式成立，简称"中监委"，谭平山任主任。1949年11月，中共中央决定成立党的纪律检查委员会，德高望重的朱德成为中共执政后的第一任中纪委书记，领导并监督查办了一批典型案件。

1. 新中国成立初期严格纪律管束，坚决惩除腐败

1951年，反贪污、反浪费、反官僚主义的"三反"运动开始，中纪委查处了一大批有贪腐问题的党政领导，著名的天津地委书记刘青山、天津地区专员张子善就是在这次运动中落网并被枪决的。刘青山与张子善是在1952年被处以死刑，成为中共执政以来最早因贪污被杀的官员。这起"三反"的典型案例因而被称为"共和国第一贪污案"。刘青山、张子善将被处决的消息在内部传开之后，在河北省各级干部中引起极大的震动。一些干部特别是当年曾和刘青山、张子善一起出生入死闹革命的干部，感到惋惜，有不少的议论。有的干部说："他们是有功之臣，不能杀呀！"毛泽东坚决地说："正因为他们两人的地位高，功劳大，影响大，所以才要下决心处决他们。只有处决他们，

才可能挽救二十个，两百个，两千个，两万个犯有各种不同程度错误的干部。"

1955年，中央决定将纪律检查委员会改为监察委员会，董必武出任监察委员会书记。此后的10余年里，国家政治运动频繁，经济形势复杂，可谓困难重重，但各级监察委员会依然艰难地做好工作，发挥了纪律监察的威慑作用。

2. "文革"期间纪检工作遭到严重破坏

新中国成立后国家监察机构几经变更，由人民监察委员会变为监察部，1959年4月28日二届人大一次会议决定撤销监察部。

党的监察委员会一直坚持工作了10余年，为党的纪律检查执纪监督问责做了卓越贡献。"文化大革命"开始后，党的纪律检查工作遭到严重破坏。1969年，中共九大通过修改的新《党章》，完全取消了党的纪律检查机构的有关规定。

（三）改革开放重建发展，坚决反腐倡廉

1. "文革"结束，纪委重建，陈云领导纪委体制改革，实行双重领导，坚决查处腐败案件

"文化大革命"结束后，党的纪律检查工作逐步恢复，党的纪律检查机构重新组建。1978年12月，党的十一届三中全会决定实行改革开放，以经济建设为中心。这次全会同时决定，恢复党的纪律检查工作，重新组建了中共中央纪律检查委员会，选举产生了以陈云为第一书记的100名中纪委委员，陈云开始了长达9年的中纪委书记生涯。

纪委恢复重组后，沿用了"文革"前"在同级党委领导下进行工作"的模式，但是一些地方要求纪委把当地干部的违纪问题压住不调查、不上报。针对此弊端，陈云首先向中央建议对纪委实行双重领导，对纪委领导体制进行改革。1980年，中央决定纪委"受同级党委和上级纪委双重领导，以同级党委领导为主"，地方各级纪委人员的任免要征求上级纪委的意见。纪委的工作进入良性轨道。

在陈云的主持下，恢复后的中纪委查处了诸多大案要案，查处了一大批经济上有问题的干部。那段时间，纪委办案人员遭到打击报复的现象时有发生，陈云特意让秘书给中纪委的年轻人捎话，让他们平时注意安全，但决不能妥协，"越是高级干部子弟，越是高级干部，越是名人，他们的违法事件越

要抓紧查处，因为这些人影响大，犯罪危害大。抓住典型，处理了，效果也大"。在此期间，1982 年查处了化工部副部长杨义邦案件。当时，杨义邦是全国最年轻的副部长，给予留党察看二年和撤销原任党内外一切职务的处分，是改革开放后因经济问题被撤职的最高级别官员。

1985 年查处了江西省省长倪献策徇私舞弊案件，开除倪献策党籍，判处有期徒刑 2 年；查处安徽省委常委、省委秘书长洪清源收受港商 2.4 万元贿赂案，判处其有期徒刑 10 年。

1986 年查处了大连市委第一书记胡亦民不严格要求自己和家人，利用职权搞特殊化、侵占财物案件，予以其严重警告处分。11 月，中纪委为此发出通报，教育提醒党员干部。

这期间的中纪委还查处了著名作家周而复严重违反外事纪律案；原中共中央委员、国家民航局局长沈图严重违反外事纪律、以权谋私案；原林业部党组书记、部长杨钟严重官僚主义案等。

1987 年 10 月 30 日，十二届中纪委向党的第十三次全国代表大会提交的工作报告显示，从 1982 年到 1986 年，共处分违纪党员 650 141 人，其中开除党籍的 151 935 人。1985 年和 1986 年，处分省军级干部 74 人，地师级干部 635 人。

2. 相信群众，重视群众监督，加强信访机制，明确中央和省区市党委可以根据需要派出巡视工作小组，依靠群众举报线索查处腐败案件

1986 年 12 月 2 日，第六届全国人大常委会第十八次会议决定设立国家监察部，1987 年 8 月 21 日，尉建行任部长。各地行政监察机关也于 1987 年起逐步设立。

1987 年 10 月，中共十三大召开，乔石接棒陈云，成为十三届中纪委书记，纪律检查工作进入新阶段。第二年年初，党中央提出了"经济要繁荣，党政机关要廉洁"的要求。中纪委相信群众，重视群众监督的力量，加强信访机制，依靠群众查处腐败。

1990 年 3 月 9 日至 3 月 12 日，中共十三届六中全会召开，通过《中共中央关于加强党同人民群众联系的决定》，明确要求"各级党组织要十分重视群众来信来访。对于群众反映的情况，要认真研究分析，区别情况，正确处理。需要查处的，应提交或责成有关机关查证核实处理。凡涉及领导干部的重要案件，要按照干部管理权限和有关规定，由相应机关负责查办，严禁压置不

理、层层照转、互相推诿、不了了之"。该《决定》还提出"建立和完善党内监督与党外监督制度,切实加强对各级领导机关和领导干部的监督"。要求"中央和各省、自治区、直辖市党委,可根据需要向各地、各部门派出巡视工作小组,授以必要的权力,对有关问题进行督促检查,直接向中央和省、区、市党委报告情况。这项工作,可吸收有经验、有威望的老同志参加"。1990年,根据群众举报线索,中纪委先后严肃查处了原铁道部副部长罗云光的严重失职、受贿问题和张辛泰以权谋私、接受贿赂案件。

乔石担任十三届中纪委书记五年间,全国各级纪检机关查处党内违纪案件 874 690 件,处分党员 733 543 人,其中 154 289 人被开除党籍,42 416 人移送司法机关。733 543 名受处分的党员中,省军级 110 人,相当于每年查处 22 名省军级官员。

3. 纪检监察合署办公,改革纪委全会模式,加大反腐力度,派出巡视组展开工作,开创纪检监察工作新局面

1992 年 10 月,中共十四大召开,尉健行成为新一届中纪委书记,并在 1997 年的十五大上连任十五届中纪委书记。1993 年中央决定中纪委和监察部的合署办公,实行"一班人马、两块牌子"模式。把党的纪律检查职能和国家的行政监察职能统一起来,理顺了党政监督关系。1993 年 8 月 20 日至 8 月 25 日召开了十四届中纪委第二次全会。这次全会,是一次具有里程碑意义的会议。中央政治局常委出席全会,党政军各有关部门主要领导列席了会议,总书记发表重要讲话,并形成了惯例。纪检监察工作进入新高潮,开始了全新的局面。会议提出"坚持领导干部廉洁自律、查处违纪违法案件、纠正部门和行业不正之风"三项工作一起抓的工作格局。这次全会以后,按照党中央的决定,中纪委每年召开一次全会,向全党部署反腐倡廉工作。这次会议还明确提出了党的纪律检查机关的四项职能:"保护党员的民主权利,使之不受侵犯;惩处违纪党员,清除党内腐败分子;监督党的各级组织特别是领导机关领导干部执行党的路线、方针、政策、决议和贯彻民主集中制的情况;教育党员遵纪守法履行党员义务,发扬党的优良作风,增强反腐蚀的能力。"保护、惩处、监督、教育四项职能充分体现了纪检监察机关维护和执行党纪政纪的这一根本性质和特征,既是基本职能又是经常性的工作,相互联系相互作用地统一在纪检监察工作的实践中。

1996 年 1 月 24 日至 1 月 28 日召开的十四届中纪委六中全会,明确提出

要按照党的十三届六中全会通过的《中共中央关于加强党同人民群众联系的决定》的有关精神，中央纪律检查委员会根据工作需要，选派部级干部到地方和部门巡视，其任务是了解省、自治区、直辖市和中央、国家机关部委领导班子及其成员贯彻执行党的路线、方针、政策以及廉政情况，直接报告中央纪委，中央纪委及时报告党中央。随后，中央纪委第一次派出巡视组展开工作。2001年，中央纪委、中央组织部联合派出巡视组开展巡视工作。

据媒体统计，从1993年到2002年，共有41名省部级以上官员因腐败问题受到严肃查处。其中，既有中央政治局原委员、北京市委原书记陈希同、云南省原省长李嘉廷、辽宁省原副省长兼沈阳市长慕绥新和常务原副市长马向东这样的地方领导，也有公安部原副部长李纪周这样的部委领导，还有华能集团公司原副董事长查克明、中国农业银行原副行长赵安歌这样的国有大型企业领导，更有全国人大常委会原副委员长成克杰这样的国家领导人。尤其是成克杰一案，成为新中国成立以来首个因腐败被判死刑的国家领导人的案件。轰动一时的湛江走私案和赖昌星走私案也是这一时期中纪委组织、协调查办的。

尉健行担任十四届中纪委书记五年间，全国纪检监察机关共立案731 000多件，结案670 100多件，给予党纪政纪处分669 300多人，其中开除党籍121 500多人，被开除党籍又受到刑事处分的37 492人。在受处分的党员干部中，县（处）级干部20 295人，厅（局）级干部1 673人，省（部）级干部78人。

尉健行担任十五届中纪委书记五年间，全国纪检监察机关共立案861 917件，结案842 760件，给予党纪政纪处分846 150人，其中开除党籍137 711人。被开除党籍又受到刑事追究的37 790人。在受处分的党员干部中，县（处）级干部28 996人，厅（局）级干部2 422人，省（部）级干部98人。

4. 明确纪委职能定位，创新体制机制制度，推进从源头上预防和治理腐败的工作，实行领导干部述职述廉制度，创立巡视制度，开阔视野，从巡视中发现腐败线索，严厉查处

2002年11月8日至11月14日召开了党的十六大，吴官正接任十六届中纪委书记。党的十六大报告提出"建立和完善巡视制度"。十六大修订的《党章》第44条明确党的各级纪律检查委员会的主要任务是：维护党的章程和其他党内法规，检查党的路线、方针、政策和决议的执行情况，协助党的委员会加强党风建设和组织协调反腐败工作。2003年2月17日至2月19日召开的十六届中纪委第二次全会明确定位纪委职能为"党内监督的专门机关"，并

提出创新体制机制制度，推进从源头上预防和治理腐败的工作，实行领导干部述职述廉制度，创立巡视制度，严厉查处腐败。

2003年8月18日，中共中央、国务院正式批准中纪委、中组部关于设立专门巡视机构的请示。正式创立了巡视制度，加强了中纪委的监督力量。巡视组成立的第二年，即2004年，便有16个省部级官员落马，创下历年来的新高。

2004年6月，刘方仁成为改革开放后第一个走上法庭的省委书记，以受贿罪被判处无期徒刑。国家药监局原局长郑筱萸以受贿罪、玩忽职守罪两罪并罚，被执行死刑。

2006年的十六届中央政治局原委员、上海市委原书记陈良宇案，2007年的山东省委原副书记杜世成案，都是在巡视中发现线索后查处的。

吴官正担任十六届中纪委书记期间，全国纪律检查机关共立案677 924件，结案679 846件（包括十六大前未办结案件），给予党纪处分518 484人。

5. 提出反腐倡廉建设，巡视制度写进党章，进一步加大办案力度，加强县一级纪检监察机关组织和办案队伍建设，大力增强基层办案装备，促进查办大案要案

2007年10月15日至10月21日党的十七大召开，贺国强出任十七届中纪委书记。党的十七大报告提出了党的"五大建设"理论，将反腐倡廉建设和思想建设、组织建设、作风建设、制度建设并列，把反腐倡廉提到了新的高度。十七大修订的《党章》第13条第4款规定："党的中央和省、自治区、直辖市委员会实行巡视制度。"在此背景下，中纪委办案力度再次加大，严肃查处了十七届中央政治局原委员、重庆市委原书记薄熙来案，铁道部原部长刘志军案等一批影响重大的案件。期间，中纪委和中组部联合召开会议、下发文件，加强县一级纪检监察机关组织和办案队伍建设，明确了基层纪检监察人员的职级待遇，增强基层办案装备，促进查办大案要案。

贺国强担任十七届中纪委书记期间，全国纪检监察机关共立案643 759件，结案639 068件，给予党纪政纪处分668 429人。涉嫌犯罪被移送司法机关处理24 584人。

这期间查处的大案要案还有：

深圳市原市长许宗衡受贿罪，判处死刑缓期二年执行案；

法学博士、二级大法官，曾任最高人民法院副院长黄松有受贿罪，判处

无期徒刑案，黄松有是 1949 年以来中国因涉嫌贪腐被调查的级别最高的司法官员；

广东省政协原主席陈绍基受贿罪，判处死刑缓期二年执行案；

吉林省原副省长、吉林银行原党委书记、董事长田学仁受贿罪，判处无期徒刑案；

山东省人民政府原副省长黄胜受贿罪，判处无期徒刑案等。

（四）党的十八大以来纪检监察机关的重大改革发展

党的十八大以来，以习近平为核心的党中央坚持全面从严治党，在实现中华民族伟大复兴的关键时刻，校正了党和国家事业前进的航向，使党经历了革命性锻造。

历史的时针到了 2012 年，11 月 8 日至 11 月 14 日，中国共产党第十八次全国代表大会召开，王岐山同志出任十八届中纪委书记。

党的十八大报告全面创新了党的建设理论，明确提出要坚定三个自信——道路自信、理论自信、制度自信；强调在新的历史条件下，党面临许多前所未有的新情况、新问题、新挑战，执政考验、改革开放考验、市场经济考验、外部环境考验是长期的、复杂的、严峻的。精神懈怠危险、能力不足危险、脱离群众危险、消极腐败危险更加尖锐地摆在全党面前，要切实地、全面地提高党的领导水平和执政水平、提高拒腐防变和抵御风险能力、加强党的执政能力建设和先进性建设；提出加强党内监督、民主监督、法律监督、舆论监督，让人民监督权力，让权力在阳光下运行；要求坚持中国特色反腐倡廉道路，坚持标本兼治、综合治理、惩防并举、注重预防方针，全面推进惩治和预防腐败体系建设，做到干部清正、政府清廉、政治清明。

党的十八大承前启后、继往开来，以习近平同志为核心的党中央接过历史接力棒，不忘初心、砥砺奋进，从"四个全面"战略布局切入，以新发展理念为支撑，统筹推进"五位一体"总体布局，开启了中国特色社会主义新时代。党和国家事业发生历史性变革，党和国家的面貌发生前所未有的深刻变化。这一切归其根本在于以习近平同志为核心的党中央坚强有力的领导。

十八大以来，以习近平同志为核心的党中央坚持"党政军民学，东西南北中"，党是领导一切的原则。坚持党的领导是当代中国的最高政治原则，是实现中华民族伟大复兴的关键所在，没有中国共产党坚强有力的领导，中华民族将是一盘散沙。一段时期以来，有的人在这个问题上讳莫如深、语焉不详，甚至搞包装，没有前提地搞党政分开，结果弱化了党的领导，削弱了党的建设。习近平总书记对坚持和加强党的领导从来都是充满自信、决不回避退让的，习近平新时代中国特色社会主义思想的根本就是坚持党的领导；无论哪个领域、哪个方面的工作，无一不是从加强党的领导抓起，最终落脚在强化党的建设上；澄清了模糊认识，夺回丢失的阵地，把走弯了的路调直，树立起党中央的权威，弱化党的领导的状况得到根本性扭转。党的十九大报告旗帜鲜明地指出，中国特色社会主义最本质的特征是中国共产党领导，中国特色社会主义制度的最大优势是中国共产党领导。

十八大以来，以习近平同志为核心的党中央厚植党执政的政治基础。为人民谋福祉是党始终不变的初心，国家发展的巨大成就、人民生活的持续改善以及由此积聚起的民心民意，是党执政最根本的政治基础。改革开放以来，我们党坚持以经济建设为中心，建立社会主义市场经济体制，极大地激发出民族活力和创造力。我国人口多、地域广、资源禀赋且人文历史差异大，城乡、区域、行业、人群收入分配在快速发展中拉大了差距，社会主要矛盾已经转化为人民日益增长的美好生活需要和不平衡不充分的发展之间的矛盾。与此同时，部分党员领导干部脱离群众，形式主义、官僚主义、享乐主义和奢靡之风严重，甚至违纪违法攫取利益，人民群众深恶痛绝，侵蚀了党的执政基础。习近平总书记清醒认识到党面临的"四大考验"和"四种危险"，以"得罪千百人、不负十三亿"的使命担当，正风肃纪反腐，挽狂澜于既倒，逆转了多年形成的"四风"惯性。全面从严治党从中央政治局立规矩开始，从落实中央八项规定精神破题，总书记以身作则、以上率下，党风为之一新，试出了民心向背。开展党的群众路线教育实践活动、"三严三实"专题教育、"两学一做"学习教育，提高共产党人觉悟，保持先进性纯洁性。果断查处周永康、薄熙来、郭伯雄、徐才厚、孙政才、令计划严重违纪违法问题，铲除政治腐败和经济腐败相互交织的利益集团。5年来波澜壮阔的实践充分证明，把全面从严治党摆上战略布局英明正确，在实现伟大复兴的关键时刻，校正了党和国家事业前进的航向，使党经历了革命性锻造。全面从严治党成为十八届党中央工作的最大亮点，赢得了广大党员干部和人民群众竭诚拥护，坚持党的领导的政治共识越来越强，走中国特色社会主义道路的信心决心更加坚定。把党建设好，国家才能兴旺，人民才能拥有美好生活。习近平总书记回应党内和群众期盼，要求党的十九大后全面从严治党一刻不能松、半步不能退。人民群众反对什么、痛恨什么,党就要坚决防范和纠正什么。只要始终把人民高兴不高兴、满意不满意、答应不答应作为检验工作的根本标准,我们党就必将无往而不胜。

十八大以来,以习近平同志为核心的党中央领导全党全国全军赢得反腐败斗争压倒性胜利。1993年党中央就作出"反腐败斗争形势是严峻的"判断。2013年习近平总书记在研究中央巡视工作规划时指出,"反腐败斗争形势依然严峻复杂"。严峻加上"复杂"二字是对形势的精准表述,一语中的。党中央坚定有腐必反、有贪必肃的立场,明确遏制腐败蔓延势头的目标任务,从治标入手,为治本赢得时间、赢得民心,逐步迈向了标本兼治。440多名省军级以上党员干部及其他中管干部、8 900多名厅局级干部、6.3万多名县处级干部严重违纪违法受到惩处,反腐败力度史无前例、成效世界瞩目,压倒性态势已经形成并巩固发展。在实现伟大复兴的征途上,风险与挑战无处不在,全面从严治党的"严"字必须长期坚持。要始终保持一份冷静清醒,深刻认识依然严峻复杂的形势是长期形成的,不可能在短期内改变,惩治这一手任何时候都不能松,松一松就会出现"回头浪"。政治腐败是最大的腐败,一是结成利益集团,妄图窃取党和国家权力;二是山头主义、宗派主义搞非组织活动,破坏党的集中统一。进行具有许多新的历史特点的伟大斗争,重要方面就是,惩治腐败"打虎""拍蝇"冲着利益集团去,防止其攫取政治权力、改变党的性质;严肃党内政治生活冲着山头主义和宗派主义去,消弭政治隐患。夺取反腐败斗争压倒性胜利,要以治标促进治本,以治本巩固治标,持续保持高压态势,强化"不敢"的威慑;全面深化改革,加强制度建设,扎牢"不能"的笼子;坚定理想信念宗旨,弘扬优秀传统文化,选对人用好人,培育"不想"的自觉。

十八届党中央高度重视党风廉政建设和反腐败斗争,提出一系列新的理念、思路和举措,全面从严治党。十八届中纪委按照党中央决策部署,开篇就做大文章、好文章。转职能、转方式、转作风,在强化党的纪律特别是政治纪律约束、强化执纪监督、强化查办腐败案件等方面攥紧拳头打出去,形成了鲜明的工作特点,党风廉政建设和反腐败斗争取得了新进展,成效显著。

1. 改革开放以来反腐败斗争的形势

(1)十八大后初期对党风廉政建设和反腐败斗争形势的基本估价。

十七大和十八大召开后的初期我国党风廉政建设和反腐败斗争形势的基

本估价是"三个并存"和"两个依然"。即呈现"成效明显和问题突出并存、防治力度加大和腐败现象易发多发并存，群众对反腐败期望值不断上升和腐败现象短期内难以根治并存"的总体态势。反腐败斗争形势依然严峻复杂、任务依然艰巨。

习近平同志指出：滋生腐败的土壤依然存在，反腐败形势依然严峻复杂，一些不正之风和腐败问题影响恶劣、亟待解决。全党同志要深刻认识反腐败斗争的长期性、复杂性、艰巨性，以猛药去疴、重典治乱的决心，以刮骨疗毒、壮士断腕的勇气，坚决把党风廉政建设和反腐败斗争进行到底。

习近平总书记强调"腐败问题越演越烈，最终必然会亡党亡国"。与十几年前相比，腐败问题的严峻程度和复杂程度大大增加。区域性腐败和领域性腐败交织，一把手连续发案，窝案、串案、区域性系统性腐败滋生蔓延。用人腐败和用权腐败交织，买官卖官、跑官要官，带病提拔、带病在岗问题屡禁不绝。

腐败问题与政治问题相互交织，有的人既被围猎又搞围猎，官官勾结、官商勾结、利益输送。

（2）十八大后五年来的党风廉政建设和反腐败斗争形势。

十八大后，以习近平为总书记的党中央励精图治，铁腕反腐，以零容忍态度惩治腐败，五年来逆转了反腐败态势。从反腐败严峻复杂形势中下大气力拔烂树、治病树、正歪树，经历两军对垒的"胶着状态"到形成不敢腐的氛围，不能腐、不想腐的效应初步显现，政治生态日渐清朗。反腐败斗争对腐败现象的压倒性态势已经形成。这个态势是在十八大召开后逐步推进和形成的：

①2012 年，十八大闭幕迅即拉开反腐风暴的序幕：

2012 年 12 月，随着十八届中央候补委员、四川省委副书记李春城因严重违法违纪被调查，新一届中央铁腕反腐的风暴序幕迅即拉开。

"我们党员干部队伍的主流始终是好的。同时，我们也要清醒地看到，当前一些领域消极腐败现象仍然易发多发，一些重大违纪违法案件影响恶劣，反腐败斗争形势依然严峻，人民群众还有许多不满意的地方。"——《习近平在第十八届中央纪律检查委员会第二次全体会议上的讲话》（2013 年 1 月 22 日）。

在十八届中央纪委二次全会上，习近平厉声反腐。他提出"坚持'老虎'

'苍蝇'一起打",既要严惩高级干部的贪腐行为,又要严厉打击发生在百姓身边的腐败行为,让人民群众进一步看到中央反腐的决心、打击的重点和力度。这成为十八大以来全国反腐的总基调,并以此拉开反腐风暴的序幕。而且,随着反腐斗争的深入,对消极腐败进行积极追究,八项规定、六项禁令和反"四风"开始成为廉政建设的重要内容。

②2013年,反腐形势从"依然严峻"到"依然严峻复杂":

"在肯定成绩的同时,我们也要看到,滋生腐败的土壤依然存在,反腐败形势依然严峻复杂,一些不正之风和腐败问题影响恶劣、亟待解决。全党同志要深刻认识反腐败斗争的长期性、复杂性、艰巨性,以猛药去疴、重典治乱的决心,以刮骨疗毒、壮士断腕的勇气,坚决把党风廉政建设和反腐败斗争进行到底。"——《习近平在第十八届中央纪律检查委员会第三次全体会议上的讲话》(2014年1月14日)。

2013年,反腐败从"依然严峻"到"依然严峻复杂",体现出以习近平为总书记的党中央对反腐败斗争形势认识的深化。反腐败不是可以一举而毕其功的战役,而是一场战争,是一场艰苦卓绝的持久战。反腐进入深水区,"塌方式腐败"浮现,腐败问题的盘根错节、深度勾连开始暴露出来。贪腐利益集团抱团取暖、结成同盟,反腐面临的阻力越来越大。如此严峻复杂,无怪乎习近平说"猛药去疴的决心不减、刮骨疗毒的勇气不泄",以习近平为核心的党中央不是没有"掂量"过,但认准了党的宗旨使命,认准了人民的期待,反腐斗争继续向纵深挺进。

③2014年,"不敢腐"氛围基本形成,反腐败斗争仍然没有取得压倒性胜利:

"从这两年查处的案件和巡视发现的问题看,反腐败斗争形势依然严峻复杂,主要是在实现不敢腐、不能腐、不想腐上还没有取得压倒性胜利,腐败活动减少了但并没有绝迹,反腐败体制机制建立了但还不够完善,思想教育加强了但思想防线还没有筑牢,减少腐败存量、遏制腐败增量、重构政治生态的工作艰巨繁重。因此,党风廉政建设和反腐败斗争永远在路上。有全党上下齐心协力,有人民群众鼎力支持,我们一定能够打赢党风廉政建设和反腐败斗争这场攻坚战、持久战。"——《习近平在第十八届中央纪律检查委员会第五次全体会议上的讲话》(2015年1月13日)。

2014年,反腐败"没有取得压倒性的胜利"是一个关键性判断。反腐

"初见成效"不代表腐败完全根除。习近平在各种场合不止一次指出,腐败没有绝迹,有人还在顶风违纪。究其原因就是,虽然打了一批老虎、灭了一群苍蝇,让一些干部"不敢腐"了,但是"不能腐""不想腐"的机制还不够完善、防线还不够牢固。社会上出现一些错误认识,有的认为反腐到此为止了,有的认为再反腐会动摇党的执政基础。习近平关于"反腐败斗争形势依然严峻复杂"的判断,起到了拨开迷雾、指明方向的作用,有利于统一思想、形成共识,凝聚力量。

④2015年,不能腐、不想腐的效应初步显现,反腐败斗争压倒性态势正在形成:

"3年来,我们着力解决管党治党失之于宽、失之于松、失之于软的问题,使不敢腐的震慑作用充分发挥,不能腐、不想腐的效应初步显现,反腐败斗争压倒性态势正在形成。党中央坚定不移反对腐败的决心没有变,坚决遏制腐败现象蔓延势头的目标没有变。全党同志对党中央在反腐败斗争上的决心要有足够自信,对反腐败斗争取得的成绩要有足够自信,对反腐败斗争带来的正能量要有足够自信,对反腐败斗争的光明前景要有足够自信。"——《习近平在第十八届中央纪律检查委员会第六次全体会议上的讲话》(2016年1月12日)。

2015年是本届中央领导集体"铁腕"反腐大幕开启后的第三个年头,这三年来,老百姓对于反腐败的"认同感""获得感"越来越高,人们感觉到歪风邪气在不断消散、清风正气在不断上升、好传统好作风在不断回归。2015年国家统计局问卷调查结果显示,91.5%的群众对党风廉政建设和反腐败工作成效表示很满意或比较满意。中国社科院问卷调查显示,93.7%的领导干部、92.8%的普通干部、87.9%的企业人员、86.9%的城乡居民对中国反腐败表示有信心或比较有信心。

⑤2016年,全面贯彻落实党的十八届六中全会精神,以新的认识指导新的实践,继续在常和长、严和实、深和细上下功夫,坚持共产党人价值观,依靠文化自信坚定理想信念,严肃党内政治生活,强化党内监督,推进标本兼治,全面加强纪律建设,持之以恒抓好作风建设,把反腐败斗争引向深入,不断增强全面从严治党的系统性、创造性、实效性,反腐败斗争压倒性态势已然形成:

2016年,中纪委严肃查处辽宁省委换届、省人大常委会换届以及全国人大代表选举中出现的系统性拉票贿选问题，共查处 955 人，其中中管干部 34 人，并通报全党。对民政部党组、驻民政部纪检组管党治党不力、发现问题不报告不处置严肃问责，原党组书记、派驻纪检组组长受到责任追究。全国共有 990 个单位党组织和 1.7 万名党员领导干部被问责。中央纪委分两批通报 14 起责任追究的典型问题。

2016 年，中央纪委派驻纪检组共谈话函询 2 600 件次，立案 780 件，给予纪律处分 730 人，分别增长 134%、38%、56%。

2016 年，中央纪委通报曝光典型案例 44 起，涉及中管干部 11 人；全国共查处违反中央八项规定精神问题 4.1 万起，处理党员干部 5.8 万人，给予纪律处分 4.3 万人。

2016 年，全国纪检监察机关共处置反映问题线索 73.4 万件，初步核实 53.4 万件次，谈话函询 14.1 万件次，澄清了结 30.5 万件次。依规依纪诚勉谈话 3.1 万人，给予纪律轻处分 31 万人，给予纪律重处分 10.5 万人，严重违纪涉嫌违法移送司法机关的 1.1 万人。

2016 年，中央纪委共回复党风廉政意见征求函 1 381 人次。在强有力的震慑下，2016 年有 5.7 万名党员干部主动交代违纪问题。

2016 年，纪检监察机关共接受信访举报 253.8 万件次；立案 41.3 万件，增长 25%；处分 41.5 万人，增长 24%，其中处分省部级干部 76 人、厅局级干部 2 781 人、县处级干部 1.8 万人、乡科级干部 6.1 万人。全国检察机关立案侦查贪污贿赂、渎职侵权等职务犯罪 4.8 万人。全国法院审结一审贪污贿赂案件 3.2 万件、渎职侵权案件 5 266 件。

2016 年，全国共处分乡科级及以下干部 39.4 万人，增长 24%，其中处分村党支部书记、村委会主任 7.4 万人，增长 12%。

"经过全党共同努力，党的各级组织管党治党主体责任明显增强，中央八项规定精神得到坚决落实，党的纪律建设全面加强，腐败蔓延势头得到有效遏制，反腐败斗争压倒性态势已经形成，不敢腐的目标初步实现，不能腐的制度日益完善，不想腐的堤坝正在构筑，党内政治生活呈现新的气象。"——《习近平在第十八届中央纪律检查委员会第七次全体会议上的讲话》（2017 年 1 月 6 日）。

⑥2017 年，是我们党全面建成小康社会决胜阶段的重要年份。这一年要召开党的第十九次全国代表大会，是党和国家政治生活中的重大事件。因此，

全国纪检监察机关坚持全面从严治党的战略布局、着力从严从细抓管党治党，加强和规范党内政治生活、着力净化党内政治生态，严抓中央八项规定精神落实、着力从作风建设环节突破，严明党的政治纪律和政治规矩、着力真管真严、敢管敢严、长管长严，坚持反腐败无禁区、全覆盖、零容忍，着力遏制腐败滋生蔓延势头，惩治群众身边的不正之风和腐败问题、着力增强人民群众获得感，全面强化党内监督、着力发挥巡视利剑作用，推动全面从严治党不断向纵深发展。坚定旗帜立场、紧盯目标任务，巩固反腐败斗争的压倒性态势。

2017 年全国纪检监察机关深入学习贯彻党的十八大及其各次全会精神，坚决维护党的领导核心和党中央权威，营造风清气正的政治氛围，继续巩固反腐败斗争的压倒性态势，交上让党和人民满意的答卷，为十九大的召开提供了有力保障。

2017 年，全国纪检监察机关紧密团结在以习近平同志为核心的党中央周围，谦虚谨慎、戒骄戒躁，不忘初心、继续前进，严肃党内政治生活，强化党内监督，严明换届纪律；以强有力问责督促各级党组织履行全面从严治党政治责任；狠抓作风建设，抓铁有痕、踏石留印，以优良的党风政风带动民风社风；扎实推进国家监察体制改革，完善党和国家自我监督；立足本届完成纪检体制改革任务，提炼总结实践成果；实现一届任期巡视全覆盖的目标任务，不断取得全面从严治党新成效。

经过五年的努力，以习近平同志为核心的党中央让全党全国人民从中看到了同心同德、攻坚克难的信心，看到了勤廉兼优、弊绝风清的希望。当下，中国反腐的形势日趋清朗，信息越来越公开，反腐模式正从传统反腐向法治反腐转变，反腐策略正从零散型的应急反腐向整体型的系统反腐转化。这些转化，既是改革开放以来反腐倡廉建设的经验总结，也是我国推进反腐倡廉建设的前瞻性战略选择。

2. 新理念、思路的主要体现

（1）反腐败斗争战略决策的变革。

以作风建设为切入口，"八项规定"成为不可触碰的"高压线"，以党风、政风引领和带动民风、社风。

"四风"从根本上违背党的性质和宗旨，人民群众反映强烈，深恶痛绝，是严重损害党群关系的重要根源。"四风"问题解决好了，就有更好的条件解决党内其他一些问题。

社会风气的毒化，从政环境的恶劣，政治生态的腐化等现实问题，要求必须将作风建设作为切入口来解决现实社会的腐败问题。

习总书记讲：抓作风问题就要积小胜为大胜，不以恶小而为之，不以善小而不为，通过抓党风政风带社风民风，努力营造廉洁从政的政治生态。

（2）反腐败斗争策略的调整。

以治标为主，以加大治标力度为治本赢得时间。

现实中的腐败存量庞大、复杂、严峻，必须以查处腐败案件的增量减冲腐败问题的庞大存量。

以查办案件形成震慑，营造"不敢腐"的氛围，进而建设"不能腐"政治生态，逐步走向"不想腐"的高尚道德境界的高地。相互融合、相互为用，激发出最强劲的正能量。

（3）反腐，是一场必须赢的社会价值观的战争。

落实八项规定精神是改进作风的第一仗。八项规定是低标准、不是高要求。

"八项规定"是改进工作作风的切入口和动员令，是一场输不起的战斗。既不是最高标准，更不是最终目的，是最应该做到的最基本的要求。习总书记讲：八项规定的落实，应该是作为一个名片，是本届（十八届）中央委员会向十九届中央委员会的一个交代。

所谓"破山中贼易，破心中贼难"，最可怕的腐败，正是社会价值观的腐化堕落。十八大以来的反腐败斗争，不仅事关当今中国政治生态的净化，更是一场引领当今中国以及未来中国社会核心价值观取向的殊死较量。惟有建构起"以廉为荣、以贪为耻"的社会文化，廉洁政治、清正风气才会成为社会常态，中国的未来才是大有希望的，才是灿烂的、光明的、富强的，才有资格屹立于世界民族之林。

反"四风"、反腐败的时代洪流，是荡涤更是唤醒，是除弊更是拯救，这是我们输不起的价值观的战争，更是我们必须赢取的未来。

（4）宣示方向：干部清正、政府清廉、政治清明，以党风政风引领社风民风。

习近平强调指出：营造良好从政环境，要从各级领导干部首先是高级干部做起。

领导干部要坚守正道、弘扬正气，坚持以信念、人格、实干立身；要襟怀坦白、光明磊落，对上对下讲真话、实话；要坚持原则，恪守规矩，严格按党纪国法办事；要严肃纲纪、疾恶如仇，对一切不正之风敢于亮剑；要艰苦奋斗、清正廉洁，正确行使权力，在各种诱惑面前经得起考验。推动风清气正的良好政治生态，必须营造一个良好从政环境，也就是要有一个好的政治生态。良好的从政环境，必须有坚定的理想信仰。坚持走中国特色社会主义道路，努力实现伟大复兴的中国梦。我们不能钻进金钱的眼里，不能以权力为要，要树立起正确的政绩观和世界观，真正把人民的福祉放在第一位。

良好的从政环境，要大胆推进干部人事制度改革，择天下英才而用之，必须有一支清正、清明的好干部队伍，不让老实人吃亏。要实事求是、深入群众，能够与群众打成一片，始终与群众心连心，永远赢得群众的信任。要清正廉洁、敢于担当，始终坚持反腐败斗争，以零容忍的态度清除腐败分子，以大无畏的勇气推进制度反腐、法治反腐。不管谁违反了都要严肃处理，没有讨价还价、情有可原，只有言出必信、令出必行。

为之，党风、政风、官风、军风、学风、文风、会风、民风八风清新之气强力渐吹，优良传统回归，中华大地新风蔚然。

（5）既讲究"王道"，更讲究"霸道"。

路线、方针、政策是王道，法律和纪律就是霸道，没有情面可讲，没有例外，没有下不为例，一把尺子量到底。真正做到用制度的笼子管住权力，管住人，管住事，管严，管到底。

（6）作风建设无穷尽，反腐败只会在路上。反腐败斗争的复杂性、艰巨性、长期性决定制度反腐、法治反腐才是正道，才是出路。

（7）全民参与，营造良好的反腐政治生态，使腐败无路可走。使不敢腐、不能腐、不想腐成为社会共识和追求。

3. 有力的具体举措

（1）坚持从中央政治局做起，以上率下。

众所周知，一个时期以来，党的作风问题、干部作风问题、干群关系问题是老百姓反映最强烈的问题。《党章》指出：我们党的最大政治优势是密切联系群众，党执政后的最大危险是脱离群众。

十八届党中央突出强调党要管党，从严治党，并决定从作风问题抓起。"子率以正，孰敢不正？"中央政治局的领导同志带头继承和发扬党的优良作风，敏于行、慎于言，降虚火、求实效。几年来，中央政治局的领导同志以身作则，各级领导干部带头贯彻落实八项规定，发挥了表率作用。

（2）坚持以解决突出问题为切入口，扶正祛邪。

以群众路线教育实践活动为抓手，选准目标，聚焦在作风建设上，集中火力解决形式主义、官僚主义、享乐主义、奢靡之风之"四风"问题取得明显进展。让全党和人民群众感到变化，看到希望，树立了我们党的权威，做到言必信、行必果。

（3）"零容忍、无禁区、全覆盖"，反腐力度持续加码，震慑、威慑成常态，"不拘常例、不违常情"坚决查处腐败案件，坚持"老虎""苍蝇"一起打。

根据十八大对形势的判断和战略部署，党风廉政建设和反腐倡廉工作把惩治腐败放在突出位置，坚持有腐必惩、有贪必肃；坚持运用法治思维和法治方式反腐败，注重解决群众身边的不正之风和腐败问题，查处大案要案，形成对腐败分子的高压态势。严查重处三种人，严防和杜绝"带病提拔""边腐败边提拔边升官"的现象。一是不收手、不收敛、不止步的；二是问题线索集中，群众反映强烈的；三是已经身在重要岗位，将要提拔的，决不能带病上岗，不行就要坚决处理。

（4）强力推进权力规范运行，强化监督。

反腐败必须强化监督、管住权力。建好笼子，把权力关进制度的笼子里。

2013年11月27日，《中央党内法规制定工作五年规划纲要（2013-2017年）》（简称《纲要》）正式发布，《纲要》共计四个板块，九个部分，四十六条分述、一个指导思想、四项目标、六项要求、六个方面三十七类的法规制度，对今后五年中央党内法规制定工作进行了统筹安排。制定党内法规工作五年规划在党历史上是第一次，从而强化制度建设。

中央先后出台了《关于党政机关停止新建楼堂馆所和清理办公用房的通知》《党政机关厉行节约反对浪费条例》《关于领导干部带头在公共场所禁烟有关事项的通知》等20多项禁令，重新修订颁布了《中国共产党巡视工作条例》《中国共产党廉政准则》《中国共产党纪律处分条例》等党内法规。打造为政"戒尺"，将干部的吃、住、用、行等方面全面管起来，让干部少了"自在"。这些禁令和制度的出台实施，为落实中央八项规定，反对"四风"提供了制度保障和有力抓手。相信随着越来越多禁令的施行，干部会越来越感到

"不自在"，群众就多一些自在。要基本形成不敢腐的惩戒机制、不能腐的防范机制、不易腐的保障机制。

这些新制度的共同特点是，从具体细节、小事着手着力，对腐败方式围追堵截，对制度规定查漏补缺，最大限度堵塞漏洞，防止腐败分子有机可乘、钻空子。同时制定了详细的量化标准，为严格监督提供了明确依据，具有极强的可操作性、可执行性。

（5）巡视工作重大变革，加强和改进巡视工作，发现问题、形成震慑。

一是明确自身定位，履行监督责任，当好党中央的"千里眼"，找出"老虎"和"苍蝇"，对违纪违法问题早发现、早报告。

二是坚持党要管党、从严治党，围绕党风廉政建设和反腐败工作这个中心开展，把发现问题、形成震慑作为主要任务。

三是聚焦发现问题，突出四个重点：第一，要着力发现领导干部是否存在权钱交易、以权谋私、贪污贿赂、腐化堕落等违纪违法问题；第二，要着力发现是否存在形式主义、官僚主义、享乐主义和奢靡之风等违反中央八项规定精神的问题；第三，着力发现领导干部是否存在对涉及党的理论和路线方针政策等重大政治问题公开发表反对意见、搞"上有政策、下有对策"等违反政治纪律的问题；第四，着力发现是否存在买官卖官、拉票贿选、违规提拔干部等选人用人上的不正之风和腐败问题。

四是落实巡视监督责任，"把纪律挺在前沿。坚持纪严于法、纪在法前，用纪律的尺子衡量被巡视党组织和党员干部的行为""重大问题应该发现而没有发现就是失职，发现问题没有客观汇报就是渎职"，必须根据情况追究责任。

五是中央组建立巡视组长库，实行"三个不固定"，即巡视组组长不固定、巡视的地区和单位不固定、巡视组与巡视对象的关系不固定。

六是组长不是"铁帽子"，一次一授权，选派有经验的办案人员参加巡视，提高了巡视质量和水平。

七是创新组织制度和方式方法，实施专项巡视，实现巡视全覆盖。

"专项巡视"的意义，在于三个层面：

一者，彰显巡视制度的创新与发展。要让巡视制度成为"高悬的达摩克利斯之剑"，就必须因时而动、因地制宜，在总结上一阶段巡视工作的基础上，针对新问题、研究新情况，以制度创新回应腐败领域的新动向、新症结。

二者，突出问题导向，巡视更富针对性。"专项巡视"的特点在于闻声而动，针对特定问题、特定领域、特定人员开展巡视，哪个地区或单位问题多，就向该地区或单位派驻巡视组。通过这种灵活的巡视方式，打破了此前的巡视"规律"。

三者，增强巡视的威慑力，提高制度反腐的预防力。正如王岐山所言，"我们可以就这一个事、就这一个干部派一个专项巡视组，把这个问题搞明白。机动灵活，摸不着，突然就来了，我看这个震慑作用很大"。将非常规巡视常态化处理，雷霆出击、迅猛问责，确实会让作奸犯科者心有戚戚。

八是善用成果，整改落实，做到件件有着落。

巡视监督的作用能否充分发挥，关键在成果运用。巡视组要做好分类处置，反馈问题要一针见血、明确具体；纪检监察机构对巡视移交的问题线索要及时处置，严肃查处违纪问题；组织部门对巡视移交的选人用人问题要调查督查，匡正用人风气；被巡视党组织要担负起主体责任，对反馈的问题要制定整改方案，落实整改措施，坚决减少腐败存量、遏制增量，让不收敛不收手的收敛收手，让心存侥幸的知耻知止。巡视的震慑效果强不强，关键看整改。派出巡视组的党组织听取巡视情况汇报，要梳理出带有共性的突出问题，由纪委提前向未巡视单位打招呼，提出整改要求，促其即知即改；对巡视中发现的违反中央八项规定精神问题，被巡视党组织要立行立改；巡视后综合反馈意见，进行全面整改。整改情况要向社会公开发布，接受党内和人民群众的监督。对责任不落实，整改不及时、不到位的，要抓住典型、严肃问责。

改革后的巡视制度呈现出全新面貌，监督非常认真，不是走过场，持续的时间比较长，透明度比较高，所有巡视的地点、对象、巡视组组长以及最后的巡视结果，都向社会公开，因此能够更全面地发现问题，产生强大的震慑作用。巡视工作要扩大范围、加强力量、加快节奏，实现全覆盖，这意味着所有的党政机关和企事业单位都要适用巡视制度，目的就是让这项好制度发挥更大的作用。强调巡视是政治巡视，突出问题导向和四个着力，坚持回头看。

在十八大以来中国反腐进程中，巡视制度功不可没。无论是拍苍蝇，还是打老虎，抓铁留痕的常规巡视确实发现了不少苗头，解决了不少问题，赢得民心，顺遂民意。

巡视工作由"聚焦阶段"转向"突出阶段"。第一阶段：聚焦党风廉政建设和反腐败斗争、围绕"四个着力"展开巡视；第二阶段：聚焦全面从严治党、把纪律挺在前面展开巡视；目前阶段：突出坚持党的领导、加强党的建设，着力发现违反政治纪律和政治规矩、选人用人问题展开巡视。用王岐山的话说，这是"始终与时俱进、向中央看齐"。

（6）改革党的纪律检查体制，完善反腐败体制和机制。

明确纪检监察机关职责定位，围绕《党章》、党内法规和《宪法》、监察法规赋予的职责，转职能、转方式、转作风，加强体制机制创新和制度建设，强化监督管理，严肃纪律。调整内设机构，加强纪律检查和党风政风监督工作。全国纪检监察机关通过精简参加的议事协调机构，更加聚焦党风廉政建设和反腐败斗争主业，强化监督职责，提高履职能力。

中纪委机关强化主业，调整职能，连续进行了机构改革。增加纪检监察室提高监督执行和审查调查的能力和水平；增强提升组织管理和宣传教育的职能；加强对纪检监察队伍的监督检查。

强化上级纪委对下级纪委的领导；规定查办腐败案件以上级纪委领导为主，各级纪委书记、副书记的提名和考察以上级纪委会同组织部门为主；明确落实党风廉政建设责任制，党委负主体责任，纪委负监督责任（两个为主、两个责任）。这既坚持了党对反腐败工作的领导，坚持了党管干部原则，又保证了纪委监督权的行使，有利于加大反腐败工作力度。

强调要坚持"纪严于法、纪在法前"的原则，落实管党治党主体责任。党要管党、从严治党是党组织的日常工作，从严治党要把纪律挺在前面，要靠纪律管党。要严明政治纪律、政治规矩、组织纪律，要运用好监督执纪的"四种形态"。恢复和发扬党的优良传统，党内关系要正常化，批评和自我批评要经常开展，让咬耳扯袖、红脸出汗成为常态；党纪轻处分和组织处理要成为大多数；对严重违纪的重处分、作出重大职务调整应当是少数；而严重违纪涉嫌违法立案审查的只能是极少数。这"四种形态"都是坚持惩前毖后、治病救人的原则，真正体现对党员的严格要求和关心爱护。

加强自身管理监督，解决"灯下黑"，做到自身硬，严肃审查工作纪律。强调审查纪律就是政治纪律，坚决防止跑风漏气、失密泄密、隐匿和瞒报线索，严禁以案谋私。坚决查处违反审查纪律的行为，并对典型案件予以通报。

（7）强力推进政法、司法体制改革，司法改革进入快车道。

法律是社会的公器，司法机关是维护社会公平正义的"最后一道防线"。

这道防线一旦失守，公平不存，正义不显，伤害的不仅是群众的切身利益，也是党的政法工作的形象，乃至党的整体形象。司法腐败问题是多年来群众反映最为强烈的主要问题之一，是要重点解决好损害群众权益的突出问题。因此习总书记特别强调"决不允许对群众的报警求助置之不理，决不允许让普通群众打不起官司，决不允许滥用权力侵犯群众合法权益，决不允许执法犯法造成冤假错案"。就是为政法工作设底线，是用一种底线思维倒逼政法战线促进社会公平正义。"司法统一""审判独立""杜绝领导干部干预司法的现象"明确被提到司法改革的议事日程上。司法改革目的的实现也为纪检监察机关回归主业，聚焦执纪问责、法纪分开、挺纪于前的改革改善了司法环境，清除了障碍，廓清了认识的误区，保障了各司其职的实现。

（8）打破常规，不留死角，多方位突破，全面展开，加大追责力度，集中、快速解决问题。

"法不责众""就事论事，不搞延伸"等所谓规则已不起作用；"腐败是发展的润滑剂""查办案件影响发展，干扰大局，影响安定""为大家办事不是腐败"等奇谈怪论没有了公开市场；没有担当，不认真承担主体责任者一定要付出代价；反腐败的号角从基层到高层、从农村到城市、从机关到企业、从地方到军队全面吹响，反腐败的利剑斩向从高官到村官的腐败分子；反腐败的铁扫帚扫到了旮旯拐角，各行各业各个区域各个系统全覆盖，都感到了反腐败的威慑和震撼。

（9）着力反腐败的国际合作，内外联动，发力追逃。

"猎狐行动"成效显著，外逃经济和腐败罪犯被押解回国。腐败分子妄图借国外"天堂"庇护的梦想正在破灭，党内没有腐败分子的藏身之地，军内也不允许有腐败分子的藏身之地。国内没有腐败分子的藏身之地，国外也逐步地不会有腐败分子的藏身之地。

4. 十八大以来纪检监察工作的特点

（1）思路更加清晰、方向更加明确。强调要自觉学习党章、遵守党章、贯彻党章、维护党章。

（2）举措更加务实、工作更加具体，要求更加严格。强调要严明党的政治纪律，自觉维护党的团结统一，不能使党沦为各取所需、自行其是的"私人俱乐部"。

（3）坚持"常""长"二字，经常抓，长期抓，纪挺于法前，纪严于法。

有腐必反，有贪必肃。强调加强充分发挥法治和制度的刚性作用。面对当前反腐败斗争依然十分严峻复杂的形势，反腐倡廉制度建设进一步细化、钢化，从制度层面加强权力运作的制约和监督，使制度规范和约束常态化、长效化、刚性化。

（4）借鉴历史，弘扬优秀廉政文化。大力加强反腐倡廉教育和廉政文化建设，坚持依法治国和以德治国相结合，不断夯实党员干部廉洁从政的思想道德基础，筑牢拒腐防变的思想道德防线。

（5）踏石留印，抓铁有痕，善作善成，善始善终。一手查大案要案，一手治理腐败环境。一面密集查处个案，一面进行着紧凑的制度和机制的设计与建设；一面查处贪腐大案要案等"硬腐败"，一面治理腐败环境，清查"软腐败"。

从十八届中纪委查处的落马官员密度和速度上看，可称近三十年之最。十八大以来的全面改革，带动了纪检监察工作全新的变革，充满了活力，在历史上必然是浓墨重彩，创新、发展了中共的纪律检查方式，提升了纪检监察工作的水准，引领了整个社会的新风尚，促生了新气象。有力地改善了纪检监察工作的空间和环境，基本形成了正常执纪问责的良好局面。

党的十八大以来，针对党面临的风险和挑战，坚持党要管党、从严治党，正风肃纪、反腐肃贪，坚决遏制腐败蔓延势头，形成"不敢腐"的有力震慑；把严肃纪律作为治本之策，守住纪律底线，穿越底线动辄则咎，强化"不能腐"；坚持理想信念宗旨这条高线不动摇，最终实现"不想腐"。全面从严治党永远在路上，我们任务艰巨、决心坚定。要保持坚强定力、保持力度节奏，不刮风不搞运动。党的作风正在向好的方向转变，腐败蔓延的势头正在得到遏制，只要坚持坚持再坚持，就能取得从严治党的新成效，确保党始终成为中国特色社会主义坚强领导核心。

十八届中纪委向党的十九大提交的工作报告中指出，五年来，全国纪检监察机关按照中央的要求，坚决做到了：

①忠诚履行党章赋予的职责，聚焦中心任务，监督执纪问责，推动管党治党从宽松软走向严紧硬

②锲而不舍落实中央八项规定精神，兑现党的庄严承诺，回应群众期盼，赢得党心民心

五年来，各级纪检监察机关共查处违反中央八项规定精神问题 18.9 万

起，处理党员干部25.6万人。引导党员领导干部树立良好道德风尚和家风，以优良党风带动民风社风。

③抓住管党治党"牛鼻子"，以强有力问责推动落实主体责任和监督责任

问责一个，警醒一片。党中央坚决查处山西系统性、塌方式腐败问题，对省委领导班子作出重大调整。对湖南衡阳破坏选举案严肃问责，467人受到责任追究。对四川南充拉票贿选案涉及的477人严肃处理。严肃查处辽宁省系统性拉票贿选问题，共查处955人，其中中管干部34人。对民政部原党组、原派驻纪检组管党治党不力严肃问责，原党组书记、分管副部长、派驻纪检组组长受到责任追究。对司法部原党组书记在干部工作中严重失察和违纪行为进行问责。严肃查处甘肃祁连山国家级自然保护区生态环境遭到破坏典型案件中的失职失责问题，18人受到问责。2014年以来，全国共有7 020个单位党委（党组）、党总支、党支部，430个纪委（纪检组）和6.5万余名党员领导干部被问责。

④巡视实现一届任期全覆盖，发现问题、形成震慑，成为全面从严治党的利剑

中央巡视工作领导小组召开115次会议，组织开展12轮巡视，共巡视277个党组织，完成对省区市、中央和国家机关、中管企事业单位和金融机构、中管高校等的巡视，在党的历史上首次实现一届任期内巡视全覆盖；对16个省区市开展"回头看"，对4个中央单位进行"机动式"巡视。中央纪委审查的案件中，超过60%的线索来自巡视。巡视的力度和效果不断增强，利剑作用彰显。

中央巡视组受理信访159万件，与干部群众谈话5.3万人次。

条条要整改、件件有着落，发挥标本兼治战略作用。中央巡视工作领导小组成员参加反馈，推动落实整改主体责任，防止把层层传导压力变成层层推卸责任。中央巡视组和巡视办共形成专题报告230份，向党中央和国务院分管领导通报巡视情况59次，向中央改革办报送89份专题报告，推动深化改革、加强制度建设。中央纪委机关和中央组织部对移交的问题线索分类处置、优先办理。整改情况向党内通报，向社会公开。

形成全国巡视巡察"一盘棋"。加强对省区市、中央单位巡视工作的领导，建立省区市党委书记有关巡视工作讲话向中央巡视工作领导小组报备等制度。各省区市党委完成巡视全覆盖任务，全部开展市县巡察，67家中央单

位探索开展巡视工作，对中央企业实现全面巡视，形成巡视巡察上下联动的格局。

⑤把纪律挺在前面，严明政治纪律和政治规矩，实践监督执纪"四种形态"，净化党内政治生态

五年来，共立案审查违反政治纪律案件1.5万件，处分1.5万人，其中中管干部112人。

2015年以来，全国纪检监察机关实践"四种形态"，用严明的纪律管全党治全党，共处理204.8万人次。其中，运用第一种形态批评教育、谈话函询95.5万人次、占46.7%，使红脸出汗成为了常态；运用第二种形态纪律轻处分、组织调整81.8万人次、占39.9%，运用第三种形态纪律重处分、重大职务调整15.6万人次、占7.6%，有力维护了纪律的严肃性；运用第四种形态严重违纪涉嫌违法立案审查11.9万人次、占5.8%，被开除党籍、移送司法机关的真正成为极少数。

十八大以来，中央纪委共回复党风廉政意见6 631人次。严格执行换届纪律，会同中央组织部对省级党委和市县乡领导班子换届风气进行全面督查和重点检查，坚决查处拉票贿选、跑官要官等违纪行为，从源头上净化党内政治生态。

⑥坚持"老虎""苍蝇"一起打，坚决遏制腐败蔓延势头，反腐败斗争压倒性态势已经形成并巩固发展

2014年以来，对乱作为、不作为的3.2万名基层党员干部严肃追责。五年来，全国纪检监察机关共处分村党支部书记、村委会主任27.8万人。

十八大以来，经党中央批准立案审查的省军级以上党员干部及其他中管干部440人。其中，十八届中央委员、候补委员43人，中央纪委委员9人。全国纪检监察机关共接受信访举报1 218.6万件（次），处置问题线索267.4万件，立案154.5万件，处分153.7万人，其中厅局级干部8 900余人，县处级干部6.3万人，涉嫌犯罪被移送司法机关处理5.8万人。

⑦织密国际追逃"天网"，占据道义制高点，决不让腐败分子躲进避罪天堂

2014年以来，共从90多个国家和地区追回外逃人员3 453名、追赃95.1亿元，"百名红通人员"中已有48人落网。

筑牢防逃堤坝，切断腐败分子后路。追逃防逃两手抓，设置防逃程序，

定期开展"裸官"清理，核查个人有关事项报告情况，严格执行出入境证件管理和审批报备制度，开展打击利用地下钱庄和离岸公司转移赃款专项行动，有力遏制了人员外逃和赃款外流，构建起不敢逃、不能逃的有效机制。新增外逃人员从 2014 年的 101 人降至 2015 年的 31 人、2016 年的 19 人，2017 年 1 月至 9 月为 4 人。

⑧转职能、转方式、转作风，以创新精神推动纪检监察体制改革，完善党和国家监督体系

推进国家监察体制改革，圆满完成试点任务。坚决贯彻党中央深化国家监察体制改革重大决策部署，构建党统一领导、权威高效的国家反腐败机构，实现对所有行使公权力的公职人员监察全覆盖，加强党和国家的自我监督。中央纪委召开 26 次会议深入研究，起草改革方案，抓好贯彻落实。成立中央深化国家监察体制改革试点工作领导小组，在北京、山西、浙江开展改革试点工作。试点地区完成省、市、县三级监察委员会组建工作，整合行政监察、预防腐败和检察机关查处贪污贿赂、失职渎职及预防职务犯罪等工作力量，实现人员转隶融合、机构职能和工作流程优化，探索纪律检查委员会和监察委员会合署办公条件下执纪监督与执纪审查、依法调查部门分设，同司法机关既有机衔接又相互制衡的工作机制。试点工作取得明显成效，加强了各级党委对反腐败斗争的领导，优化了反腐败体制机制，确保惩治腐败力度不减，为改革在全国推开积累了经验。同全国人大常委会密切配合，研究制定《中华人民共和国监察法（草案）》，赋予监察委员会监督、调查、处置职责和谈话、讯问、搜查、留置等调查权限，进一步提高反腐败工作法治化水平。

⑨实践探索在前、总结提炼在后，依规治党、扎紧笼子，实现制度建设与时俱进

强化制度建设，推进标本兼治。把握三中、四中全会姊妹篇关系，将深化改革和制度创新有机结合，以党章为根本遵循，研究来龙去脉、探究理论源头，组织制定修改 11 部党内法规。坚持问题导向，提炼有效做法和实招，增强制度针对性和实效性。坚持实践探索先行，将管党治党创新成果固化为法规制度。坚持有理想但不理想化，兼顾必要性和可行性，把制定单部法规置于制度体系建设中综合考量，使党内法规与国家法律协调衔接，依规治党和依法治国相互促进、相得益彰。

⑩坚持打铁还需自身硬，培养严实深细作风，建设忠诚干净担当的队伍

严明审查纪律，开展"一案双查"，坚决清理门户，对执纪违纪的坚决查处、失职失责的严肃问责、不适合从事纪检监察工作的坚决调离。十八大以来，中央纪委机关立案查处 22 人，组织调整 24 人，谈话函询 232 人；全国纪检系统处分 1 万余人，组织处理 7 600 余人，谈话函询 1.1 万人。

（五）十九大开启新时代，踏上新征程。不忘初心、牢记使命、继续前进，重整行装再出发

中国共产党第十九次全国代表大会，于 2017 年 10 月 18 日至 10 月 24 日召开，赵乐际同志任十九届中央纪委书记。

根据中纪委的要求，全国纪检监察机关要带头学习、带头思考、带头贯彻十九大精神，把自己摆进去、把职责摆进去，学懂、弄通、做实，更加自觉地坚决维护习近平总书记在党中央和全党的核心地位，坚决维护党中央权威和集中统一领导，切实增强政治意识、大局意识、核心意识、看齐意识，在思想上、政治上、行动上同以习近平同志为核心的党中央保持高度一致；更加自觉地用习近平新时代中国特色社会主义思想武装头脑、指导实践、推动工作，不断提高马克思主义理论水平，不断增强道路自信、理论自信、制度自信、文化自信；更加自觉地坚持和加强党的全面领导，一刻不停歇地推动全面从严治党向纵深发展，把党建设得更加坚强有力；更加自觉地坚持和发扬十八届中央纪委的好做法、好经验，不松劲、不停步，要重整行装再出发，按照十九大新部署新要求，忠诚履行党章赋予的监督执纪问责职责，把党的政治建设摆在首位，持之以恒正风肃纪，夺取反腐败斗争压倒性胜利，着力健全党和国家监督体系，强化不敢腐的震慑、扎牢不能腐的笼子、增强不想腐的自觉，以新的作风开创新的局面。

2018 年 3 月 5 日至 3 月 20 日十三届全国人大召开，会议通过了《宪法修正案》和《中华人民共和国监察法》，决定设立国家监察委员会，杨晓渡同志当选首任监察委员会主任。

今后五年全国纪检监察机关的主要工作是：

1. 全面贯彻十九大精神，坚决服从和维护以习近平同志为核心的党中央集中统一领导

全面贯彻落实十九大精神是当前和今后一个时期全党的首要政治任务。广大纪检监察干部要原原本本学习十九大报告和党章，深入学习领会习近平

新时代中国特色社会主义思想，准确把握十九大确立的重大判断、重大战略、重大任务，把思想和行动统一到十九大精神上来。紧密结合纪律检查工作实际，贯彻新时代中国特色社会主义基本方略，旗帜鲜明地坚持党对一切工作的领导，毫不动摇地推进全面从严治党。要以政治建设为统领，把讲政治的要求贯穿于全面从严治党全过程，坚决维护党中央权威和集中统一领导，加强对十九大精神和党章党规执行情况的监督检查，保证党员领导干部牢固树立"四个意识"，自觉向以习近平同志为核心的党中央看齐，保证党的基本理论、基本路线、基本方略得到贯彻落实。严明政治纪律和政治规矩，决不允许自行其是、各自为政，有令不行、有禁不止，确保党中央政令畅通。

2. 坚持思想建党和制度治党相结合，提高管党治党能力和水平

坚持依规治党和以德治党有机统一，引导党员干部坚定理想信念宗旨，坚定"四个自信"，永葆共产党人政治本色。聚焦党内政治生活，用好批评和自我批评武器，同违反党的纪律行为作坚决斗争。牵住主体责任"牛鼻子"，严格执行问责制度，推动全面从严治党向基层延伸，把管党治党责任落到实处。全面加强纪律建设，深入开展纪律教育，强化党组织自上而下的监督，运用监督执纪"四种形态"。紧盯"关键少数"特别是一把手，严把政治关廉洁关，用严明的纪律和严格的监督使党员领导干部知敬畏、存戒惧、守底线。

3. 把落实中央八项规定精神化作自觉行动，坚持不懈改进作风

发扬钉钉子精神，驰而不息抓好作风建设，盯紧享乐主义和奢靡之风，克服形式主义和官僚主义，密切关注新动向，着力解决人民群众反映强烈的问题，决不让"四风"反弹回潮。构建作风建设长效机制，发挥党员领导干部的示范引领作用，激发群众监督正能量，把作风建设不断引向深入。要继承和发展中华优秀传统文化，弘扬真善美、抑制假恶丑，引导党员干部培育良好家风，发挥乡规民约作用，营造向善向上的氛围，推动社会风气持续好转。

4. 完善党内监督体制机制，全面落实深化国家监察体制改革部署

发挥党内监督与中国特色社会主义民主监督相结合的优势，落实党内监督各项制度，不断深化政治巡视，做到一届任期内对所辖地方、部门和企事业单位全覆盖。创新方式方法，不断增强针对性，保持震慑力。深化省区市巡视工作，推进中央单位巡视和市县巡察工作，构建上下联动的监督网。健

全派驻机构领导体制和工作机制，加强统一管理，完善考核机制。不断拓宽监督渠道，实现党内监督与国家机关监督、民主监督、司法监督、群众监督、舆论监督有机结合。

按照中央确定的时间表和路线图，将国家监察体制改革试点工作在全国各地推开，组建省市县监察委员会；在十三届全国人大一次会议审议通过《中华人民共和国监察法》、设立国家监察委员会、产生国家监察委员会组成人员，实现纪律检查委员会和监察委员会合署办公。各省区市要密切联系本地区实际，结合改革试点经验，按照党中央决策部署统筹谋划，推动机构整合、人员融合和工作流程磨合。完善监察委员会运行机制，统一设置内设机构，探索合署办公条件下执纪监督与执纪审查相互制约、执纪与执法相互衔接的实现路径，使全面从严治党与全面深化改革、全面依法治国有机统一。

5. 强化不敢腐的震慑，扎牢不能腐的笼子，增强不想腐的自觉，夺取反腐败斗争压倒性胜利

充分认识反腐败斗争形势依然严峻复杂，加强党对反腐败工作的统一领导，坚持无禁区、全覆盖、零容忍，坚持重遏制、强高压、长震慑，力度不减、节奏不变，减少腐败存量，重点遏制增量。严肃查处对党不忠诚、阳奉阴违的问题；重点查处政治问题和腐败问题通过利益输送相互交织，在党内培植个人势力、结成利益集团的行为；围绕打赢脱贫攻坚战，加强基层党风廉政建设，坚决查处侵害群众利益的腐败问题，让人民群众有更多获得感。继续深化反腐败国际合作，让已经潜逃的无处藏身，让企图外逃的丢掉幻想。强化警示教育，充分发挥典型案例和违纪违法干部忏悔录的反面教材作用。推进标本兼治，靠加大惩治力度，形成持续震慑，巩固不敢腐；靠深化改革，健全制度，完善激励和约束机制，促进不能腐；靠坚定理想信念宗旨，选对人用好人，弘扬优秀传统文化，牢固树立"四个自信"，强化不想腐。

6. 建设让党放心、人民信赖的纪检监察队伍

广大纪检监察干部要始终对党忠诚，扎实开展以学习实践习近平新时代中国特色社会主义思想为重点的"不忘初心、牢记使命"主题教育，提高思想政治水准和把握政策能力，做敢于担当的表率。坚持党管干部原则和好干部标准，真正把对党忠诚、德才兼备的好干部用起来；加大干部轮岗、交流和培训力度，不断提高干部队伍的能力水平，增强生机活力。落实党建工作责任，充分发挥机关党委、纪委和干部监督机构作用。认真执行监督执纪工

作规则，强化自我监督，自觉接受党内监督和社会监督。要领好班子、带好队伍，以坚定的理想信念和铁的纪律，建设忠诚于党的事业的干部队伍。

二、纪律审查与监察调查学科内涵和特点

纪律审查与监察调查是一门系统性、科学性很强的学问，是具有中国特色的，以预防、查处违反中共党的纪律和公职人员腐败案件的机制、方法、手段、措施和加强监督执纪问责为研究对象，集哲学、社会学、政治学、法学、心理学、侦查学、证据学、逻辑学等于一体的学科。

纪律审查与监察调查的实践更是具有极强的政治性、社会性、法律性、政策性、导向性、规范性。随着社会的发展和纪检监察体制的改革，必定要走向更法制化、规范化、专业化、精兵化的道路。

（一）纪律审查与监察调查是一门系统性和科学性很强的学问

1. 纪律审查与监察调查是许多相互关联又相互作用的知识和认知所组成的有条理、有顺序，不可分散、不可割裂，具有自身特定功能的一个有机整体和完整系统的学问。

2. 纪律审查与监察调查工作自身有着符合客观实际，反映自身特定本质的内在规律和规则，同时纪检监察机关纪律审查与监察调查的实践又具有必须遵循其规律和规则的特性，其得出的概念、定义、论点、论据和结论所依据的数据、材料必须是充分、真实和可靠的。

（二）纪律审查与监察调查集多门学说于一体

1. 哲学。哲学是研究整个世界一切事物、现象的共同本质和普遍的规律，解决认知事物的世界观、方法论，为研究问题提供理论原则和认识论、方法论的指导。纪律审查与监察调查是对特定的事物、特定的问题进行查证，寻求真相，得出真实、充分、可靠结论的过程，必须要有正确的认识论和方法论，必须依靠马克思主义哲学理论的指导。

2. 社会学。社会学是探索研究人类的社会形态、社会生活、社会现象、社会问题的产生、发展、原因、过程、规律，为正确解决社会问题提供依据的科学。纪律审查与监察调查所要解决的特定事物和特定问题产生于人类的社会生活，是特定社会时期的社会现象和社会问题，一定离不开社会学的理论和方法去认识处理，自然与社会学有了割不开、扯不断的联系。

3. 政治学。政治学是研究人们在一定经济基础上，围绕特定利益，借助

于社会公共权力来规定和实现特定权利的社会关系，即政治关系及其发展规律的科学。纪律审查与监察调查所要解决的特定事物和特定问题是特定时期一定政治关系的体现，维护一定的政治利益，达到巩固一定政治基础的目的。

4. 法学。法学是研究法律、法律现象以及其规律性的科学，其核心就在于构建、实现、巩固社会的秩序与公正，通过秩序的构建与维护，实现和保障社会公正。纪律审查与监察调查所要解决的特定事物和特定问题体现了特定社会的法律关系，构建和维护特定社会秩序，实现和巩固特定社会公正，必然就和法学有了密不可分的关系。

5. 心理学。心理学是研究人类的心理现象、精神功能和行为的科学。首要任务是对人的心理行为进行精确的观察、分析和判断。纪律审查与监察调查所要解决的特定事物和特定问题是与人的心理活动分不开的，必须要有一定的心理学知识，能够察觉人的心理活动，才能进一步地了解问题、认识问题、解决问题。

6. 侦查学。侦查学是研究侦查主体实施的具有刑事司法活动性质的侦查活动及其规律的科学。研究刑事犯罪行为、侦查行为以及两者之间关系的对策性，研究各种侦查技术、措施和方法。纪律审查与监察调查要解决特定事物和特定问题离不开侦查理论和侦查技术的指导及支持，尤其《宪法》《中华人民共和国监察法》赋予监察机关调查公职人员职务违法和职务犯罪职责，就更需要侦查理论的指导、支持和直接运用侦查技术办理案件。

7. 证据学。证据学是研究在诉讼或非诉讼法律事务中调查和运用证据证明案件事实的方法、规律以及证据法律规范的科学，亦称为"证据法学"，核心问题是解决证据的客观性、真实性、合法性和关联性。纪律审查与监察调查所要解决的特定事物和特定问题的过程就是收集、鉴别并运用客观的、真实的、合法的、与特定事物或特定问题具有关联的证据材料证实事实真相的过程。

8. 逻辑学，逻辑学是探索研究人的思维、思维形式、思维形式结构、思维的基本规律和认识客观现实的方法的科学。纪律审查与监察调查要解决的特定事物和特定问题要掌握正确的分析、推理、判断的方法，必须要有科学的逻辑思维，尤其是要有辩证的逻辑思维。

（三）纪律审查与监察调查实践的特性

1. 政治性；任何政党、执政党都有自己明确的政治目标和政治利益，其思想和行为肯定向世人昭示其政治意图。中国共产党执政下的纪检监察机关，是政治属性很强的机关。纪律审查与监察调查所要解决的特定事物和特定问题是特定时期一定政治关系的体现，维护一定的政治利益，达到巩固一定政治基础的目的。因此，纪律审查与监察调查具有明显的政治性。

2. 社会性；纪律审查与监察调查所要解决的特定事物和特定问题产生于人类的社会生活，是特定社会时期的社会现象和社会问题在执政党内部和政府公职人员中的反映，必然引发社会的高度关注和成为社会的焦点，要解决和处理好这些问题必须得到社会的理解和支援。因此，纪律审查与监察调查也就具有了广泛的社会性。

3. 合法性；纪律审查与监察调查活动必须在国家宪法和法律规定的框架内进行，解决和处理特定事物和特定问题的整个过程必须合乎《宪法》等国家法律和《党章》等党内法规的规定。因此，纪律审查与监察调查具有合法性。

4. 政策性；纪律审查与监察调查所要解决的特定事物和特定问题体现着中国共产党执政的策略和方针，对问题的解决和处理必须接受党的方针、政策的约束和控制，必须合乎政策的要求。这就是纪律审查与监察调查的政策性。

5. 导向性；纪律审查与监察调查所要解决和处理的特定事物和特定问题，明确地宣示支持什么，反对什么；什么是对的，什么是错的；什么能做，什么不能做；什么路能走，什么路不能走。因此，纪律审查与监察调查的实践对社会具有了导向性。

6. 规范性；纪律审查与监察调查解决的特定事物和特定问题对人的思想和行为有着匡正、纠偏、褒奖、贬抑、弘扬的效用，使法度、规矩、纪律、规程、制度、标准等规范达到高度统一，获得最佳秩序和社会效益。纪律审查与监察调查活动的全过程又必须遵照严格的规定，明确的标准要求和严密的法规程序和完备的组织手续。因此，纪律审查与监察调查具有严格的规范性。

三、纪律审查与监察调查的发展方向

我们的国家在发展，我们的党在发展，民主政治毫无疑问在发展。十八届中纪委强调"纪在法前""纪严于法"，所以纪律审查与监察调查发展的方

向应当是：

1. 严格的法治化。即严格地遵守国家宪法、法律、法规和党的章程、规章、条例、制度。

2. 严密的规范化。即坚决地按照法律法规和党内规章的规定和要求的标准、规范进行操作、执行，不含糊，不逾越，符合规范的要求，坚持程序合法，手续完备。

3. 精准的专业化。即纪律审查与监察调查队伍和纪律审查与监察调查人员必须具有较高的素质、水平和能力，要具备纪律审查与监察调查方面较全面、广阔的学识和精准的业务水准。

四、纪律审查与监察调查教程学习方法和要求

方法是人认识事物、掌握知识的工具和手段。好的学习方法可以获得好的学习结果。纪律审查与监察调查实务是学校新开的课程，也是一种尝试，如何学好教好对我们都是一个严肃的考验，我们一起努力做好这件事情。因此建议大家能够：

1. 要热爱。思想上重视，认识上明确，态度上积极。

2. 要勤。勤于思索，善于思考，精于总结。

3. 要活。知识是活的，脑子要活，方法要活，安排要活，活学活用，不可死记硬背。

4. 要系统。学识之间都是相互联系、相互作用、不可分割的，所以要完整系统地看待纪律审查与监察调查实务这门课程，系统地学习。掌握其整体性、综合性的原则，争取学习的最优化。

5. 要交换。将所掌握学识和相关信息在自己头脑中进行交换，与书本进行交换，与他人进行交换，博取所长，增进自己的学识，提高自己的学习效果。

6. 要比较。把与纪律审查与监察调查实务相联系的课程进行对照，分析其异同，揭示和把握其内在的联系和本质的区别，掌握其精髓，达到事半功倍的最佳效果。比较要全方位的比较，既要有纵向的比较，也要有横向的比较。

7. 要反复。对所学的内容进行反复，肯定，否定，再肯定，认真思考，巩固所学。

8. 要宽泛。学习的视野要宽阔，知识要广泛。要多角度、多层次、多方面思索、分析、考究，以企对课程有一个整合全面的认知。

总之，学文科尤其是政教专业一定要学会综合、归纳、联系地思索、认识问题、探索事物规律的学习研究的方法。

提示：

1. 掌握纪律审查与监察调查实践的特性并能够阐述；中国现行纪检监察体制的来源和发展、改革开放以来的建设、发展和十八大以来的改革发展。

2. 熟悉中国现行纪检监察体制的历史沿革和重大历史案件、主要领袖的言论和重要方针政策原则的形成；纪律审查与监察调查学科的系统性、科学性和与有关学科的关系。

3. 了解纪律审查与监察调查发展的方向和纪律审查与监察调查的学习研究方法；各个历史时期纪检监察体制的建设、完善情况。

重点思考题：

1. 中央纪委的前身是什么？什么时间成立的？

2. 为什么说中央监察委员会的成立，开启了党内监督的组织创新，高举起党要管党、从严治党，监督执纪的旗帜？

3. 在当时极端严峻、恶劣的环境下，我们党决定成立中央监委的目的是什么？

4. 1928 年，中共中央建立了什么制度？发挥了什么作用？

5. 针对谢步升案件，毛泽东说了什么？

6. 毛泽东亲自写信给边区高等法院院长雷经天，建议判处黄克功死刑，还说了什么？

7. 1945 年 4 月，在抗战即将取得胜利的时刻，中共七大召开。在党章的"纪律"一章中，专门细化了什么？确立了什么？

8. 中国共产党第七届中央委员会第二次全体会议在什么时候、什么地方召开，毛泽东告诫全党的是什么？

9. "共和国第一贪污案"是指哪个案？毛泽东讲了什么？

10. 在哪一年，中共九大通过的《党章》中，完全取消了什么？

11. "文革"前的哪年撤销了监察部？

12. 中共中央在什么时候决定重建中纪委，选举陈云同志为中纪委第一书记？

13. 1980 年，陈云建议对纪委工作体制进行改革，纪委的工作进入良性轨道。建议的内容是什么？

14. 1993 年中纪委和监察部合署办公，把党的纪检职能和国家的行政监察职能统一起来，理顺了党政监督关系，简明形象的说法是什么？

15. 十六大修订的《党章》第 44 条明确党的各级纪律检查委员会的主要任务是："维护党的章程和其他党内法规，检查党的路线、方针、政策和决议的执行情况，协助党的委员会加强党风建设和组织协调反腐败工作"与十九大修订的《党章》有差异吗？

16. 2003 年 2 月 17 日至 2 月 19 日召开的十六届中纪委第二次全会明确定位纪委职能为？

17. 2003 年 8 月 18 日，中共中央、国务院正式批准中纪委、中组部关于设立专门巡视机构的请示。巡视制度的创立，加强了中纪委的监督力量，《党章》是什么时候正式确立巡视制度的？

18. 在十七大报告中，提出了党的"五大建设"，将反腐倡廉建设和思想建设、组织建设、作风建设、制度建设并列，把反腐倡廉提到了新的高度，为什么？

19. 十七大修订的《党章》第 13 条第 4 款规定的内容是什么？

20. 当前反腐败为什么要以作风建设为切入口，以党风、政风引领和带动民风、社风？

21. 当前反腐败为什么是以治标为主，以加大治标力度为治本赢得时间？

22. 什么是四大考验、四种危险和三清？

23. 当前党风廉政建设和反腐败斗争形势的基本估价是？

24. 习近平对腐败形势是如何估价的？

25. 阐释"既讲究'王道'，更讲究'霸道'"的含义。

26. "纪严于法、纪在法前"是什么意思？

27. 简述纪律审查的"四种形态"，在实践中如何坚持"四种形态"的正确运用。

28. 在反腐败问题上要有的四个足够自信是什么？

29. 试述十八大以来反腐败的形势。

30. 论述十八大以来反腐败斗争的成效。

31. 十九大后五年全国纪检监察机关的主要工作是什么?

32. 纪律审查与监察调查是一门什么样的学问?

33. 纪律审查与监察调查与有关学科的关系是什么?

34. 准确阐述纪律审查与监察调查实践的特性。

35. 阐释纪律审查与监察调查的发展方向是什么?

第一章

原　理

这一章简要地介绍纪检监察机关纪律审查与监察调查的概念、特征、任务、地位、作用、相关部门和纪律审查与监察调查的指导思想、基本原则、基本要求、根本方针、种类、措施、时限、特点、规律和依照的主要法律、法规、党内法规、"双规""双指"的法律性问题。

原理的概念：

所谓"原理"是指自然科学和社会科学中具有普遍意义的基本规律。其是在大量观察、实践的基础上，经过归纳、概括而得出的，既能指导实践，又必须经受实践的检验。

科学的原理以大量的实践为基础，故其正确性能被实验所检验与确定，从科学的原理出发，可以推衍出各种具体的定理、命题等，从而对进一步实践起指导作用。

纪律审查与监察调查的原理就是指在纪律审查与监察调查活动中，在大量观察、实践的基础上，经过归纳、概括而得出的，指导纪律审查与监察调查活动实践的，具有普遍意义的基本规律。

第一节　简　述

一、纪律审查与监察调查概念

纪检监察审查与调查（也称案件检查、案件查办）是纪检监察机关遵照

《党章》《中国共产党纪律检查机关监督执纪工作规则（试行）》等党内法规和《宪法》《中华人民共和国监察法》等法律法规受理、调查、处理党的组织、党员和监察对象违纪违法行为活动的总称。

纪检监察审查与调查这一概念涵盖了党的纪律检查的监督、执纪、问责和国家监察的监督、调查、处置。

纪检监察机关纪律审查与监察调查这一概念具有中国特色，是在党的纪律检查机关与国家监察机关合署办公以后产生的一个概念。

此处的"纪检"是指中国共产党党内纪律检查行为，"监察"是指国家监察机关的监察行为，因合署是"一套人马两块牌子"，称为纪检监察机关。

纪委重建之时，中纪委于1979年1月26日通过《关于工作任务、职权范围、机构设置的规定》，据此，案件检查部门称谓是"纪律检查室"。政府行政监察机关重新设立时，案件检查部门称谓是"案件检查处"，1993年合署后称为"纪检监察室"。

因此，我国纪检监察机关纪律审查与监察调查活动既是党的纪律审查活动，同时又是国家监察机关的调查处置活动，是二者的有机统一。这就是中国国情的特色体现，坚持和加强了党对反腐败工作的统一领导和指挥，消除了二者分立可能产生的分歧和矛盾，整合了执纪、监督、问责和监督、调查、处置的力量，优化了党和国家的监督监察专责与执纪执法队伍，增强了查处违纪违法案件的力度。

二、纪律审查与监察调查活动的特征

纪律审查与监察调查活动的特征充分体现了纪律审查与监察调查的性质、方式和目的。

纪律审查与监察调查活动的特征主要表现在三个方面：

一是纪律审查与监察调查活动必须是党的组织、政府和纪检监察机关的行为。党的纪律检查机关的纪律审查必须是受党组织的委派，国家监察机关的监察调查必须是受政府或监察机关的委派。这就决定了纪律审查与监察调查的性质是一种组织活动，是公权行为，必须在党的统一领导下，在党组织、政府和纪检监察机关组织或委派下进行，接受党、政府、纪检监察机关和人民群众的监督。

这里所指的"政府"是广义的"政府"，不是狭义的政府行政机关。

二是纪律审查与监察调查活动必须是依纪依法进行。党的纪律审查必须按照《党章》、《中国共产党纪律检查机关案件检查工作条例》、《中国共产党纪律检查机关案件检查工作条例实施细则》和《中国共产党纪律检查机关监督执纪工作规则（试行）》等党内法规的规定进行，不得有一丝一毫的违反；监察调查必须依据《宪法》《中华人民共和国监察法》等国家法律法规的规定进行。这就决定了纪律审查与监察调查的行为方式必须依纪依法，必须循规蹈矩，不得有半点逾越。

三是纪律审查与监察调查活动必须是依据确实充分的证据材料证明问题的基本事实真相。这就决定了纪律审查与监察调查活动的目的必须是通过大量艰苦细致的调查，去粗取精，去伪存真，合法地收集、精确地鉴别、准确地运用控辩两个方面的证据材料来证实所调查特定问题的事实真相、认定其性质，必须慎之又慎，不得马虎敷衍。

三、纪律审查与监察调查的地位

纪律审查与监察调查是纪检监察机关最基本的工作和职能，其在纪检监察机关乃至整个党风、党性、党纪建设中和反腐败斗争中是不可替代、不可忽视的，始终处于主要地位。可以用三句话来概括它的地位：纪律审查与监察调查是纪检监察机关最经常性的主要工作，在整个纪检监察工作中始终处在关键地位，是纪检监察机关严肃纪律、惩处违纪违法行为的中心环节。

1. 纪律审查与监察调查是纪检监察机关最经常性的主要工作

纪律审查与监察调查是纪检监察机关履行"监督、执纪、问责"和"监督、调查、处置"职责，完成自身任务的最主要的手段，是纪检监察机关最主要的基本业务。纪检监察机关作为维护和执行党的纪律的专门监督机关和国家专责反腐败机构，大量的、经常性的工作就是查处违纪违法案件，严肃纪律、清除腐败，保证党的路线、方针、政策，国家的法律、法规、决定和命令的贯彻执行。因此纪律审查与监察调查是纪检监察机关最经常性的主要工作。

2. 纪律审查与监察调查在整个纪检监察工作中始终处在关键地位

党的纪律检查和国家监察各项基本工作——党风政风监督、党建工作的宣传教育、党员和公职人员的队伍管理和作风建设、纪检监察机关自身队伍的建设和管理等等，都离不开纪律审查与监察调查活动。纪律审查与监察调查活动贯穿于整个纪检监察机关履行"监督、执纪、问责"和"监督、调查、处置"职责的全过程,是纪检监察机关最有代表性、最具震慑力、最能发挥监督效用的职能和手段。因此,纪律审查与监察调查在整个纪检监察工作中始终处在关键地位。

3. 纪律审查与监察调查是纪检监察机关严肃纪律、惩处违纪违法行为的中心环节

要改进和完善党风、政风建设,就必须严肃纪律,必须做到违纪必究、有贪必肃。要严格执纪,就必须经过纪律审查与监察调查查明违纪违法问题的事实,给予当事人恰当的纪律惩处和法律制裁,才能达到正风肃纪和正本清源的目的。在整个执行纪律和惩处违纪违法行为的各个环节中,纪律审查与监察调查是主要环节。没有纪律审查与监察调查,纪检监察机关的"监督、执纪、问责"和"监督、调查、处置"和执纪执法办案就是空中楼阁,严肃执纪、正风肃纪就是一句空话,正本清源就不会实现。因此,纪律审查与监察调查是纪检监察机关严肃纪律、惩处违纪违法行为的中心环节。

四、纪律审查与监察调查的任务

中国共产党第十九次全国代表大会于 2017 年 10 月 24 日通过的《党章》第 46 条第 2 款规定:党的各级纪律检查委员会的职责是监督、执纪、问责,要经常对党员进行遵守纪律的教育,作出关于维护党纪的决定;对党的组织和党员领导干部履行职责、行使权力进行监督,受理处置党员群众检举举报,开展谈话提醒、约谈函询;检查和处理党的组织和党员违反党的章程和其他党内法规的比较重要或复杂的案件,决定或取消对这些案件中的党员的处分;进行问责或提出责任追究的建议;受理党员的控告和申诉;保障党员的权利。

《中华人民共和国监察法》第 3 条明确:各级监察委员会是行使国家监察职能的专责机关,依照本法对所有行使公权力的公职人员(以下称公职人员)进行监察,调查职务违法和职务犯罪,开展廉政建设和反腐败工作,维护宪法和法律的尊严。

《中华人民共和国监察法》第 11 条规定:监察委员会依照本法和有关法律规定履行监督、调查、处置职责:

(一)对公职人员开展廉政教育,对其依法履职、秉公用权、廉洁从政从

业以及道德操守情况进行监督检查；

（二）对涉嫌贪污贿赂、滥用职权、玩忽职守、权力寻租、利益输送、徇私舞弊以及浪费国家资财等职务违法和职务犯罪进行调查；

（三）对违法的公职人员依法作出政务处分决定；对履行职责不力、失职失责的领导人员进行问责；对涉嫌职务犯罪的，将调查结果移送人民检察院依法审查、提起公诉；向监察对象所在单位提出监察建议。

据此，纪检监察机关的纪律审查与监察调查的主要任务就是：及时、准确地查明案件的基本事实真相，以真实、可靠、确实充分的证据材料支持正确地处理案件。这是执纪审查与监察调查的根本任务，无论受理、初核、立案、调查还是审理，任何环节都是为了完成这一根本任务。

1. 及时、准确地查明案件基本事实真相

及时、准确地查明案件的基本事实真相，是正确处理案件的基础。查明案件事实，不仅要及时，更要准确。只有查清事实，才能正确执行纪律，只有正确执行纪律，才能严格纪律、严肃纪律。因此，及时、准确地查明案件基本事实真相是纪律审查与监察调查的基本任务。

2. 以真实、可靠、确实充分的证据材料支持正确地处理案件

以艰苦细致的工作收集真实、可靠、确实充分的证据材料，认定案件事实才能有可靠的证据支撑，才能确保正确处理案件。没有证据，就不会有明了的案件事实，没有明了案件事实，就不可能正确处理案件。收集证据，去粗取精，去伪存真，以真实、可靠、确实充分的证据认定案件事实，支持正确地处理案件是查明事实的关键。因此，以真实、可靠、确实充分的证据材料支持正确地处理案件是纪律审查与监察调查的主要任务。

五、纪律审查与监察调查的作用

通过"检查和处理党的组织和党员违反党的章程和其他党内法规的比较重要或复杂的案件""对公职人员开展廉政教育，对其依法履职、秉公用权、廉洁从政从业以及道德操守情况进行监督检查"，进行警示和惩戒，维护宪法和法律的尊严，达到：

1. 激浊扬清，弘扬正气，抑制邪气；

2. 惩处违纪违法人员和腐败分子；

3. 维护人民群众的利益，维护党和国家的利益，实现群众正当诉求；

4. 保障党员干部和公职人员的合法权益;

5. 教育党员干部和公职人员遵纪守法,不犯、少犯错误;

6. 发现问题,纠正问题,建章立制,实现用制度管人管事,真正维护党的团结统一,保证完成党的任务,推进国家治理体系现代化的建设,提高党和国家现代化治理的能力。

简单一句话就是让人明白、还人清白、警示世人、防范未然。

六、纪律审查与监察调查的意义

纪律审查与监察调查是纪检监察机关的基本职责,是反腐败斗争的重要任务,是纪检监察机关所有工作的集中体现和综合反映,也是老百姓最直接感知和评价纪检监察机关工作的关注点和老百姓评价纪检监察机关工作好坏优劣最突出、最重要、最显著的标准,更是纪检监察机关威之所在,位之所系。有为才有位,有位才有威。

纪律审查与监察调查是党风廉政建设和反腐倡廉"教育、制度、监督、改革、纠风、惩处"等六个方面工作最有效的结合、最有力的体现,也是最能教育人的方式、最有力的监督手段,是最能说服人的生动教材、最有震撼、最具威慑的纪律措施。

七、纪律审查与监察调查的职能部门

1979年1月26日中纪委通过《关于工作任务、职权范围、机构设置的规定》,设置的机构为五大职能部门办事机构,即办公厅、研究室、纪律检查室、案件审理室、来信来访室。1993年纪委与行政监察机关合署,基本保持了这种架构。随着形势的发展和工作的需要,又不断补充和设置了新的职能部门或办事机构。但纪律审查与监察调查(案件检查室或纪检监察室)部门始终是纪检监察机关的主体。

纪律审查与监察调查(案件检查)部门有广义和狭义之分。

广义的理解是指凡具有了解、核查、调查有关问题职能的部门,范围较宽,包含了纪检监察机关的多数工作部门;狭义的理解专指对具体案件进行纪律审查与监察调查活动的纪检监察室,也是我们通常所说的案件部门。实质上纪律审查与监察调查(案件检查)部门是指与案件查处有着紧密联系的各个工作部门,包含了纪检监察机关的多个部门:信访(举报中心)部门、案件监督管理部门、纪检监察（案件检查）部门、案件审理部门等。

2017年1月8日中国共产党第十八届中央纪律检查委员会第七次全体会议通过的《中国共产党纪律检查机关监督执纪工作规则（试行）》第5条规定：创新组织制度，建立执纪监督、执纪审查、案件审理相互协调、相互制约的工作机制。市地级以上纪委可以探索执纪监督和执纪审查部门分设，执纪监督部门负责联系地区和部门的日常监督，执纪审查部门负责对违纪行为进行初步核实和立案审查；案件监督管理部门负责综合协调和监督管理，案件审理部门负责审核把关。

第十三届全国人大第一次会议通过的《中华人民共和国监察法》第36条规定：监察机关应当严格按照程序开展工作，建立问题线索处置、调查、审理各部门相互协调、相互制约的工作机制。

按照这些规定，纪检监察机关最基本最直接的纪律审查与监察调查的职能部门——纪检监察（案件检查）室，随着形势的发展将逐步强化，从繁杂琐碎的有关事务中完全脱离出来，建成精兵化、法治化、规范化、专业化的队伍，专事执纪监督与监察监督或纪律审查与监察调查。

这一点在《中国共产党纪律检查机关监督执纪工作规则（试行）》第5条和《中华人民共和国监察法》第14条"国家实行监察官制度，依法确定监察官的等级设置、任免、考评和晋升等制度"的规定中体现得更加明确。

《中华人民共和国监察法》第36条第2款规定：监察机关应当加强对调查、处置工作全过程的监督管理，设立相应的工作部门履行线索管理、监督检查、督促办理、统计分析等管理协调职能。

据此，纪检监察机关专门的纪律审查与监察调查职能部门是：

1. 纪检监察信访（举报中心）部门：纪律审查与监察调查（案件检查）的源头，其职能具有多功能、综合性特点。基本任务就是反映情况和解决问题。具体就是承担着信访举报件的收集、分析、办理和管理；有关信访举报件的了解、初核；有关信访举报件办理的组织、协调、督办、审核、指导、上报等职责。违纪违法案件线索一般由信访举报中来。

《中华人民共和国监察法》第35条明确规定：监察机关对于报案或者举报，应当接受并按照有关规定处理。对于不属于本机关管辖的，应当移送主管机关处理。

2. 纪检监察案件监督管理部门：随着民主政治和党内民主的发展和增强，

人们公民意识、人权意识、法律意识、维护自身权益的意识得到了强化和提升，纪律审查与监察调查（案件检查）的长期性、复杂性、艰巨性益发突显，形势的需要产生了案件监督管理机构，逐步发展为案件监督管理部门，负责案件查办工作的综合协调和监督管理。

《中华人民共和国监察法》第 37 条还明确规定：监察机关对监察对象的问题线索，应当按照有关规定提出处置意见，履行审批手续，进行分类办理。线索处置情况应当定期汇总、通报，定期检查、抽查。

案件监督管理部门承担案件线索的管理、分析、排查；案件的分析、统计、报告；纪律审查与监察调查（案件检查）行为的组织、协调、监督、检查、指导、督办；纪律审查与监察调查（案件检查）有关事务的组织、管理、保障。这些充分显示了纪检监察机关纪律审查与监察调查（案件检查）工作力度的加大，使纪检监察机关纪律审查与监察调查（案件检查）走向法制化、规范化、专业化。

3. 纪检监察（案件检查）部门：纪检监察机关是最基本最直接的纪律审查与监察调查的职能部门。随着形势的发展将逐步强化，其将从繁杂琐碎的有关事务中完全脱离出来，其发展方向是精兵化、法制化、规范化、专业化，专事纪律审查与监察调查。根据《中国共产党纪律检查机关监督执纪工作规则（试行）》第 5 条"市地级以上纪委可以探索执纪监督和执纪审查部门分设，执纪监督部门负责联系地区和部门的日常监督，执纪审查部门负责对违纪行为进行初步核实和立案审查"的规定，纪检监察部门将建成精兵化、法制化、规范化、专业化队伍。市地级以上纪委正在试行将原来纪检监察室的业务进行分离，把纪检监察部门一分为二，分立为执纪监督部门和审查与调查部门。

其一，执纪监督部门，专事执纪监督，负责联系地区、部门和企事业单位党组织、监察对象的日常监督。

其二，审查与调查部门，专事纪律审查与监察调查，负责违纪违法问题线索的初步核实和违纪违法行为的立案审查或调查。

4. 案件审理部门：案件审理有广义和狭义之分。广义是指凡是讨论、审议、决定案件相关问题的活动；狭义是专指纪检监察机关案件审理部门对调查完结移交审理的案件进行审理的活动。

案件审理部门负责纪律审查与监察调查案件查处工作的审核把关。

案件审理主要分为程序性的审理和实体性的审理。

其主要职责是通过案件审理监督、指导纪律审查与监察调查行为，审核其程序的合法性和手续的完备性，发现问题，纠正问题，弥补不足；审核、鉴别纪律审查与监察调查证据材料的收集、运用是否合法、客观、确实、充分，事实的认定是否清楚明晰，性质准确与否，责任界限是否区分清晰，处理恰当与否；提出明确的审理意见，为纪检监察机关正确处理案件把好关，做好参谋。

纪检监察机关案件审理部门的设置是党内民主发展的必然趋势，是党的历史经验教训和血的代价换来的，是为了最大限度地避免发生冤、假、错案。

第二节　纪检监察审查与调查的指导思想、基本原则、基本要求、根本方针

一、纪律审查与监察调查的指导思想

（一）概念

所谓"指导思想"，是指长年根植于人的脑海深处，对人的思维活动起着规范、约束、指导作用的认识问题、处理问题的思想观念、理念和理论基础的总称。

（二）纪律审查与监察调查的指导思想

《党章》第46条规定：党的各级纪律检查委员会是党内监督专责机关，主要任务是：维护党的章程和其他党内法规，检查党的路线、方针、政策和决议的执行情况，协助党的委员会推进全面从严治党、加强党风建设和组织协调反腐败工作。

《中国共产党纪律检查机关案件检查工作条例》第2条明确：案件检查工作的指导思想是，通过执纪办案，维护党的章程和其他党内法规，严肃党的纪律，加强党风廉政建设，保护改革开放，促进经济发展，保证党的基本路线的贯彻执行。

《中华人民共和国监察法》第1条规定：为了深化国家监察体制改革，加强对所有行使公权力的公职人员的监督，实现国家监察全面覆盖，深入开展反腐败工作，推进国家治理体系和治理能力现代化，根据宪法，制定本法。

第 2 条规定：坚持中国共产党对国家监察工作的领导，以马克思列宁主义、毛泽东思想、邓小平理论、"三个代表"重要思想、科学发展观、习近平新时代中国特色社会主义思想为指导，构建集中统一、权威高效的中国特色国家监察体制。

根据上述规定，纪律审查与监察调查的指导思想可以概括为：坚持中国共产党的领导，以马克思列宁主义、毛泽东思想、邓小平理论、"三个代表"重要思想、科学发展观、习近平新时代中国特色社会主义思想为指导，通过严肃地执纪办案，坚定地维护党章、党规、党纪，坚定地维护宪法、法律、法规、政策，严格党政纪律，增强促进党风廉政建设，推进国家治理体系和治理能力现代化，保证党的社会主义初级阶段基本路线的贯彻执行，保护改革开放，保障经济建设健康、顺利、持续地发展。

这一指导思想的最本质的内涵在于：

1. 必须服从服务于党在社会主义初级阶段的基本路线

《党章》总纲明确：中国共产党在社会主义初级阶段的基本路线是：领导和团结全国各族人民，以经济建设为中心，坚持四项基本原则，坚持改革开放，自力更生，艰苦创业，为把我国建设成为富强民主文明和谐美丽的社会主义现代化强国而奋斗。简括之：一个中心，两个基本点，即，以经济建设为中心，坚持四项基本原则，坚持改革开放。

党章总纲还明确：中国共产党在领导社会主义事业中，必须坚持以经济建设为中心，其他各项工作都服从和服务于这个中心。

因此，纪检监察机关的纪律审查与监察调查，必须毫不例外地、坚定不移地秉持服从服务于党在社会主义初级阶段的基本路线的指导思想。这是纪检监察机关纪律审查与监察调查活动坚定正确的政治方向、政治路线和政治态度，这是由纪检监察机关纪律审查与监察调查活动的性质决定的。在实践中纪律审查与监察调查活动就要始终清楚自己的地位，明确定位，熟知党在现阶段的路线、方针、政策、目标，始终自觉地与党中央保持高度一致，才能做好"到位不越位"，服从服务于党在初级阶段的基本路线，完美地既注重政治效果，又实现社会效果和经济效果。

2. 必须维护和严肃党纪国法，严格执行纪律、法律、法规

纪检监察机关纪律审查与监察调查自始至终是围绕正风肃纪和维护、严肃国家法度展开的。维护和保障纪律和法律法规的严格执行，是纪律审查与

监察调查的起始点和出发点，也是落脚点和归宿。

全面从严治党，必须全面从严执纪。坚持惩前毖后、治病救人，执纪必严、违纪必究，抓早抓小、防微杜渐，这是我们建党思想的方针和原则。因此，必须坚持"纪律面前人人平等"，严格执纪执法没有例外，坚决不搞下不为例，只要违纪就要追究。对党政领导机关和党政领导干部更要从严要求，更要严格执行纪律，真正做到"有纪必依，违纪必究，执纪必严"。

3. 必须注重政治效果，实现社会效果和经济效果

纪检监察机关通过纪律审查与监察调查办案、通过执纪执法，注重的政治效果是保证党的社会主义初级阶段基本路线的贯彻执行；此外，也必须注重实现保护改革开放，保障经济建设健康、顺利、持续地发展的效果；还要注重实现引领社会风尚，凝聚人心，振奋精神，争取最广大人民群众的理解和支持，实现党奋斗目标的社会效果。

二、纪律审查与监察调查的基本原则

（一）基本原则的概念

纪律审查与监察调查的基本原则，是指纪检监察机关履行纪律审查与监察调查职能必须遵循的反映其内在规律和客观要求的准则，是正确履行职能必须遵守和不可逾越的规矩，是由纪律审查与监察调查活动的性质和任务决定的。在纪律审查与监察调查的各个环节、各个阶段的全过程都要严格遵照，不得违背，以保证纪律审查与监察调查职能履行的顺利和正确。

（二）纪律审查与监察调查的基本原则

1. 把纪律挺在前面，注重抓早抓小

《中国共产党纪律处分条例》第 4 条第 1 款规定：坚持党要管党、全面从严治党。加强对党的各级组织和全体党员的教育、管理和监督，把纪律挺在前面，注重抓早抓小、防微杜渐。

《党章》第 40 条第 2 款规定：坚持惩前毖后、治病救人，执纪必严、违纪必究，抓早抓小、防微杜渐，按照错误性质和情节轻重，给以批评教育直至纪律处分。运用监督执纪"四种形态"，让"红红脸、出出汗"成为常态，党纪处分、组织调整成为管党治党的重要手段，严重违纪、严重触犯刑律的党员必须开除党籍。

《中华人民共和国监察法》第 5 条规定：国家监察工作严格遵照宪法和法

律，……权责对等，严格监督……

纪律审查与监察调查首先要坚持"把纪律挺在前面，注重抓早抓小"的基本原则，从小处着眼，及时着手，权责对等，严格监督，才能防止我们的干部由"好干部到阶下囚"的演变，才能使纪检监察工作发挥真正的教育干部保护干部的作用。

2. 依法依规独立行使纪律审查与监察调查权

《中国共产党纪律检查机关案件检查工作条例》第 3 条规定：纪检机关依照党章和本条例行使案件检查权，不受国家机关、社会组织和个人的干涉。

《中华人民共和国监察法》第 3 条明确：各级监察委员会是行使国家监察职能的专责机关，依照本法对所有行使公权力的公职人员（以下称公职人员）进行监察，调查职务违法和职务犯罪，开展廉政建设和反腐败工作，维护宪法和法律的尊严。

第 4 条规定：监察委员会依照法律规定独立行使监察权，不受行政机关、社会团体和个人的干涉。

据此，党内违纪问题的纪律审查和监察案件的调查，应当由党的纪律检查机关和国家监察机关实施，其他任何机关、组织、团体、单位和个人都无权行使。这一原则是我国社会主义法制原则在纪检监察机关纪律审查与监察调查中的具体体现，也是纪律审查与监察调查工作长期实践的经验教训的总结，是用血的代价换来的。这一原则既明确了纪检监察机关纪律审查与监察调查的职能法定，又明确了纪检监察机关纪律审查与监察调查履行职责必须严格遵照《党章》、党内法规和《宪法》《中华人民共和国监察法》等法律、法规、政策的规定。

3. 坚持党和政府的领导

《党章》第 46 条第 3 款规定：各级纪律检查委员会要把处理特别重要或复杂的案件中的问题和处理的结果，向同级党的委员会报告。党的地方各级纪律检查委员会和基层纪律检查委员会要同时向上级纪律检查委员会报告。

《中华人民共和国监察法》第 2 条规定：坚持中国共产党对国家监察工作的领导。

纪律审查与监察调查具有很强的政治性、政策性，必须紧紧依靠党和政府的领导，这是纪律审查与监察调查正确履行职能、严肃纪律的根本保证。纪律审查与监察调查实践中的一些大案、要案和疑难复杂案件必须依靠党组织和政府的统一领导、组织协调，各方有力配合，才能取得进展、顺利办结。纪律审查或监察调查的终结必定要对涉案的人和事做出恰当的处理，更是一项政策性和政治性很强的工作，难度很大，就更要紧紧依靠各级党的组织、政府的领导与支持。因此在办案实践中必须积极主动地向党组织和政府领导请示、汇报纪律审查与监察调查工作的情况，争取领导、指导和支持帮助。

4. 相信群众、依靠群众

一切相信群众，一切依靠群众是我们党一切工作的路线和方针，纪律审查与监察调查也必须坚持这一路线和方针。我们在前文讲过，纪律审查与监察调查的实践具有社会性和导向性，这些特性决定纪律审查与监察调查必须相信群众，必须依靠群众，摒弃神秘主义，克服孤立办案、关门办案的倾向。纪律审查与监察调查的案件一般来源于人民群众的检举、揭发，是违纪案件线索的主渠道。一方面，任何违纪违法案件的发生都不可能是孤立的、不被人知的，只要深入群众了解情况，调查研究，就能掌握第一手资料获得有力有效的证据，及时查清案件事实；另一方面，一些违纪案件严重损害了群众利益或权益，败坏了党和政府形象，破坏了党群、干群关系，影响恶劣，后果严重，也只能深入群众倾听其呼声、正视其诉求、听取其意见，才能正确地处理案件，赢取群众的理解与支持，消除不良影响，挽回政治、经济损失；再一方面，相信群众，依靠群众查办案件，也是最大限度地发挥人民群众的监督作用，调动群众参与反腐败斗争的积极性，有力有效遏制腐败现象的有效途径。

5. 实事求是

《党章》第 43 条明确：党组织对党员作出处分决定，应当实事求是地查清事实。

《中国共产党纪律检查机关案件检查工作条例》第 4 条规定：案件检查必须坚持实事求是的原则。

延安整风期间，毛泽东在《改造我们的学习》中指出，"实事"就是客观存在着的一切事物，"是"就是客观事物的内部联系，即规律性，"求"就是我们去研究。毛泽东认为，"是"就是事物的规律，"求是"就是认真追求、研究事物的发展规律，找出周围事物的内部联系，作为我们工作的向导。从此，"实事求是"成为我们党坚持的正确思想路线，改造主观世界和客观世界的有力的思想武器，中国共产党的行动指南。"实事求是"就是指从实际对象出发，探求事物的内部联系及其发展的规律性，认识事物的本质，通常指按照事物的实际情况办事。纪检监察机关的纪律审查与监察调查也必须坚持这一思想路线，坚持实事求是的原则。

纪律审查与监察调查坚持实事求是的原则就是要按照辩证唯物主义的立场、观点、方法查清案件事实，一切从实际出发，具体案件具体对待，具体问题具体分析，实事求是地收集证据，实事求是地准确定性，实事求是地提出处理意见，使审查与调查的结论经得起历史和实践的检验。

实事求是不仅是基本原则，也是科学方法。实事求是既是纪律审查与监察调查的着眼点和落脚点，更是评判衡量纪律审查与监察调查是否公平、公正，是否合情、合理、合法的标尺和准绳。只有实事求是地查清事实，才能实事求是地正确处理案件。

6. 以事实为依据，以纪律和法律为准绳

《中国共产党纪律检查机关案件检查工作条例》第 4 条规定：以事实为根据，以党纪为准绳。

《中国共产党纪律处分条例》第 4 条第（三）项规定：实事求是。对党组织和党员违犯党纪的行为，应当以事实为依据，以党章、其他党内法规和国家法律法规为准绳，准确认定违纪性质，区别不同情况，恰当予以处理。

《中华人民共和国监察法》第 5 条规定：国家监察工作严格遵照宪法和法律，以事实为根据，以法律为准绳……

纪律审查与监察调查以事实为依据，以党政纪律和法律法规的规定为准绳的原则体现了纪律审查与监察调查的两个关键点。这两个关键点又是整个纪律审查与监察调查活动的核心，是正确审查调查和处理案件的重要保证。

以事实为依据，就是在纪律审查与监察调查活动的全过程，始终要尊重客观真实的案件事实，只能以查证属实的案件事实认定和处理问题。要对收集占有的证据材料认真分析、鉴别，去粗取精，去伪取真，实事求是地认定事实，做出准确的判断和正确的结论。

以党纪党规、法律法规的规定为准绳，就是在客观真实的案件事实的基础上，用党的纪律、国家法律法规的条文作为唯一的标尺和准绳来对照、衡量、评判是否存在违纪行为、是什么性质、如何处理，必须严格按照规定进行，处之有据，罚必明文。

7. 纪律、法律面前一律平等

《中国共产党党员权利保障条例》第 3 条规定：坚持在党的纪律面前人人平等，不允许任何党员享有特权。

《中国共产党纪律检查机关案件检查工作条例》第 5 条规定：案件检查要坚持在党的纪律面前人人平等的原则，对任何党员和党组织违犯党的纪律的行为，都必须依据本条例进行检查。

《中国共产党纪律处分条例》第 4 条第（二）项规定：党纪面前一律平等。对违犯党纪的党组织和党员必须严肃、公正执行纪律，党内不允许有任何不受纪律约束的党组织和党员。

《中华人民共和国监察法》第 5 条规定：国家监察工作严格遵照宪法和法律，……在适用法律上一律平等，保障当事人的合法权益……

这一原则是我国社会主义"法律面前人人平等"的法制原则在纪律审查与监察调查活动中的具体体现，也是纪律审查与监察调查实践必须坚持的原则。

坚持纪律、法律面前一律平等原则，必须坚持全面从严治党，必须坚持全面从严执纪、执法这一党建方针和法制原则。坚持从严执纪、执法没有例外，坚决不搞下不为例，只要违纪违法就要追究。对党政领导机关和党政领导干部更要从严要求，更要严格执行纪律。绝不允许存在超越纪律的特殊人物和不受纪律约束的特权，绝不允许存在"铁帽子王"，坚持"苍蝇""老虎"一起打，真正做到"有纪必依、违纪必究、执纪必严"。

8. 惩处与教育相结合

《中国共产党纪律处分条例》第 4 条第（五）项规定：惩前毖后、治病救人。处理违犯党纪的党组织和党员，应当实行惩戒与教育相结合，做到宽严相济。

《中华人民共和国监察法》第 5 条规定：国家监察工作严格遵照宪法和法律，……惩戒与教育相结合，宽严相济。

坚持这一原则就是纪检监察机关在纪律审查与监察调查活动中不仅要严肃查处违纪人员的违纪违法行为，依照纪律法律规定给予必要的、恰当的处理或惩处，还要立足于教育，着眼于提高思想认识，把查处和防范、惩处和教育、治标和治本有机地结合起来。惩处与教育是相辅相成的，只有严肃地惩处，才能收到更大的教育实效。一方面，对违纪违法行为在事实清楚、证据确凿的基础上必须严肃处理，该惩处的要坚决惩处，严格执纪；另一方面，通过必要的惩处，教育违纪违法者认识错误，促其改正错误，同时也要通过典型案例，开展纪律和法制教育，使广大纪检监察对象从中受到教育，提高其遵纪守法、廉洁奉公的自觉性，增强其防腐防变的能力。

9. 维护党员、监察对象的民主权利和合法权益

《中国共产党党员权利保障条例》第 2 条规定：党员享有的党章规定的各项权利必须受到尊重和保护，党的任何一级组织、任何党员都无权剥夺。

第 5 条规定：对任何侵犯党员权利的行为，都应当予以追究。

《中国共产党纪律检查机关案件检查工作条例》第 8 条规定：案件检查中，要切实保障党员包括被检查的党员行使党章所赋予的各项权利。

《中华人民共和国监察法》第 5 条规定：国家监察工作严格遵照宪法和法律，……在适用法律上一律平等，保障当事人的合法权益……

坚持这一原则必须尊重当事人和相关人员的民主权利和合法权益，尤其要注意尊重当事人和相关人员的申辩权，要认真、真诚地听取其符合事实的意见，把案子办得更加扎实，经得起实践和历史的检验。

10. 宽打窄用，手段要宽、决策要严

习近平总书记在中央政治局会议审议国家监察体制改革方案时指出，坚持宽打窄用，调查手段要宽、调查决策要严，必须有非常严格的审批程序和严格的监督执纪工作流程，严格规范立案条件、审查程序、审批权限和请示报告制度，要求审查谈话、调查取证全程录音录像，严格移送司法机关程序和对涉案款物的管理。因此，在纪律审查与监察调查中必须坚持审查、调查手段要宽，审查、调查决策要严的原则。

11. 查审分离

查审分离是指纪律审查与监察调查实践中必须坚持的"查案不审案，审案不查案"的工作原则和制度。这一原则的建立，是纪检监察工作的历史经验的总结，能够更好地实现实事求是和维护党员、干部的民主权利和合法权益的原则，不偏不倚。在纪律审查与监察调查中必须坚持"查案不审案，审案不查案"的原则，才能真正做到客观公正，准确无误地处理案件。

《中国共产党纪律检查机关监督执纪工作规则（试行）》第 39 条第 3 款明确规定"坚持审查与审理分离，审查人员不得参与审理。"

三、纪律审查与监察调查的基本要求

所谓纪律审查与监察调查的基本要求是指纪检监察机关履行纪律审查与监察调查职责、办理具体案件时必须遵循的规范，是纪律审查与监察调查工作中必须严格执行的质量标准。一件经得起实践和历史检验的案子必定要全面符合这个基本要求。

《中国共产党纪律检查机关案件检查工作条例》第4条原来规定的纪检监察案件检查的基本要求是：事实清楚，证据确凿，定性准确，处理恰当，手续完备，即"二十字要求"。后来《行政监察法》颁布，成为"二十四字要求"，即"事实清楚，证据确凿，定性准确，处理恰当，程序合法，手续完备"。

（一）事实清楚

事实清楚是纪律审查与监察调查的核心任务，案件能否成立，能否经得起检验，取决于案件事实是否调查清楚。坚持这一标准要做到：

1. 调查所形成的案件事实材料真实、具体、准确、完整、可靠，能够全面、客观地反映案件的事实真相和本来面目。

2. 报告案件事实的文字材料要条理清楚、叙述明了、事项分明、观点鲜明、逻辑准确，案件事实的要素齐全清楚、明晰准确，即：案件事实的人、动机、时间、空间（地点）、手段、后果清晰明确，责任的划分正确得当，不得含糊其辞，模棱两可。

（二）证据确凿

证据确凿是事实清楚的基础。基础不牢，地动山摇。案件事实是否清楚，处理是否正确，关键在证据这个基础，取决于证据是否确凿。坚持这一标准要做到：

1. 事实认定依据的证据材料必须是真实、可靠、充分的；证据之间的衔接是严密无隙的，认识和理解是同一的；依据证据材料得出的结论是排他的、唯一不二的；认定的案件事实与所依据的证据材料是吻合的。

2. 事实认定依据的证据材料必须是经过鉴别、查证属实的。

3. 事实认定依据的证据材料必须是合法合规的。

在实践中要注意案件事实真实的内涵：原始事实、调查事实、法律事实。三者相同点在于都与案件事实相关联，都客观、真实地反映着案件事实；

不同点是原始事实是自然发生的，不可逆转再现的案件事实；调查事实和法律事实是按照规定程序和措施取得证据材料来还原、认定基本符合原始状况的案件事实。对此不可绝对化，要坚持做到两个基本，即基本事实清楚，基本证据确凿。

（三）定性准确

定性是判断确定违纪违法行为的性质。定性准确是根据党和国家的方针、政策和法律、法规，以及党纪党规和法律法规的条规准确地认定案件的性质。坚持这一标准要做到：

1. 事实清楚、证据确凿的基础是牢固、可靠的。

2. 认定的违纪违法性质应符合法定违纪违法行为的构成要件。

3. 定性所依据的党和国家的方针、政策和法律、法规及党纪党规的规定必须是现行有效的。

4. 适用党和国家的方针、政策和法律、法规及党政纪律规定的条文要准确、唯一。

5. 是什么性质的问题就定什么性质，不得任意拔高，违反政策处置或随意确定放纵违纪违法行为。

6. 构成多个违纪违法行为的要逐个确定性质，不得任意合并或随意吸收。

（四）处理恰当

处理恰当，是根据案件事实、责任、后果、性质，按照党和国家的方针、政策和法律、法规以及党政纪律规定，给予涉案人员、事项、物品做出恰如其分、合适妥当的处理，要宽严相济，轻重适度，不枉不纵。坚持这一标准要做到：

1. 坚持纪律、法律面前一律平等的原则，一把尺子量到底。

2. 坚持以事实为依据，以纪律法律条规为准绳的原则。

3. 坚持权责对等原则，既不姑息迁就又不过头，处罚幅度、档位与违纪违法行为、责任、性质要相当，应负的责任与所给予的处罚要相适应，处于纪律处分条例和相应法律法规规定的处罚幅度和档位，既不畸轻亦不畸重。

4. 构成多个违纪违法行为的，要逐个确定处理幅度和档位，再按规则合并处理。

5. 按照规定，正确运用"从轻""从重"和"减轻""加重"和"吸收""合并"的规则。

（五）程序合法

程序是为进行某项活动所规定的先后次序，体现为一定的规矩。俗话说，"不以规矩，不成方圆"。

程序的作用在于有效地制约权力行使的随意性。在各项工作中遵守程序规则，既有利于工作开展，又可以减少不必要的麻烦。同时，按照程序办事，还能让人信服，有利于保障社会公平正义。

程序合法是指纪检监察机关履行纪律审查与监察调查职责的整个过程的每个阶段、每个环节都是党内法规和国家法律法规明确规定的，有着严格的行为规范。纪律审查与监察调查的步骤、环节、阶段、方式、手段、措施等都是明文规定的，必须遵照执行，不得违反。

坚持这一标准要做到：

1. 在纪律审查与监察调查的整个过程，任何环节都要严格依纪依法按照规定办理。

2. 法定程序必须认真、严格的履行，不得或缺，或者先斩后奏，以各种理由事后补办。

3. 在纪律审查与监察调查的整个过程，各个阶段、环节还应当遵守相关的规定，不得违反、逾越。

（六）手续完备

手续是指在工作或办事时履行程序的具体流程和规定步骤。一般要留有书面文字材料，是见证程序履行过程的证明材料。

手续完备是指纪检监察机关履行纪律审查与监察调查职责的整个过程的各个阶段、各个环节都有规定的手续要办理、要履行。办理履行手续要完整齐全，符合规定，有备可考。不论是党组织、政府、领导和纪律审查与监察调查人员都要严格遵照执行，都必须按规矩履行和办理，任何人都不得逾越。坚持这一标准要做到：

1. 增强规矩意识，法治意识，坚决照章办事，不马虎不拖拉。

2. 要敢于担当，要有责任意识，及时办理履行手续，不得找借口不办或补办。

3. 同事之间、上下级之间要相互提醒、督促办理和履行规定的手续，杜绝不办、缺办、补办或不履行手续的现象。

4. 严肃对待手续的履行和办理，对不按规定办理的人和事要严肃处理。

四、纪律审查与监察调查的根本方针

方针原意是指我国古代用磁石制成的判定和指示方向的仪器，如指北车、指南针、罗盘等，引申为指导工作或事业前进的方向和目标。

纪律审查与监察调查的方针是指纪检监察机关履行纪律审查与监察调查职责，进行"监督、执纪、问责"和"监督、调查、处置"所要达成的目的或目标。

《中国共产党纪律检查机关案件检查工作条例》第7条规定：案件检查要贯彻惩前毖后、治病救人的方针，达到既维护党纪的严肃性，又教育本人和广大党员的目的。

《党章》第40条第2款规定：坚持惩前毖后、治病救人，执纪必严、违纪必究，抓早抓小、防微杜渐，按照错误性质和情节轻重，给以批评教育直至纪律处分。运用监督执纪"四种形态"，让"红红脸、出出汗"成为常态，党纪处分、组织调整成为管党治党的重要手段，严重违纪、严重触犯刑律的党员必须开除党籍。

《中华人民共和国监察法》第5条规定：国家监察工作严格遵照宪法和法律，以事实为根据，以法律为准绳；……惩戒与教育相结合，宽严相济。

根据上述规定，"惩前毖后、治病救人"必然成为纪检监察机关履行纪律审查与监察调查职责，进行"监督、执纪、问责"和"监督、调查、处置"的根本方针。

"惩前毖后"这个词出自《诗经·周颂·小毖》："予其惩，而毖后患。莫予荓（píng）蜂，自求辛螫（shì）。肇允彼桃虫，拚飞维鸟。未堪家多难，予又集于蓼（liǎo）。"

大意是，我们要深刻吸取教训以免除再犯的后患，要从细微处就开始重视，不能轻视小草和小蜂；有的草是有毒的，有的蜂是有刺的，不要等到受毒被螫才重视，那是自寻烦恼；不要轻视小巧柔顺的鹪鹩，它转眼也能化为凶恶的大鸟；国如草原，人如同小草，国多变故，多艰难，小草就在其中，也会跟着负重，是逃不掉的。

"惩前毖后，治病救人"的方针是毛泽东深刻总结了中共党内斗争经验教训提出来的。实行这一方针能够达到既能弄清思想、又能团结同志的目的。

1942年，延安整风运动采取"惩前毖后，治病救人"的方针反对主观主

义、宗派主义、党八股，"惩前毖后，治病救人"是正确进行党内斗争的一项重要政策，是 1942 年 2 月延安整风初时，毛泽东在《整顿党的作风》的报告中提出来的。毛泽东在解释这个方针时指出："对以前的错误一定要揭发，不讲情面，要以科学的态度来分析批判过去的坏东西，以便使后来的工作慎重些，做得好些。这就是'惩前毖后'的意思。但是我们揭发错误、批判缺点的目的，好像医生治病一样，完全是为了救人，而不是为了把人整死。"这就从根本上结束了"左"倾机会主义的"残酷迫害，无情打击"的错误方针，并为后来正常情况下的党内斗争确定了正确方针。1944 年 4 月，他在《学习与时局》的报告中对这一方针又作了进一步阐述。毛泽东提出："实行惩前毖后、治病救人的方针，借以达到既要弄清思想又要团结同志这样两个目的。对于人的处理问题取慎重态度，既不含糊敷衍，又不损害同志，这是我们的党兴旺发达的标志之一。"

1945 年 4 月中共七大修订的《党章》在"纪律"一章中，专门细化了"奖励与惩处"的内容，确立了"惩前毖后，治病救人"的基本方针。"惩前毖后，治病救人"，是中国共产党对犯错误的同志的正确方针。"惩前毖后"，就是帮助犯错误的党员认识错误的危害性，找出犯错误的根源，以使本人和其他人从中吸取教训，以便在后来的工作中引以为戒。只有认真执行"惩前毖后，治病救人"的方针，才能达到既弄清思想，又团结同志的目的，巩固和发展党的团结和统一。

党要管党、从严治党是党组织的日常工作。纪检监察机关作为党内的专门监督机关和国家专责反腐败机构，严格监督、严肃执纪、严格执纪是其主要职责。要把"监督、执纪、问责"和"监督、调查、处置"工作做深做细做实，批评教育、组织处理、纪律处分应是问责处置的主要形式。对纪检监察机关纪律审查与监察调查而言，把纪律挺在前面，纪严于法。把党纪、政纪和国法分开，纪法有机衔接，抓人不是目的，判刑不是目的，"惩前毖后、治病救人"，防微杜渐才是真正的目的。"让党纪轻处分、组织调整成为大多数，重处分的是少数，而严重违纪涉嫌违法立案审查的成为极少数"，才是对党员的严格要求和关心爱护。在纪律审查与监察调查的实践中必须坚定不移地贯彻执行这一方针。

第三节　种类、措施、时限、特点、规律和有关法律问题

一、纪律审查与监察调查的种类

纪律审查与监察调查的种类是指纪检监察机关履行纪律审查与监察调查职责的形式或方式的类别。按照党员、监察对象的管理权限以及案情性质、疑难复杂程度，大致可分为五种。

（一）自办

是由本级纪检监察机关负责组织审查或调查的案件。分为两种形式：一是本级纪检监察机关直接组织人员办理的；二是本级纪检监察机关负责组织、有关方面协助办理的。

自办案件一般包括两种情况：一是本级党委政府管理的党员、监察对象的违纪违法案件；二是下属党委政府管理的党员、监察对象的重大、复杂、疑难等典型违纪违法案件。

（二）协办

是纪检监察机关协助、指导、参与有关部门或者下级纪检监察机关办理的案件。一般有三种形式：

一是协同办案。在党委政府统一领导、组织协调下，纪检监察机关会同有关方面共同办理案件。有关各方分工明确，各司其职，密切配合，共同办理，分别处理。

二是指导办案。纪检监察机关派人参加下级纪检监察机关管辖的案情复杂、涉及面广、阻力大的重大违纪案件，并进行指导和支持。

三是参与办案。也有两种情形：一是上级纪检监察机关组织调查，下级纪检监察机关派员参加，共同调查，分别处理；二是上级查办案件，抽调下级人员参加，没有另外的处理任务，其目的是解决人力不足的问题并加强人员锻炼。

（三）交办

是纪检监察机关将受理的违纪违法案件线索或者已经初核的案件交付下级机关办理，或立案审查或立案调查，并要求反馈结果的形式，实践中也叫催办。

（四）转办

是纪检监察机关将受理的违纪违法案件线索交付下级机关或其他有关单位、部门自主办理的形式。

（五）督办

是纪检监察机关指导、督促下级纪检监察机关办理的违纪违法案件形式。与交办的不同之处在于交办由下级自主办理，只需上报结果，督办是对整个办理过程上级都会有着明确的指导意见和意图。

二、纪律审查与监察调查的措施

（一）概念

纪律审查与监察调查的措施，是指纪律审查与监察调查中为保证审查或调查任务的完成而实施的具有一定约束力的手段和办法。

（二）纪律审查与监察调查措施的实施条件

在纪律审查与监察调查中要坚持宽打窄用，即调查手段要宽、调查决策要严的原则。习近平总书记在中央政治局会议审议国家监察体制改革方案时指出，坚持宽打窄用，调查手段要宽、调查决策要严，必须有非常严格的审批程序和严格的监督执纪工作流程。据此，中纪委和国家监委严格规范立案条件、审查程序、审批权限和请示报告制度，要求审查谈话、调查取证全程录音录像，严格移送司法机关程序和对涉案款物的管理。这些规定既突出了党的监督执纪问责的特色，又与国家监察法规相互衔接和配套，体现了全面深化改革、全面依法治国、全面从严治党的有机统一。

纪律审查与监察调查措施的实施政策性很强。实施措施要求必须具备规定的条件，遵循合法的程序。纪律审查与监察调查措施实施的基本条件是：①实施的主体必须是纪检监察机关。②实施的客体必须是涉嫌违纪违法的人员或物品。③实施的程序合法，手续完备。④实施的措施符合党内法规和《中华人民共和国监察法》等法律法规规定的种类和方式。

（三）纪律审查与监察调查措施的特征

纪律审查与监察调查措施的特征是指纪律审查与监察调查措施的实施活动中所具有的自身特性。具体体现是：

1. 严肃性。实施纪律审查与监察调查措施是党内法规和国家法律赋予纪检监察机关的纪律审查与监察调查手段，必须及时、严格的执行，任何单位、部门和个人不得滥用、借用或转用。

2. 强制性。纪律审查与监察调查措施的实施具有直接的法定效力,一旦实施就具有很强的约束力,不得延误或者拒绝。

3. 单方面性。是纪检监察机关依照法定程序、法定形式单方面实施的行为,不需要事先向有关组织、单位或被实施者说明。

4. 暂时性。纪律审查与监察调查终结,纪律审查与监察调查措施自然终止。

(四) 纪律审查与监察调查措施的种类

纪律审查与监察调查措施的种类是指纪律审查与监察调查中实施具体措施方式的类别。主要分为两大类:

1. 组织措施

组织措施是指纪律审查与监察调查中对涉嫌违纪违法人员用组织处理的方式,促使其接受和配合审查与调查的手段。包括停职检查和暂停公务活动。

《中国共产党纪律检查机关案件检查工作条例》第 26 条规定:调查组认为被调查的党员干部确犯有严重错误,已不适宜担任现任职务或妨碍案件调查时,可建议对其采取停职检查措施。停止党内职务,属党委批准立案的,停职检查由党委决定;属纪检机关直接立案的,停职检查由纪检机关征求同级党委意见后决定。停止党外职务的,由纪检机关向有关党外组织提出建议。

已不适宜担任现任职务有两种情形:一是涉嫌严重违纪,已经无法继续履行基本职责;二是涉嫌严重违纪,现任职务已经严重影响纪律审查正常进行。

妨碍案件调查有四种情形:一是本人或指使他人对办案人、检举人、证人或其亲属侮辱、诽谤等形式的打击报复;二是本人或指使他人出伪证、不出证、隐匿、篡改、销毁证据或嫁祸于人;三是利用职权或工作之便欺骗、威胁、贿赂、唆使、阻止知情人如实反映情况、做证或变证、伪证等;四是本人或唆使他人与同案人、知情人串通情况,订立攻守同盟,对抗调查或反调查。

停止党内职务的,党委或纪检机关在作出停职检查决定后,应制作《停职检查决定书》(附后)。纪检机关作出的停职检查决定,应将《停职检查决定书》报同级党委、党组备案,并通报同级党委组织部门。

停止党外职务的,纪检机关应制作《停职检查建议书》(附后),送达有关党外组织。但由党委批准立案的，停职检查建议应在报经党委同意后提出。对纪检机关的建议，有关党外组织如无正当理由应予采纳，并应将结果及时报告或告知纪检机关。

根据有关监察法律法规，监察机关在对公职人员进行监察调查时，也可以根据实际情况和需要采取下列措施：建议有关机关暂停被调查人员执行职务。

暂停被调查人员执行职务，是指有关机关根据监察机关的建议，暂时停止被调查人员的职务活动。

监察机关建议暂停执行职务，应当制作监察通知书（附后），并送达有关机关。有关机关应当在3日内作出是否暂停执行职务的决定。

停职检查和暂停公务活动者，未经立案机关或审查组、调查组同意，不得出境、出国、出差，或调动、提拔、奖励等。

2. 调查措施

调查措施是指纪检监察机关履行纪律审查与监察调查职责时为及时、准确查清案件事实所采用的审查调查手段、办法、方式和途径。

《中国共产党纪律检查机关案件检查工作条例》第28条规定：凡是知道案件情况的组织和个人都有提供证据的义务。调查组有权按照规定程序，采取以下措施调查取证，有关组织和个人必须如实提供证据，不得拒绝和阻挠。

（一）查阅、复制与案件有关的文件、资料、账册、单据、会议记录、工作笔记等书面材料；

（二）要求有关组织提供与案件有关的文件、资料等书面材料以及其他必要的情况；

（三）要求有关人员在规定的时间、地点就案件所涉及的问题作出说明（《中华人民共和国监察法》实施后，由"留置"代替）；

（四）必要时可以对与案件有关的人员和事项，进行录音、拍照、摄像；

（五）对案件所涉及的专门性问题，提请有关的专门机构或人员作出鉴定结论；

（六）暂予扣留、封存可以证明违纪行为的文件、资料、账册、单据、物品和非法所得；

（七）经县级以上（含县级）纪检机关负责人批准，可以对被调查对象在银行或其他金融机构的存款进行查核，并可以通知银行或其他金融机构暂

停支付;

（八）收集其他能够证明案件真实情况的一切证据。

《中国共产党纪律检查机关监督执纪工作规则（试行）》第23条规定：核查组经批准可采取必要措施收集证据，与相关人员谈话了解情况，要求相关组织作出说明，调取个人有关事项报告，查阅复制文件、账目、档案等资料，查核资产情况和有关信息，进行鉴定勘验。

需要采取技术调查或者限制出境等措施的，纪检机关应当严格履行审批手续，交有关机关执行。

《中国共产党纪律检查机关监督执纪工作规则（试行）》第28条规定：审查组可以依照相关法律法规，经审批对相关人员进行调查谈话，查阅、复制有关文件资料，查询有关信息，暂扣、封存、冻结涉案款物，提请有关机关采取技术调查、限制出境等措施。

《中华人民共和国监察法》第18条规定：监察机关行使监督、调查职权，有权依法向有关单位和个人了解情况，收集、调取证据。有关单位和个人应当如实提供。

根据《中华人民共和国监察法》第四章"监察权限"的规定，监察机关在调查职务违法和职务犯罪时，可以采取谈话、讯问、询问、查询、冻结、搜查、调取、查封、扣押、勘验检查、鉴定、留置、技术调查、通缉、限制出境措施。具体规定如下：

第19条 对可能发生职务违法的监察对象，监察机关按照管理权限，可以直接或者委托有关机关、人员进行谈话或者要求说明情况。

第20条 在调查过程中，对涉嫌职务违法的被调查人，监察机关可以要求其就涉嫌违法行为作出陈述，必要时向被调查人出具书面通知。

对涉嫌贪污贿赂、失职渎职等职务犯罪的被调查人，监察机关可以进行讯问，要求其如实供述涉嫌犯罪的情况。

第21条 在调查过程中，监察机关可以询问证人等人员。

第22条 被调查人涉嫌贪污贿赂、失职渎职等严重职务违法或者职务犯罪，监察机关已经掌握其部分违法犯罪事实及证据，仍有重要问题需要进一步调查，并有下列情形之一的，经监察机关依法审批，可以将其留置在特定场所：

（一）涉及案情重大、复杂的；

（二）可能逃跑、自杀的；

（三）可能串供或者伪造、隐匿、毁灭证据的；

（四）可能有其他妨碍调查行为的。

对涉嫌行贿犯罪或者共同职务犯罪的涉案人员，监察机关可以依照前款规定采取留置措施。

第 23 条　监察机关调查涉嫌贪污贿赂、失职渎职等严重职务违法或者职务犯罪，根据工作需要，可以依照规定查询、冻结涉案单位和个人的存款、汇款、债券、股票、基金份额等财产。有关单位和个人应当配合。

第 24 条　监察机关可以对涉嫌职务犯罪的被调查人以及可能隐藏被调查人或者犯罪证据的人的身体、物品、住处和其他有关地方进行搜查。

搜查女性身体，应当由女性工作人员进行。

第 25 条　监察机关在调查过程中，可以调取、查封、扣押用以证明被调查人涉嫌违法犯罪的财物、文件和电子数据等信息。

第 26 条　监察机关在调查过程中，可以直接或者指派、聘请具有专门知识、资格的人员在调查人员主持下进行勘验检查。

第 27 条　监察机关在调查过程中，对于案件中的专门性问题，可以指派、聘请有专门知识的人进行鉴定。

第 28 条　监察机关调查涉嫌重大贪污贿赂等职务犯罪，根据需要，经过严格的批准手续，可以采取技术调查措施，按照规定交有关机关执行。

第 29 条　依法应当留置的被调查人如果在逃，监察机关可以决定在本行政区域内通缉，由公安机关发布通缉令，追捕归案。通缉范围超出本行政区域的，应当报请有权决定的上级监察机关决定。

第 30 条　监察机关为防止被调查人及相关人员逃匿境外，经省级以上监察机关批准，可以对被调查人及相关人员采取限制出境措施，由公安机关依法执行。

（五）纪律审查与监察调查措施和术语的含义

1. 谈话：彼此的对谈。在法律事务或纪律审查与监察调查中，审查调查人员与涉嫌违纪违法人员或其他人员面对面的交谈，问答问题，发现和收集证据的办法。

2. 说明：是用简明扼要的文字、图例等，把事物的形状、性质、特征、成因、关系、功用等解说清楚的表达方式。在法律事务或纪律审查与监察调查中，是指通过要求涉案的有关人员如实叙述自己掌握或了解的案件事实，发现和收集证据的做法。

3. 询问：原意是征求意见，察问打听。在法律事务或纪律审查与监察调查中是指通过与涉案的证人或知情人交谈察问，了解情况，发现和收集证言的方法。

4. 陈述：指有条有理，合乎逻辑地表述自己的认识和看法。在纪律审查与监察调查中是要求被调查人或有关人员就有关问题做出合理的、清楚的、真实的叙述，发现和收集证据的方式。

5. 讯问：态度严厉的盘问、诘问。在法律事务或纪律审查与监察调查中，对涉嫌违纪违法的人员采用严厉的盘问、诘问收集当事人供述，了解和掌握案件事实的手段。

6. 留置：原是《人民警察法》中第 9 条第 2 款的规定，对被盘问人的留置时间自带至公安机关之时起不超过二十四小时，在特殊情况下，经县级以上公安机关批准，可以延长至四十八小时，并应当留有盘问记录。

在纪律审查与监察调查中，已经掌握被调查人部分涉嫌贪污贿赂、失职渎职等严重职务违法或者职务犯罪事实及证据，仍有重要问题需要进一步调查时，为防止发生妨碍调查行为，将被调查人暂留在特定场所接受审查调查的强制措施。

7. 查询：查考询问的意思。在法律事务或纪律审查与监察调查中，是指从有关管理机构或金融机构查考询问涉案的资产、资金，发现和收集证据的措施。

8. 冻结：原意是指液体或含有水分的物体遇冷在一定的温度条件下凝结为固体、不能自由流动的状态。在法律事务或纪律审查与监察调查中，冻结是指采取法律强制措施，使涉案财产、物品处于封闭静止状态，不能自由流动。期间财产所有人不能将该财产转让、设置抵押、办理过户等。

9. 搜查：原意是寻求寻找、搜索检查。在法律事务或纪律审查与监察调查中，搜查是指为了收集犯罪证据，查获犯罪人、犯罪嫌疑人以及可能隐藏罪犯或者犯罪证据的人的身体、物品、住处和对其他有关的地方进行的搜索和检查，发现和收集证物的措施。

10. 调取：在法律事务或纪律审查与监察调查中，从有关单位或个人手中征调收集或要求提供涉案财产、物品、证据的措施。

11. 查封：在法律事务或纪律审查与监察调查中对涉案的财产或物品就地查验封存，使其处于封闭、禁止动用的状态，便于清查、保全、固定证物和涉案财物的措施。

12. 扣押：在法律事务或纪律审查与监察调查中对涉案的财产或物品暂时扣留，便于清查的措施。

13. 勘验检查：纪检监察机关在纪律审查与调查中运用科学技术手段，对与违纪违法有关的场所、物品、人身等，亲临查看、了解、检验与检查，以发现违纪违法行为所遗留下来的各种痕迹和物品，固定证据材料的手段。由纪检监察机关直接或者指派、聘请具有专门知识、技术资格的人员在调查人员主持下进行。

14. 鉴定：原意是指鉴别审定事物的真伪、优劣，对人功过、出身和优缺点等的鉴别和评定。在法律事务或审查调查中，是指指派、聘请有专门知识和技术的专业人员对案件中的专门性问题进行鉴别审定的措施。主要有文书鉴定、痕迹鉴定、笔迹鉴定、伤情鉴定、物品鉴定、价格鉴定等。

15. 技术调查：技术调查措施，是指纪检监察机关基于调查涉嫌重大贪污贿赂等职务违纪、违法、犯罪的需要，根据国家有关规定，经过严格审批，由有关机关采取特定技术手段办理案件的审查调查措施。通常包括电子侦听、电话监听、电子监控、秘密拍照、秘密录像、邮件检查等秘密的专门技术手段。

16. 通缉：是指公安机关或人民检察院通令缉拿应当逮捕而在逃的犯罪嫌疑人归案的一种侦查行为。根据《中华人民共和国监察法》第29条规定，依法应当留置的被调查人如果在逃，监察机关可以决定在本行政区域内通缉，由公安机关发布通缉令，追捕归案的一种审查调查措施。

17. 限制出境：是指涉嫌违纪违法人员在审查调查期间未经立案机关或审查组、调查组同意，不得出境、出国的审查调查措施。

（六）纪律审查与监察调查措施实施的要求

1. 严肃认真，严格办理，稳妥慎重。

2. 严格遵守法律法规的规定。

3. 程序合法，手续完备。

三、纪律审查与监察调查的时限

（一）概念

时限是指国家法律法规规定的，有关人员必须遵守的，办理具体法律事务的期限要求或时间限制。

纪律审查与监察调查的时限是指党内法规和国家法律法规规定的，必须遵照执行的纪律审查与监察调查行为及措施实施期限时间限制的法定要求。

（二）意义

在于加强对纪律审查与监察调查行为的管理、监督和制约，提高纪律审查与监察调查的效率，增强社会政治经济效益。

（三）种类

1. 纪律审查与监察调查过程的时限

（1）线索处置：

应当在收到问题线索之日起 30 日内提出处置意见。

（2）谈话函询：

被函询人应当在收到函件后 15 个工作日内写出说明材料，谈话结束或者收到函询回复后 30 日内办结。

（3）初核时限：

《中国共产党纪律检查机关案件检查工作条例》第 15 条明确，初步核实的时限为两个月，必要时可延长一个月。重大或复杂的问题，在延长期内仍不能初核完毕的，经批准后可再适当延长。

（4）立案审批时限：

《中国共产党纪律检查机关案件检查工作条例》第 22 条规定立案审批时限不得超过一个月。

（5）纪律审查时限：

《中国共产党纪律检查机关案件检查工作条例》第 39 条规定，案件调查的时限为三个月，必要时可延长一个月。案情重大或复杂的案件，在延长期内仍不能查结的，可报经立案机关批准后延长调查时间。时限从立案之日起算，调查报告呈报领导审批之时止。

《中国共产党纪律检查机关监督执纪工作规则（试行）》第 28 条第 2 款规定，审查时间不得超过 90 日。在特殊情况下，经上一级纪检机关批准，可以延长一次，延长时间不得超过 90 日。

（6）监察调查时限：

按照《中华人民共和国监察法》的有关规定应当与纪律审查时限一致。

2. 纪律审查与监察调查措施实施的时限

（1）停职检查和暂停公务活动不得超过审查与调查期限。

（2）扣留、封存不得超过审查与调查期限。

（3）暂停支付不得超过审查与调查期限。

（4）"留置"严格执行《中华人民共和国监察法》的规定。

《中华人民共和国监察法》第 43 条规定：留置时间不得超过三个月。在特殊情况下，可以延长一次，延长时间不得超过三个月。省级以下监察机关采取留置措施的，延长留置时间应当报上一级监察机关批准。监察机关发现采取留置措施不当的，应当及时解除。

《中华人民共和国监察法》第 44 条规定：对被调查人采取留置措施后，应当在二十四小时以内，通知被留置人员所在单位和家属，但有可能毁灭、伪造证据，干扰证人作证或者串供等有碍调查情形的除外。有碍调查的情形消失后，应当立即通知被留置人员所在单位和家属。

（5）《中华人民共和国监察法》第 23 条第 2 款规定：冻结的财产经查明与案件无关的，应当在查明后三日内解除冻结，予以退还。

（6）《中华人民共和国监察法》第 25 条第 3 款规定：查封、扣押的财物、文件经查明与案件无关的，应当在查明后三日内解除查封、扣押，予以退还。

（7）根据《中华人民共和国监察法》第 28 条第 2 款的规定，采取技术调查措施"自签发之日起三个月以内有效；对于复杂、疑难案件，期限届满仍有必要继续采取技术调查措施的，经过批准，有效期可以延长，每次不得超过三个月。对于不需要继续采取技术调查措施的，应当及时解除。"

（四）要求

严格按照规定办理，做到程序合法，手续完备。

四、纪律审查与监察调查的自身特性

纪检监察机关的性质、职责和任务决定了纪律审查与监察调查自身所具有的一些特质，是其区别于其他案件检查活动的自身特性。具体体现在六个方面：

（一）主体的双重性

是指纪律审查与监察调查的实施主体——纪检监察机关是"一套人马，两块牌子"，既是党的专门监督机关，也是国家对履行公权力的公职人员全覆盖的专责监督机关，具有既严肃党纪又严肃法律法规，既是执纪机关又是执法机关的双重职能。

（二）客体的交叉性

是指纪检监察机关纪律审查与监察调查实施的客体，可能既是党的纪律审查的客体同时又是监察调查的客体，也可能既是纪律审查与监察调查实施的客体，又是司法侦查或行政执法的客体。

（三）手段的独特性

是指纪律审查与监察调查实施的措施、手段、办法不同于其他办案部门，法律赋予了其独有的手段和措施。别的部门不得使用，也不得借予或变相借予其他部门使用。

（四）依据的多元性

是指纪律审查与监察调查实施依据的多元，区别于其他办案部门依据单一的特性。即纪律审查与监察调查实施的依据既有党纪规范，也有党的政策，国家的法律、法规等。

（五）过程的严密性

是指纪律审查与监察调查实施组织的严密，措施手段的严密，证据材料收集、鉴别、运用和管理的严密，安全规范的严密，审查与调查纪律的严密，办案队伍和管理陪护队伍的管理严密等。

（六）任务的艰巨性、复杂性、长期性

在当今多元的中国社会，各种矛盾交错复杂，都会不同程度地反映到党内和公务人员的队伍中，有时还会引发激烈的利益冲突。在这种利益冲突面前，一些党员和公职人员不能抵制诱惑，就会逾越雷池违反党的纪律和法律法规。这种情况的长期性和复杂性，决定了纪律审查与监察调查的任务必然是艰巨的、复杂的、长期的。

五、纪律审查与监察调查的规律特征

纪律审查与监察调查的规律特征是指其自身活动具有的内在的、必然的、本质的特质体现。

（一）是主体与客体力量的较量

是纪律审查与监察调查人员与被审查调查人员智力、心力、耐力、心理、生理、阅历的全面较量。

（二）是监督与反监督的斗争

纪检监察机关最基本的职能就是监督执纪问责和监督调查处置，纪律审查与监察调查是监督问责的强力手段，必定会引来反对监督、逃避监督者的不满与抗拒。所以纪律审查与监察调查的过程自然是一场监督与反监督的斗争。

（三）维护纪律、法律者与违反纪律、法律行为不可调和的矛盾

纪律审查与监察调查的目的，是通过维护纪律、法律法规的严肃性进而维护党、国家和人民群众的根本利益，与违纪违法人员通过违反纪律法律法规获取不当利益始终是不可调和的矛盾和冲突，是激烈的斗争。这种斗争表现在思想政治、经济利益、文化道德等方面，相互交叉，紧密联系。

（四）调查与反调查贯穿始终

纪律审查与监察调查的过程，是主体积极主动地实施审查调查行为与客体消极地反对、抵制、对抗或者实施反审查调查行为这一尖锐矛盾的消长过程，这种消长会贯穿始终，贯穿全过程。

（五）社会生活因素的影响

纪律审查与监察调查的实施往往会受到一些社会生活因素的影响：

1. 政治发展变化的影响。主要是政治路线、组织路线、思想路线的发展变化的影响。三者又相互影响，相互为用。

2. 经济发展变化的影响。主要是经济体制变革、经济方式转型、经济发展特点、市场竞争规律的影响。相互之间又相互影响，相互交叉。

3. 社会发展变化的影响。主要是社会稳定、社会监督、社会风气、社会生态的影响。这些状态健康正常，纪律审查与监察调查活动就能正常顺利实施，反之则不然。

4. 文化发展变化的影响。主要是文化观念、文化理念、文化认知、道德价值的影响。这些文化意识健康向上，积极进取，纪律审查与监察调查活动就能正常顺利实施，反之则不然。

5. 不同地域的影响。主要是不同地域间政治、经济、社会、文化、习惯等差异的影响。

6. 不同民族的影响。主要是不同民族的习俗、民风、习惯、经济、文化差异的影响。

六、纪律审查与监察调查依照的主要党内法规和国家法律、法规

当今中国社会多元，利益多元。只要合法、合情、合理的利益我们都要予以维护，以求达到最佳平衡状态。因此纪检监察机关的纪律审查与监察调查在维护人民利益、维护党和国家利益的依据也是多元的。主要是：

（一）党内法规：①《党章》；②《中国共产党纪律检查委员会工作条例》（正在制定）；③《中国共产党党内政治生活若干准则》；④《中国共产党廉洁自律准则》；⑤《中国共产党巡视工作条例》；⑥《中国共产党党内监督条例》；⑦《中国共产党问责条例》；⑧《中国共产党党员权利保障条例》；⑨《中国共产党纪律处分条例》；⑩《中国共产党纪律检查机关案件检查工作条例》及《中国共产党纪律检查机关案件检查工作条例实施细则》（修订中）；⑪《中国共产党纪律检查机关监督执纪工作规则（试行）》等党内纪律检查工作的有关规定。

（二）国家法律法规：①《宪法》；②《中华人民共和国监察法》及其相关监察法规；③《中华人民共和国公务员法》；④《中华人民共和国刑法》；⑤《中华人民共和国民法》；⑥《中华人民共和国行政法》；⑦刑事、民事、行政三大诉讼法及有关司法解释；⑧《行政机关公务员处分条例》；⑨《事业单位工作人员处分条例》等监督调查处置工作的有关法律法规。

七、"双规""双指"的法律性

多年来，一些人对纪检监察机关实施的纪律审查与监察调查措施一直颇有微词，多方责难。实际上这些措施都是党内法规和国家法律授权的，是法定的、合法的。

（一）"双规"是党内法规授予党的纪律检查机关的纪律审查措施。依据的是《中国共产党纪律检查机关案件检查工作条例》第28条第（三）项"要求有关人员在规定的时间、规定的地点就案件所涉及的问题作出说明"的规定。

（二）"双指"是原《行政监察法》赋予行政监察机关的监察调查措施。依据的是原《行政监察法》第20条第（三）项"责令有违反行政纪律嫌疑的人员在指定的时间、地点，就调查事项涉及的问题作出解释和说明"的规定。

2017 年 10 月 18 日习近平同志在党的十九大报告中指出，"深化国家监察体制改革……组建国家、省、市、县监察委员会，同党的纪律检查机关合署办公，实现对所有行使公权力的公职人员全覆盖。制定国家监察法，依法赋予监察委员会职责权限和调查手段，用留置取代"两规"措施。改革审计管理体制，完善统计体制。构建党统一指挥、全面覆盖、权威高效的监督体系，把党内监督同国家机关监督、民主监督、司法监督、舆论监督贯通起来，增强监督合力。"

2018 年 3 月十三届全国人大一次会议决定修改《宪法》，设立国家监察委员会和通过了《中华人民共和国监察法》，明确了多种切实有效的监察调查措施。"双规""双指"这一党内审查和行政监察措施被"留置"取代，完成了其历史使命。

提示：

这一章应当注意掌握、熟悉和了解的内容：

1. 掌握纪律审查与监察调查的概念、特征、任务、基本要求、根本方针，并在实践中能够熟练运用。

2. 熟悉纪律审查与监察调查的地位、作用、指导思想、基本原则、措施。

3. 了解纪律审查与监察调查的相关部门、种类、依照的主要法律、法规和党内法规。

重点思考题：

1. 阐释纪检监察机关纪律审查与监察调查的概念。

2. 纪检监察机关纪律审查与监察调查特征是什么？这些特征充分体现了纪检监察机关纪律审查与监察调查的什么性质？

3. 简述纪检监察机关纪律审查与监察调查在整个体系中的地位。

4. 论述纪检监察机关纪律审查与监察调查的任务。

5. 纪检监察机关纪律审查与监察调查的作用是什么？

6. 简述纪检监察机关纪律审查与监察调查的意义。

7. 纪检监察机关纪律审查与监察调查部门有哪些？

8. 纪检监察机关最基本最直接的纪律审查与监察调查的职能部门有哪些？

9. 案件审理主要职责有哪些？

10. 什么是纪律审查与监察调查的指导思想？

11. 试述纪律审查与监察调查的指导思想最本质的内涵。

12. 纪律审查与监察调查基本原则的概念是什么？

13. 简述"实事求是"原则的内涵、意义，纪律审查与监察调查如何坚持和运用实事求是的原则。

14. 什么是查审分离？

15. 纪律审查与监察调查的基本要求的定义？

16. 准确无误地简述纪律审查与监察调查的基本要求（二十四字要求）的内容。

17. 准确地简述在纪律审查与监察调查实践中如何坚持基本要求。

18. 什么是案件的原始事实、调查事实、法律事实，有什么异同？

19. 纪律审查与监察调查的两个基本是什么？

20. 纪律审查与监察调查的根本方针是什么？是谁提出的，什么时候在什么背景下提出的，涵义是什么？结合现实论述其现实意义。

21. 纪律审查与监察调查的种类有哪些？

22. 纪律审查与监察调查措施的概念是什么？

23. 阐述纪律审查与监察调查措施的特征。

24. 纪律审查与监察调查的措施有几类？

25. 纪律审查与监察调查时限的概念？

26. 说明纪律审查与监察调查自身所具有的特性。

27. 纪律审查与监察调查的规律特征是指什么？

28. 为什么说纪律审查与监察调查的依据是多元的？

29. 根据有关案例介绍，分析纪律审查与监察调查的种类。

附：

密级

中共 　 纪律检查委员会

停职检查决定书

×纪［××××××××］　××号

××××：

　　鉴于×××同志严重违犯党的纪律，且　　　根据《中国共产党纪律检查机关案件检查工作条例》的规定，经×××常委会议研究并征求了××委意见，决定暂停×××同志担任的　职务。

中共 　 纪律检查委员会（印章）

年　月　日

抄报：××党委（党组）

抄送：××组织部

密级

中共　纪律检查委员会
停职检查建议书

×纪［×××××××］　　××号

────────────────────────────

××××：

　　第一部分：立案调查机关及开展调查工作的简要情况；

　　第二部分：被调查人的主要错误事实和本人表现；

　　第三部分：建议停止党外职务的条规依据；

　　第四部分：建议停止被调查人的何种职务和建议的提出机关（如该建议按规定须报经党委统一的，还应说明报告过程及结果）；

　　第五部分：要求有关主管机关及时报告或告知处理结果。

中共　纪律检查委员会（印章）
年　月　日

中华人民共和国监察机关

监 察 通 知 书

（ ） 监通字第 号

本监察通知书适用于下列情况：

1. 根据《中华人民共和国监察法》第 11 条、第 15 条规定进行监察履行监督、调查、处置职责：

2. 采取《中华人民共和国监察法》第四章监察权限规定的监察调查措施；

3. 采取《中华人民共和国监察法》第五章监察程序规定的监察调查措施；

4. 撤销案件；

5. 其他执行《中华人民共和国监察法》和有关规定需要通知的事项。

特此通知

年 月 日

（监察机关印）

本监察通知书一式（ ）份。

中共××××纪委（纪检组）对××××
暂予保管物品登记表

编号	物品名称	单位	数量	特征	备注

办案人：　　　　　　　　　　　　原物品持有人：

保管人：　　　　　　　　　　　　时间：　年　月　日

中共××纪律检查委员会对××

暂予扣留、封存物品登记表

编　号	物品名称	单位	数量	特征	备注

调查人：　　　　　　　原物品持有（保管）人：

保管人：　　　　　　　见证人：　　　　　　　　　　年　月　日

清单一式三份，调查人、保管人、原物品持有（保管）人各一份。

_____纪委

查核银行存款通知书

(存根)

___字第___号

发往单位 _____

事由：因 _____

_____

查核_____

_____的银行存款。

查核人：_____

批准人：_____

填发人：_____

年 月 日

查核字第 号

核字第 号

注：查核人填负责向银行联系的承办人

_____纪委

查核银行存款通知书

(存根)

___字第___号

_____银行_____；

兹因_____

_____须向你行查核_

_____的银行存款，特派_____同志

前往你处，请予协助查核为盼。

附：可提供当事人储蓄存款的线

索：

户名_____存款开户时间_____

存款种类_____账号_____

存款金额_____

所在储蓄所_____

其他_____

(公章) 负责人（签字）

年 月 日

查字第 号

(此联交所属银行收执)

_____纪委

查核银行存款通知书

(回执)

___字第___号

_____纪委：

你_____字第___号查核__

_____的银行存款的通知书收悉。现将

有关情况提供如下：

_____

_____

_____

_____

(银行章)

年 月 日

(此联由银行填写退查核机关)

_____纪委

解除暂停支付存款通知书

第一联存根

___字第___号

发往单位 _____

_____

事由：

我_____于___年___月___日

字第_____号通知你行暂

停支付的存款_____元，经查

查，其中_____元应予解除，请

办理。

批准人：_____

承办人：_____

填发人：_____

年 月 日

查核字第 第 号

核字字第 第

注：承办人系向银行联系的人员

_____纪委

解除暂停支付存款通知书

第二联解除凭证

___字第___号

_____银行_____

我_____于___年___月___日以

_____字第___号通知书，通知你

行暂停支付_____帐号_____帐户

内存款_____元，经查，其中

_____元应予解除，请贵行办理。

特此通知

(公章) 负责人（签字）

年 月 日

查字第 号

(此联银行作解除付出传票附件)

_____纪委

解除暂停支付存款通知书

第三联接触存款回执

___字第___号

_____纪委：

你_____字第___号通知书已

收悉。_____在我行帐号

_____账户被暂停支付的存

款_____元已予解除。

此复

(银行章)

年 月 日

(此联由银行盖章后由纪委存卷)

第二章

程 序

本章介绍纪检监察机关纪律审查与监察调查的法定程序和必备的手续。即：纪律审查与监察调查的管辖、受理与登记、谈话函询、初步核实、立案、审查、见面、移送、回避、监督管理、实践中应当注意的事项等。

第一节 管 辖

《中国共产党纪律检查机关案件检查工作条例》第 9 条规定：案件检查实行分级办理、各负其责的工作制度。

《中国共产党纪律检查机关监督执纪工作规则（试行）》第二章领导体制中第 6 条规定：监督执纪工作实行分级负责制。

《中华人民共和国监察法》第 16 条规定：各级监察机关按照管理权限管辖本辖区内本法第 15 条规定的人员所涉监察事项。（注：节后附第 15 条规定内容）

这一制度明确了纪检监察机关纪律审查与监察调查管辖的基本原则，即按干部管理权限来确定的分级管辖的原则。

一、纪律审查与监察调查管辖的概念

纪律审查与监察调查管辖的概念就是指各级和同级纪检监察机关履行纪律审查与监察调查职责时范围的划分和相互具体分工的界定。通常由纪检监察机关的职能、地域、案情三大因素决定。

二、纪律审查与监察调查管辖的特征

纪律审查与监察调查管辖的特征的主要体现是：

1. 纵向上从中央到地方，通常各级办理各级的案件。

2. 横向上同级之间按照权限办理各自的案件。

3. 上级依据案情或有关情况，可以直接办理下级管辖的重大复杂案件。

4. 本纪检监察机关内同时办理本级管辖的党内纪律审查案件和监察调查案件。

三、纪律审查与监察调查管辖的意义

纪律审查与监察调查管辖的意义主要在于：

1. 有利于及时、快速、有效地办理案件。各级纪检监察机关各司其职，各负其责，避免推诿扯皮、空档脱管、重复往返的情况。

2. 有利于群众便捷、有效地行使检举揭发违纪违法行为的民主权利和维护自身合法权益，减少群众反映问题纵横转递，避免贻误案件办理的情况。

3. 有利于正确有效地执行纪律和法律，及时有力地维护党员干部和监察对象的民主权利和合法权益。

4. 有利于纪检监察机关和有关方面的协调配合、有机统一、步调一致，充分体现纪检监察机关纪律审查与监察调查的整体效能。

四、纪律审查与监察调查管辖的种类

纪律审查与监察调查管辖的种类是指依据纪律审查与监察调查管辖自身的性质或特点而形成的管辖类别。按照干部管理权限和"分级管理"的原则以及纪检监察机关纪律审查与监察调查管辖的特征将纪律审查与监察调查管辖的种类分为：职能管辖、级别管辖、特殊管辖三类。

（一）职能管辖

是纪检监察机关纪律审查与监察调查管辖的主体，是纪检监察机关既是执纪机关，又是执法机关的双重性在管辖上的体现，是同一纪检监察机关内同时办理党的纪律审查案件和政府的监察调查案件的权限范围划分和界定。

第一，纪律审查与监察调查承当着党的纪律审查和政府的监察调查两种职能，分别向党委、政府负责（当然，这个政府是广义的政府）。

第二，党的纪律审查和政府的监察调查的依据不同。党的纪律审查依据的是《中国共产党章程》《中国共产党纪律检查机关监督执纪工作规则（试行）》等党内法规，政府的监察调查依据的是《宪法》《中华人民共和国监察法》等法律法规。

（二）级别管辖

级别管辖就是分级管辖，也是"属地管辖"原则在纪律审查与监察调查中的体现。是按"分级办理，各负其责"的工作制度确定的各级纪检监察机关纪律审查与监察调查的权限范围。依照双重职能又分为两种。

1. 纪律审查案件的分级管辖。各级纪律检查机关按照《中国共产党纪律检查机关案件检查工作条例》的规定，受理和查处违纪案件的权限、分工的范围，具体体现在《中国共产党纪律检查机关监督执纪工作规则（试行）》第二章"领导体制"的第6条规定中：

（1）中央纪律检查委员会受理和审查中央委员、候补中央委员，中央纪委委员，中央管理的党员领导干部，以及党中央工作部门、党中央批准设立的党组（党委），各省、自治区、直辖市党委、纪委等党组织的违纪问题。

（2）地方各级纪律检查委员会受理和审查同级党委委员、候补委员，同级纪委委员，同级党委管理的党员干部，以及同级党委工作部门、党委批准设立的党组（党委），下一级党委、纪委等党组织的违纪问题。

（3）基层纪律检查委员会受理和审查同级党委管理的党员，以及同级党委下属的各级党组织的违纪问题；未设立纪律检查委员会的党的基层委员会，由该委员会负责监督执纪工作。

2. 监察调查案件的分级管辖。各级监察机关按照国家监察法律法规的规定受理和查处的监察调查案件的权限、分工的范围，具体体现就是《中华人民共和国监察法》第16条第1款"各级监察机关按照管理权限管辖本辖区内本法第十五条规定的人员所涉监察事项"的规定，这一规定明确体现了属地管辖的原则。

（三）特殊管辖

特殊管辖是指因案件的特殊因素而确定的案件办理权限和分工范围。是级别管辖的必要补充。又分为直接管辖、协商管辖、指定管辖。

1. 直接管辖

是上级直接办理下级管辖案件的情形。

《中国共产党纪律检查机关案件检查工作条例》第 20 条规定：属于下级纪检机关立案范围的重大违纪问题，必要时上级纪检机关可直接决定立案。

《中国共产党纪律检查机关监督执纪工作规则（试行）》第二章"领导体制"的第 8 条规定：上级纪检机关有权指定下级纪检机关对其他下级纪检机关管辖的党组织和党员干部违纪问题进行执纪审查，必要时也可直接进行执纪审查。

《中华人民共和国监察法》第 16 条第 2 款规定：上级监察机关可以办理下一级监察机关管辖范围内的监察事项，必要时也可以办理所辖各级监察机关管辖范围内的监察事项。

《中华人民共和国监察法》第 17 条第 2 款规定：监察机关认为所管辖的监察事项重大、复杂，需要由上级监察机关管辖的，可以报请上级监察机关管辖。

据此，直接管辖的前提是"必要时"。"必要时"是指：

（1）上级认为案情复杂、影响重大的案件；

（2）管辖机关不便办理的案情复杂、影响重大的案件；

（3）管辖机关自己办理可能影响公正处理的案件；

（4）上级认为应当直接办理的案件；

（5）上级或领导交办的案件。

2. 协商管辖

是指具有双重或多重管辖的案件由具有管辖权的各方协商确定管辖。

《中国共产党纪律检查机关案件检查工作条例》第 18 条第 1 款规定：党的关系在地方、干部任免权限在主管部门的党员干部违犯党纪的问题，除另有规定的外，一般由地方纪检机关决定立案。

《中国共产党纪律检查机关监督执纪工作规则（试行）》第二章"领导体制"的第 7 条规定：对党的组织关系在地方、干部管理权限在主管部门的党员干部违纪问题，应当按照谁主管谁负责的原则进行监督执纪，并及时向对方通报情况。

按照上述规定，在实践中若地方纪检机关认为由部门纪检机关立案更为适宜的，经协商可由部门纪检机关立案；根据规定应由部门纪检机关立案的违纪问题，经协商也可由地方纪检机关立案。

3. 指定管辖

《中国共产党纪律检查机关案件检查工作条例》第 21 条规定：上级纪检机关发现应由下级纪检机关立案的违纪问题，可责成下级纪检机关予以立案。

《中国共产党纪律检查机关监督执纪工作规则（试行）》第二章"领导体制"的第 8 条规定：上级纪检机关有权指定下级纪检机关对其他下级纪检机关管辖的党组织和党员干部违纪问题进行执纪审查，必要时也可直接进行执纪审查。

《中华人民共和国监察法》第 16 条第 3 款规定：监察机关之间对监察事项的管辖有争议的，由其共同的上级监察机关确定。

《中华人民共和国监察法》第 17 条规定：上级监察机关可以将其所管辖的监察事项指定下级监察机关管辖，也可以将下级监察机关有管辖权的监察事项指定给其他监察机关管辖。

指定管辖就是指由上级确定管辖的案件。有两种情形，一是具有双重或多重管辖的案件由具有管辖权的各方经协商仍不能确定管辖的案件，由上级确定其中有管辖权的一方或者另外并无管辖权的机关管辖；二是上级机关认为不宜由管辖机关办理，直接指定不具有管辖权机关办理的案件。

同时，《中国共产党纪律检查机关监督执纪工作规则（试行）》第二章"领导体制"的第 9 条规定：严格执行请示报告制度，对作出立案审查决定、给予党纪处分等重要事项，纪检机关应当向同级党委（党组）请示汇报并向上级纪委报告，形成明确意见后再正式行文请示。遇有重要事项应当及时报告，既要报告结果也要报告过程。

［附：《中华人民共和国监察法》第 15 条规定监察机关对下列公职人员和有关人员进行监察：

（一）中国共产党机关、人民代表大会及其常务委员会机关、人民政府、监察委员会、人民法院、人民检察院、中国人民政治协商会议各级委员会机关、民主党派机关和工商业联合会机关的公务员，以及参照《中华人民共和国公务员法》管理的人员；

（二）法律、法规授权或者受国家机关依法委托管理公共事务的组织中从事公务的人员；

（三）国有企业管理人员；

（四）公办的教育、科研、文化、医疗卫生、体育等单位中从事管理的人员；

（五）基层群众性自治组织中从事管理的人员；

（六）其他依法履行公职的人员。]

第二节　问题线索的受理与登记

一、违纪违法问题线索的概念

所谓"线索"，是指事物发展的脉络或探求问题的途径，引申为发现问题，揭开事物本质，证实基本事实最初的迹象或浅显的表象。

纪律审查与监察调查违纪违法问题线索是指信访举报所反映的问题中具有明确的违纪违法主体，明显的违纪违法事实，管辖权属明晰（即归纪检监察机关管辖），具有调查价值（即经过调查能够清楚地说明事实真相）的事项。

二、问题线索的来源

问题线索的来源是指问题线索的出处或送达纪检监察机关的渠道。从纪律审查与监察调查的实践来看，主要有：

（一）人民群众来信来访的信访举报。也就是党员、干部、群众或其他组织、团体、单位的检举、控告

检举是指来信来访揭发涉嫌违纪违法人的违纪违法事实的行为。控告是指涉嫌违纪违法行为的受害人向纪检监察机关控诉申告的行为。

检举、控告是违纪违法问题线索来源的重要途径，是最普遍、最主要的违纪违法问题线索的来源。因为：①任何违纪违法行为的实施，都会被人民群众所察觉、所掌握，所以群众最了解情况。②任何违纪违法行为都会程度不等地危害或者直接损害群众、国家利益。人民群众对此深恶痛绝，有揭露和与违纪违法行为作斗争的自觉性、积极性。

（二）网络举报

随着社会的进步、时代的发展，人民群众利用互联网功能，发帖检举揭发、控诉申告违纪违法行为，起到了其它方式难以替代的不可估量的作用，已经成为查处违纪违法问题的主要线索来源。

（三）上级机关或领导交办

是指上级机关或领导将反映违纪违法问题的信件或线索交与纪检监察机关办理。实践中常见的有：

1. 上级党政领导机关或负责人批转或指示办理的。

2. 上级纪检监察机关或负责人批转或指示办理的。

3. 同级党委、政府或负责人、本机关负责人批转或指示办理的。

（四）有关机关、部门、单位移送。是指信访、新闻、司法等党政机关、部门、单位将自己收到的反映违纪违法问题的信件或线索送交纪检监察机关办理

《中华人民共和国监察法》第 34 条规定：人民法院、人民检察院、公安机关、审计机关等国家机关在工作中发现公职人员涉嫌贪污贿赂、失职渎职等职务违法或者职务犯罪的问题线索，应当移送监察机关，由监察机关依法调查处置。

（五）涉嫌违纪违法人的主动交代或陈述

主动交代是指涉嫌违纪违法人主动向纪检监察机关坦白交代自己违纪违法事实。陈述是指涉嫌违纪违法人在纪律审查与监察调查中口述或用文字书写交代自己的违纪违法事实。

（六）纪律审查与监察调查中发现

就是通常说的"拔出萝卜带出泥"，是违纪违法案件线索重要来源。

实践中一般有两种情形，一是被审查或调查者在说明自己问题的同时对他人违纪违法事实的检举揭发或在陈述中有意无意地透露出他人违纪违法的问题；二是审查调查人员在审查调查取证的过程中发现的违纪违法的问题线索。

对这类问题线索的归集一定要遵守党内法规和法律法规的规定。

（七）检查、巡视、巡察中发现

是指纪检监察机关在正常例行党风政风建设检查中发现的违纪违法线索或巡视、巡察组在巡视、巡察中发现的违纪违法线索，是违纪违法线索的重要来源。

信访举报与违纪违法问题线索的关系是违纪违法问题线索一般从信访举报中来，但信访举报未必就是违纪违法问题线索。构成违纪违法问题线索必须要具备概念中讲的几个要件。

三、受理与登记

（一）概念

纪律审查与监察调查的受理与登记，是指纪检监察机关纪律审查与监察调查部门收受违纪违法线索记录在案以备查核的活动，是纪律审查与监察调查的必备程序和手续。

（二）特征

是指纪律审查与监察调查的受理与登记活动必然的特性。

1. 主体必须是纪检监察机关纪律审查与监察调查部门。

2. 客体必须是纪检监察机关管辖的党员或监察对象。

3. 客体涉嫌实施了违反党的纪律或者法律法规的行为。既可能是作为的行为，也可能是不作为的行为。

4. 任务是分析判断线索是否构成违纪违法问题线索，以备查核。

5. 目的是准备通过查核证实线索的真实性，维护纪律的严肃性。

（三）意义

纪律审查与监察调查受理与登记的意义就在于：

1. 是整个纪律审查活动的前提和开始。

2. 是一个承前启后的必备程序和不可逾越的阶段，具体的纪律审查与监察调查实践中有的纪律审查与监察调查未必履行全部程序或实施整个过程的每个阶段，但任何纪律审查与监察调查必然要履行这个程序和实施这个阶段，办理这些手续，也就是说必须进行受理这个程序，办理相关登记手续。

3. 对整个纪律审查与监察调查活动有着深刻的影响。这个阶段的工作质量直接影响着后继工作的质量和效率。受理得及时准确，就可提高审查与调查活动的质量和效率。反之，受理得不及时，就可能延误纪律审查与监察调查的时机，降低质量和效率；受理得不准确，就会使纪律审查与监察调查多走弯路，甚至陷入困境，致使纪律审查与监察调查失去意义。

（四）范围

纪律审查与监察调查受理的范围是指纪检监察机关内部收受违纪违法问题线索权限和分工的界定。实质是由纪检监察纪律审查与监察调查的管辖决定的，既有党的纪律审查又有政府的监察调查。

1. 党内违纪问题线索的受理，按照《中国共产党纪律检查机关案件检查工作条例》第10条和《中国共产党案件检查工作条例实施细则》第5条、第6条的规定，以及《中国共产党纪律检查机关监督执纪工作规则（试行）》第三章"线索处置"的规定办理。

《中国共产党纪律检查机关监督执纪工作规则（试行）》第三章"线索处置"的第12条明确规定：纪检机关信访部门归口受理同级党委管理的党组织和党员干部违反党纪的信访举报，统一接收下一级纪委和派驻纪检组报送的相关信访举报，分类摘要后移送案件监督管理部门。

执纪监督部门、执纪审查部门、干部监督部门发现的相关问题线索，属本部门受理范围的，应当送案件监督管理部门备案；不属本部门受理范围的，经审批后移送案件监督管理部门，由其按程序转交相关监督执纪部门。

案件监督管理部门统一受理巡视工作机构和审计机关、行政执法机关、司法机关等单位移交的相关问题线索。

第13条规定：纪检机关对反映同级党委委员、纪委常委，以及所辖地区、部门主要负责人的问题线索和线索处置情况，应当向上级纪检机关报告。

2. 监察调查的违法问题线索的受理，按照《中华人民共和国监察法》及相关法律法规的规定办理。

《中华人民共和国监察法》第五章"监察程序"对此做了明确的规定：

第35条　监察机关对于报案或者举报，应当接受并按照有关规定处理。对于不属于本机关管辖的，应当移送主管机关处理。

第36条　监察机关应当严格按照程序开展工作，建立问题线索处置、调查、审理各部门相互协调、相互制约的工作机制。

监察机关应当加强对调查、处置工作全过程的监督管理，设立相应的工作部门履行线索管理、监督检查、督促办理、统计分析等管理协调职能。

（五）登记受理

《中国共产党纪律检查机关监督执纪工作规则（试行）》第三章"线索处置"第14条规定：案件监督管理部门对问题线索实行集中管理、动态更新、定期汇总核对，提出分办意见，报纪检机关主要负责人批准，按程序移送承办部门。承办部门应当指定专人负责管理问题线索，逐件编号登记、建立管理台账。线索管理处置各环节均须由经手人员签名，全程登记备查。

纪律审查与监察调查实践中一般由承办部门（纪检监察室）接收，案管部门（原来是信访部门）移送问题线索后，由承办人办理登记手续（制式文书）后，报室主任批准、备核或处置。

1. 受理的形式

（1）书面文字

是指违纪违法问题线索载体是文字组成的检举、揭发材料，是纪检监察纪律审查与监察调查受理问题线索的主要形式。

（2）口头陈述

是指通过上访记录、调查、谈话、询问笔录、录音、录像记载形成违纪违法问题线索的形式。

（3）录音、录像、电子数据等

是指纪律审查与监察调查部门通过收受的录音、录像、电子数据等载体管理违纪问题线索的形式。

2. 受理的手续

是指纪律审查与监察调查部门受理问题线索应当办理的手续，是必须遵循的内部运作秩序。

（1）问题线索的收受

①收受人认真填写受理登记表，详实细致地登记各项内容。力求准确说明，以备查考。

②登记内容：一是收受的时间、地点、线索来源、基本内容、领导指示；二是线索提供者（举报人）的自然状况、联系方式和诉求；三是涉嫌违纪违法人的自然状况、被举报的主要问题及相关情况。

③审查与调查中发现的问题线索办理手续

《中国共产党纪律检查机关监督执纪工作规则（试行）》第八章"监督管理"第51条规定：在监督执纪过程中，对谈话对象检举揭发与本案不直接相关人员并属于按程序应当报纪检机关主要负责人的问题线索，应当由其本人书写，不以问答、制作笔录方式记载，密封后交由部门主要负责人径送本机关主要负责人。

④对线索材料原件编号，固定保存。

⑤呈送室主任、分管领导阅批。

（2）问题线索的处置

承办部门收受违纪线索后，应区别情况及时处置：

①涉及正在初核、立案审查或调查的人员或事项，迅即转交初核或审查

组、调查组查核。

②属于他人管辖的线索应立即交办或移交。

③对重复或已经核查并有结论、未发现新情况或不具备查核条件的，应注明原由，报批后暂存备查。

④应当查核的，提出意见，报分管领导批准实施初核。

⑤中央纪委办公厅 2014 年印发《关于对反映领导干部问题线索处置方式进行调整的通知》（中纪发〔2014〕2 号），调整了对反映领导干部的线索处置方式：

拟立案类：主要指经过初步核实，对照党纪政纪条规，确有违纪事实，需要追究党纪政纪责任的线索，包括拟对相关人员采取"两规"措施和其他需要立案的线索。

初步核实类：主要指反映的问题具有存在的可能性和可查性，对照党纪政纪条规，判断其可能构成违纪的线索。

谈话函询类：主要指反映的问题具有一般性，查清了只能给予轻处分或批评教育，或者反映问题不实而予以澄清的；反映问题笼统，多为道听途说或主观臆测，难以查证核实的线索。

暂存类：主要是指反映的问题具有一定的可查性，但由于种种原因，暂不具备核查条件而存放备查，一旦条件成熟即可开展核查工作的线索。

了结类：主要指反映的问题失实或无可能开展核查工作的线索。

2017 年 1 月 8 日中国共产党第十八届中央纪律检查委员会第七次全体会议通过的《中国共产党纪律检查机关监督执纪工作规则（试行）》第三章"线索处置"第 16 条则规定：承办部门应当结合问题线索所涉及地区、部门、单位总体情况，综合分析，按照谈话函询、初步核实、暂存待查、予以了结四类方式进行处置。

3. 受理登记的要求

受理登记要坚决遵照《中国共产党纪律检查机关监督执纪工作规则（试行）》第三章"线索处置"和《中华人民共和国监察法》第五章"监察程序"的规定办理。

《中国共产党纪律检查机关监督执纪工作规则（试行）》第三章"线索处置"第 17 条规定：承办部门应当定期汇总线索处置情况，及时向案件监督管理部门通报。案件监督管理部门定期汇总、核对问题线索及处置情况，向纪检机关主要负责人报告。

《中华人民共和国监察法》第五章"监察程序"第 37 条规定：监察机关对监察对象的问题线索，应当按照有关规定提出处置意见，履行审批手续，进行分类办理。线索处置情况应当定期汇总、通报，定期检查、抽查。

为此，纪检监察机关的纪律审查与监察调查部门在办理违纪违法问题线索受理登记业务中要坚持做到：

（1）认真负责，耐心细致，坚持受理登记程序的合法，保证办理手续的完备。

（2）严格按照《中国共产党纪律检查机关监督执纪工作规则（试行）》第三章"线索处置"第 16 条第 2 款规定：线索处置不得拖延和积压，处置意见应当在收到问题线索之日起 30 日内提出，并制定处置方案，履行审批手续。做到及时准确，详实明了，保证质量，提高效率。不推诿、不拖延、不扣压。

（3）严肃慎重，保守秘密。遵守规定，不得泄露违纪案件线索的内容，坚决保护举报人、知情人、证人的民主权利、合法权益、人身安全。

（4）坚决执行《中国共产党纪律检查机关监督执纪工作规则（试行）》第三章"线索处置"第 17 条第 2 款的规定：各部门应当做好线索处置归档工作，归档材料应当齐全完整，载明领导批示和处置过程。

（5）遵照《中华人民共和国监察法》第五章"监察程序"第 37 条的规定，按照有关规定对监察对象的问题线索提出处置意见，履行审批手续，进行分类办理。线索处置情况应当定期汇总、通报，定期检查、抽查。

4. 问题线索的排查

线索的排查是指纪律审查与监察调查部门定期对违纪违法问题线索分析研判，提出处置意见的活动。

《中国共产党纪律检查机关监督执纪工作规则（试行）》第三章"线索处置"第 15 条规定：纪检机关应当根据工作需要，定期召开专题会议，听取问题线索综合情况汇报，进行分析研判，对重要检举事项和反映问题集中的领域深入研究，提出处置要求。

《中华人民共和国监察法》第五章"监察程序"第 37 条规定：监察机关对监察对象的问题线索，应当按照有关规定提出处置意见，履行审批手续，进行分类办理。

第三节 谈话函询

一、概念

1. 谈话：彼此的对谈。在纪律审查与监察调查中，审查调查人员与涉嫌违纪违法人员或其他人员面对面地交谈，问答问题，发现和收集证据的办法。

2. 函询：在纪律审查与监察调查中通过书面的文字通知涉嫌违纪违法人员就通知中所提出的问题如实回复说明，由其所在党委（党组）主要负责人签署意见的了解情况，发现和收集证言的方法。

3. 谈话函询：即针对问题线索反映中带有苗头性、倾向性、一般性的问题，让被反映人自己说明以备查核，及时处置的一种方式。分为谈话和函询两种，可单用也可并用。此举对于提供线索者而言，是闻报即动的及时回馈；对于被反映的干部而言，也是一种负责任的做法。

《中华人民共和国监察法》第四章"监察权限"作了如下规定：

第 19 条 对可能发生职务违法的监察对象，监察机关按照管理权限，可以直接或者委托有关机关、人员进行谈话或者要求说明情况。

第 20 条 在调查过程中，对涉嫌职务违法的被调查人，监察机关可以要求其就涉嫌违法行为作出陈述，必要时向被调查人出具书面通知。

去掉"留存"环节，增加"谈话函询"环节，是违纪违法问题线索处置方式的一个重大变化，是党的十八大后纪检监察工作的创新，是纪检监察机关转方式的一个重要标志，更是中央纪委把纪律和规矩挺在前面的具体体现。其目的是抓早抓小、动辄则咎，防止党员干部和监察对象由小错酿成大错、小问题变成大问题，用纪律和规矩管住大多数，真正起到教育挽救干部的作用。应当说，在"减少腐败存量、遏制腐败增量"的新形势下，处置问题线索方式的转变，不是标准降低了，而是要求更高了。谈话函询，理应成为纪检监察机关处置问题线索不可或缺的一项重要措施。

二、处置程序和手续

1. 严格遵循办理时限要求

《中国共产党纪律检查机关监督执纪工作规则（试行）》第四章"谈话

函询"第20条规定：函询应当以纪检机关办公厅（室）名义发函给被反映人，并抄送其所在党委（党组）主要负责人。被函询人应当在收到函件后15个工作日内写出说明材料，由其所在党委（党组）主要负责人签署意见后发函回复。

被函询人为党委（党组）主要负责人的，或者被函询人所作说明涉及党委（党组）主要负责人的，应当直接回复发函纪检机关。

在实践中经研究确定的谈话函询件，承办部门应当在一定的工作日内，填写谈话函询呈批表报分管领导或主要领导审批，并电话或书面通知谈话函询对象到指定地点接受谈话，领取相关问题说明函；谈话函询对象要根据函询内容和要求，在规定的工作日内就有关问题做实事求是的回复。

对函询问题未讲清楚的，可再次对其进行函询或谈话；谈话函询对象回复谈话函询情况后，承办部门要根据谈话函询对象的回复情况，在规定的工作日内提出处理意见报领导审核。

2. 严格遵守程序规定

一是审批备案。《中国共产党纪律检查机关监督执纪工作规则（试行）》第四章"谈话函询"第18条规定：采取谈话函询方式处置问题线索，应当拟订谈话函询方案和相关工作预案，按程序报批。对需要谈话函询的下一级党委（党组）主要负责人，应当报纪检机关主要负责人批准，必要时向同级党委主要负责人报告。

承办部门应填写《谈话函询呈批表》报分管领导审批，并将《谈话函询呈批表》副本送案件监督管理部门备案。

二是组织实施。《中国共产党纪律检查机关监督执纪工作规则（试行）》第四章"谈话函询"第19条规定：谈话应当由纪检机关相关负责人或者承办部门主要负责人进行，可以由被谈话人所在党委（党组）或者纪委（纪检组）主要负责人陪同；经批准也可以委托被谈话人所在党委（党组）主要负责人进行。

谈话过程应当形成工作记录，谈话后可视情况由被谈话人写出书面说明。

实践中案件监督管理部门对谈话函询件统一编号后，由承办部门组织实施谈话函询。函询对象在收到《函询通知书》后，应当就函询问题实事求是地逐一作出书面回复，包括个人基本情况、对问题的解释说明、有关问题的证据材料和具体整改措施等。同时，在《函询通知书》上，要告知谈话函询对象的责任和义务，以及如果隐瞒事实需要承担的后果，并由谈话函询对象签字。为确保谈话函询的真实性、操作性和实效性，对于反映领导班子问题的，由领导班子主要负责人亲笔回复；反映领导干部个人问题的，由本人亲笔回复并签名，不得由他人代笔，有关旁证材料可以复印附后。

三是签字背书。《中国共产党纪律检查机关监督执纪工作规则（试行）》第 20 条规定：函询应当以纪检机关办公厅（室）名义发函给被反映人，并抄送其所在党委（党组）主要负责人。被函询人应当在收到函件后 15 个工作日内写出说明材料，由其所在党委（党组）主要负责人签署意见后发函回复。

被函询人为党委（党组）主要负责人的，或者被函询人所作说明涉及党委（党组）主要负责人的，应当直接回复发函纪检机关。

四是提出办理情况报告和处置意见。按照《中国共产党纪律检查机关监督执纪工作规则（试行）》第四章"谈话函询"第 21 条的规定提出办理情况报告和处置意见。

3. 讲求科学有效的方式方法

（1）科学选择谈话地点。

原则上应在固定的纪律审查与监察调查地点谈话室进行，也可根据实际选用适合的场所进行。要由一名分管领导和至少一名纪律审查与监察调查人员组织实施，并做好谈话笔录，谈话笔录要素要规范、齐全。

（2）按照职级对等原则组织谈话。

按照《中国共产党纪律检查机关监督执纪工作规则（试行）》第四章"谈话函询"第 19 条的规定，对不同级别的谈话函询对象，由纪检监察机关相应级别的领导干部组织谈话。委托所在地方或部门党委（党组）主要负责人以及下级纪检监察机关与被反映人谈话时，比照相应职级组织开展。这是按照干部管理权限和分级办理的管辖原则决定的。

（3）科学组织谈话函询。

谈话函询前，分管领导和承办部门首先要与谈话函询对象作简短谈话，讲政策、讲出路、讲利害，要求其如实说明群众反映的有关问题。

在谈话函询时，发现谈话函询对象故意避重就轻的，当面对其批评教育，可以反复进行谈话或要求其继续书面补充说明、提供有关问题的证据材料。

实践中需要注意的是，谈话函询要把握政策界限，不能随意扩大谈话范围，把谈话函询变成初核，使用审查调查取证手段。

4. 严格标准分类处置

《中国共产党纪律检查机关监督执纪工作规则（试行）》第四章"谈话函询"第 21 条规定：谈话函询工作应当在谈话结束或者收到函询回复后 30 日内办结，由承办部门写出情况报告和处置意见后报批。根据不同情形作出相应处理：

（一）反映不实，或者没有证据证明存在问题的，予以了结澄清；

（二）问题轻微，不需要追究党纪责任的，采取谈话提醒、批评教育、责令检查、诫勉谈话等方式处理；

（三）反映问题比较具体，但被反映人予以否认，或者说明存在明显问题的，应当再次谈话函询或者进行初步核实。

《中华人民共和国监察法》第 45 条规定：监察机关根据监督、调查结果，依法作出如下处置：

（一）对有职务违法行为但情节较轻的公职人员，按照管理权限，直接或者委托有关机关、人员，进行谈话提醒、批评教育、责令检查，或者予以诫勉；

按照上述规定，对谈话函询的处置有：

（1）如果谈话函询对象已经澄清有关情况，纪检监察机关未发现有严重违纪行为的，并且谈话函询对象已按要求对轻微违纪问题作出整改的，报经领导审核后可对问题线索作了结处理。

（2）对确有错误但不够纪律处分的，责令其限期改正或根据有关规定予以诫勉谈话。

（3）谈话函询对象尚未就所反映问题进行澄清，或故意回避隐瞒事实的，可以重新启动谈话函询程序，也可以建议初步核实或立案审查调查，从严从重处理。

（4）对群众实名举报的，纪检监察机关应将函询结果回告实名举报人。

（5）谈话函询结束后，应当按照干部管理权限将函询对象的情况通报相关组织（人事）部门。

（6）按照《中国共产党纪律检查机关监督执纪工作规则（试行）》第四章"谈话函询"第 21 条第 2 款的规定"谈话函询材料应当存入个人廉政档案。"

第四节 初步核实

《中国共产党纪律检查机关案件检查工作条例》第 11 条规定：违纪案件线索"需初步核实的，应及时派人进行，必要时也可委托下级纪检机关办理。"

一、概念

所谓"初核"：就是对违纪问题线索做初步、浅显地了解和查核，以证实线索所反映问题的真实性的活动，也叫初探、初查等。

二、特征

1. 主体法定。初步核实主体必须是纪检监察机关纪律审查与监察调查部门和人员。

2. 客体法定。初步核实的客体必须是涉嫌违纪违法的党员或监察对象。

3. 任务法定。初步核实的任务就是查清违纪违法问题线索是否属实，为立案与否提供依据。

4. 依据法定。初步核实必须按照党内纪律审查的条例条规和国家监察法律法规的规范实施。

三、意义

初步核实是纪律审查与监察调查的重要环节，意义在于：

1. 证明问题线索真实与否、涉嫌违纪违法者是否存在违纪违法事实。

2. 为是否立案审查或调查提供确实充分的事实和法规、政策依据。

3. 为立案审查或立案调查打好坚实的基础。初步核实的质量决定了立案审查或立案调查的质量和执纪执法的政治效果和社会效果。

四、任务

根据《中国共产党纪律检查机关案件检查工作条例》第 12 条的规定：初步核实的任务是，了解所反映的主要问题是否存在，为立案与否提供依据。

五、要求

纪检纪律审查与监察调查的初步核实除必须遵循"二十四字"基本要求，还要注意做到：

1. 及时、快速、准确。查核取证要及时、快速、准确，确保初核的质量。

2. 抓住主题，突出重点。抓住线索反映的主要问题，有重点、有目的地收集证据，证实问题的真实性。要有宁断一指，不伤十指的担当勇气。

3. 吃苦耐劳，细致完备。严格认真，一丝不苟，深入分析，调查研究，查清主要问题的细节，收集确实充分的证据材料。

4. 严守机密。不得泄露任何有关初核的事项。

六、程序与手续

《中国共产党纪律检查机关案件检查工作条例》第 11 条规定：纪检机关受理反映党员或党组织的违纪问题后，应根据情况决定是否进行初步核实。需初步核实的，应及时派人进行，必要时也可委托下级纪检机关办理。

《中国共产党纪律检查机关监督执纪工作规则（试行）》第五章"初步核实"第 22 条规定：采取初步核实方式处置问题线索，应当制定工作方案，成立核查组，履行审批程序。被核查人为下一级党委（党组）主要负责人的，纪检机关应当报同级党委主要负责人批准。

《中华人民共和国监察法》第 38 条规定：需要采取初步核实方式处置问题线索的，监察机关应当依法履行审批程序，成立核查组。

（一）初核呈批手续的办理：

根据《中国共产党纪律机关案件检查工作条例实施细则》第 7 条的规定，凡纪检室认为需进行初步核实的，应填写《初步核实呈批表》；凡委托下级纪检机关进行初步核实的，应当制作《委托初步核实通知书》，初核有两种情形：即直接初核和委托初核。

1. 直接由受理纪检监察室初步核实的，填写《初步核实呈批表》，呈分管领导审批后实施。

2. 委托初核在实践中既可能委托有隶属关系的下级纪检监察机关，也可能委托不相隶属的纪检监察机关进行。委托初核，也应填写《初步核实呈批表》，经领导批准后，制作《委托初步核实通知书》送达被委托的纪检监察机关。受委托的纪检监察机关应及时办理，并将核实情况报告或告知委托机关。这一点，要特别注意，在实践中不要引起误解。

（二）确定初核人员或组成初核小组

在初核呈批过程中或分管领导批准初核后承办部门就应确定初核主办人和初核人员，组成核查组，以及时、快速地实施初核。

初核人选既可以是本部门人员，也可以抽调专门业务部门的人员。初核人员最少为两人，案情简单明了的可以少点，案情复杂，性质严重的，就应多一些，必要时应当组成若干核查小组展开工作，由主办人统一协调。

（三）拟定提纲和初核方案

初核人员确定后，主办人应主持初核小组人员讨论、分析、判断线索真实性及所反映问题的性质等情节，并学习相关知识，拟定初核提纲，制定初核方案，及时呈报领导审批。

（四）初核的实施

是指初核人员采用合法的手段、措施及时、快速、准确地查清问题线索反映的主要问题，以决定立案与否的活动。初核方案批准后，主办人应立即组织实施。

1. 初核通报

是指向涉案单位、部门、地区的党组织或行政机关负责人或者其上级告知初核决定，争取支持与配合的检查措施。在实践中一定要掌握通报时机，并非一定要在初核时通报，必须根据案情决定是否通报、什么时候通报。

2. 核查取证

是指及时、快速、准确地查清线索主要问题的过程，主要是深入群众，搞好外围调查。

在初步核实中一定要坚持审查手段要宽、审查决策要严的原则。坚持宽打窄用，调查手段要宽、调查决策要严，必须使用有关核查措施时要有非常严格的审批程序。

《中国共产党纪律检查机关监督执纪工作规则（试行）》第五章"初步核实"第23条规定：核查组经批准可采取必要措施收集证据，与相关人员谈话了解情况，要求相关组织作出说明，调取个人有关事项报告，查阅复制文件、账目、档案等资料，查核资产情况和有关信息，进行鉴定勘验。

需要采取技术调查或者限制出境等措施的，纪检机关应当严格履行审批手续，交有关机关执行。

3. 提出初核报告

根据《中国共产党纪律检查机关案件检查工作条例》第14条的规定，经过调查取证，基本查清主要问题的事实真相，初核人就应当及时地提出初核报告，向纪检监察室和分管领导报告初核情况，提出处理意见。

《中国共产党纪律检查机关监督执纪工作规则（试行）》第五章"初步核实"第24条规定：初步核实工作结束后，核查组应当撰写初核情况报告，列明被核查人基本情况、反映的主要问题、办理依据及初核结果、存在疑点、处理建议，由核查组全体人员签名备查。

《中华人民共和国监察法》第38条规定：……初步核实工作结束后，核查组应当撰写初步核实情况报告，提出处理建议。

（五）初核报告的审议

按照《中国共产党纪律检查机关案件检查工作条例实施细则》第9条第2款的规定，初核报告提出后，纪检监察室负责人应主持室务会议集体审议，提出处理建议，由负责人签署意见呈领导审批。

《中国共产党纪律检查机关监督执纪工作规则（试行）》第五章"初步核实"第24条第2款规定：承办部门应当综合分析初核情况，按照拟立案审查、予以了结、谈话提醒、暂存待查，或者移送有关党组织处理等方式提出处置建议。

《中华人民共和国监察法》第38条规定：……初步核实工作结束后……承办部门应当提出分类处理意见。初步核实情况报告和分类处理意见报监察机关主要负责人审批。

七、初核结果的处理

按照《中国共产党纪律检查机关监督执纪工作规则（试行）》第五章"初步核实"第24条第2款、《中华人民共和国监察法》第38条的规定以及《中国共产党纪律检查机关案件检查工作条例》第14条"初步核实后，由参与核实的人员写出初步核实情况报告，纪检机关区别不同情况作出处理"的规定，在纪律审查与监察调查实践中初核结果不同，处理也不同。

（一）主要问题的基本事实没有查清的，由初核人或调整初核人员继续查核

（二）初核了结是对经初核认定不须立案调查的案件线索的处理方式

《中国共产党纪律检查机关案件检查工作条例实施细则》第 10 条规定，经初步核实，反映问题不实的，纪检机关除应向被反映人所在单位党组织说明情况外，还应注意做好以下工作：

1. 在初核过程中如向被反映人作过了解或纪检机关认为有必要的，应向本人说明情况；

2. 因反映问题不实而对被反映人造成不良影响的，应采取适当方式在一定范围内予以澄清；

3. 发现被反映人在工作中做出显著成绩的，应向有关党组织反映；

4. 对检举人因了解情况不全面而错告的，应帮助其总结经验教训；

5. 对蓄意诬告、陷害的，应调查处理或建议有关组织严肃追究。

根据《中国共产党纪律检查机关案件检查工作条例实施细则》第 11 条规定，经初步核实，虽有违纪事实，但情节轻微，不需追究党纪责任的，纪检机关应建议有关党组织按照以下办法做出处理：

1. 党组织负责人同被反映人谈话，进行批评教育；

2. 责成被反映人作出口头或书面检查；

3. 召开民主生活会，对被反映人进行批评帮助；

4. 纠正被反映人的违纪行为或责令其停止正在实施的违纪行为；

5. 对被反映人的工作或职务进行调整；

6. 在一定范围内进行通报批评；

7. 责成被反映人退出违纪所得。

上述处理办法对同一被反映人可以单独使用，也可合并使用。

《中国共产党纪律检查机关监督执纪工作规则（试行）》第五章"初步核实"第 24 条第 3 款规定：初核情况报告报纪检机关主要负责人审批，必要时向同级党委（党组）主要负责人报告。

实践中通常做法有：向当事人或所在单位说明情况；一定范围澄清问题；批评教育、警示训诫；本人检查或一定范围的检查；退赔；建议有关组织做出处理（调整、免职等）。

纪检监察机关对党组织或有关单位提出建议时，应制作《纪律检查建议

书》或《监察建议书》，送达有关党组织或单位。对纪检监察机关的建议，有关党组织或单位如无正当理由，应予采纳，并应将办理结果及时报告或告知提出建议的纪检监察机关。

（三）向行政执法机关移交

在实践中，有的经初核虽不追究纪律责任、予以了结的案件，但依法应由行政执法部门处理的应移交行政执法部门处理。

（四）呈批立案

是指经初步核实，证实涉嫌违纪违法人确有违纪违法事实且需追究纪律或法律责任，应当立案审查或调查，承办纪检监察室提出立案建议呈报审批的活动。

《中国共产党纪律检查机关案件检查工作条例》第 16 条规定：对检举、控告以及发现的党员或党组织的违纪问题，经初步核实，确有违纪事实，并需追究党纪责任的，按照规定的权限和程序办理立案手续。

《中国共产党纪律检查机关监督执纪工作规则（试行）》第六章"立案审查"第 25 条规定：经过初步核实，对存在严重违纪需要追究党纪责任的，应当立案审查。

《中华人民共和国监察法》第 39 条规定：经过初步核实，对监察对象涉嫌职务违法犯罪，需要追究法律责任的，监察机关应当按照规定的权限和程序办理立案手续。

（五）移送司法机关依法处理

是指经初步核实，证实涉嫌违纪违法人确有违纪违法事实且涉嫌其他犯罪的，应当履行法定程序，办理相关手续，依法移送有关司法机关处理。

但既涉嫌严重职务违法或者职务犯罪，又涉嫌其他违法犯罪的应当按照《中华人民共和国监察法》第四章"监察权限"第 34 条第 2 款"被调查人既涉嫌严重职务违法或者职务犯罪，又涉嫌其他违法犯罪的，一般应当由监察机关为主调查，其他机关予以协助"的规定办理。

《中国共产党纪律检查机关监督执纪工作规则（试行）》第 42 条规定：被审查人涉嫌犯罪的，应当由案件监督管理部门协调办理移送司法机关事宜。执纪审查部门应当在通知司法机关之日起 7 个工作日内，完成移送工作。

第 43 条第 2 款规定：对涉嫌犯罪所得款物，应当随案移送司法机关。

第五节　立　案

一、纪律审查与监察调查立案的概念

所谓纪检监察机关纪律审查与监察调查的"立案"，是指纪检监察机关依据纪律审查与监察调查部门的意见，决定对涉嫌违纪违法的人和事正式进行审查与调查处理的活动。是纪检监察机关纪律审查与监察调查必不可少的程序性行为。有两种情形：

一是经纪律审查与监察调查部门初步核实认定的涉嫌违纪违法的人和事；二是在对他人的初核、审查中发现的新的涉嫌违纪违法的人和事。

二、立案审查调查的特征

是指纪检机关纪律审查与监察调查自身特性在立案阶段的体现：

1. 立案的主体必然是纪检监察机关。

2. 立案的客体必然是涉嫌违纪的党员或涉嫌职务违法犯罪的监察对象。

三、立案审查调查的条件

《中国共产党纪律检查机关案件检查工作条例》第 14 条：第（三）项规定：确有违纪事实，需要追究党纪责任的，应予立案。

《中国共产党纪律检查机关监督执纪工作规则（试行）》第六章"立案审查"第 25 条规定：经过初步核实，对存在严重违纪需要追究党纪责任的，应当立案审查。

凡报请批准立案的，应当已经掌握部分违纪事实和证据，具备进行审查的条件。

《中华人民共和国监察法》第 39 条规定的立案条件也是"经过初步核实，对监察对象涉嫌职务违法犯罪，需要追究法律责任的"。

据此，纪检监察机关的纪律审查与监察调查的立案必须同时具备两个条件：

（一）确有违纪或违法事实

涉嫌违纪违法人的违纪或违法犯罪事实，是纪检监察机关纪律审查与监察调查立案的前提。没有违纪或违法犯罪事实，就无从立案。违纪或违法犯罪事实不以人的意志为转移，是以一定形态表现出来的违纪违法行为，经过调查可以认识和认定。即调查认定的违纪违法事实。

（二）需要追究纪律或法律责任

涉嫌违纪违法人确有违纪违法事实，且党的纪律处分条例或其他党纪处分条规明确规定应当追究纪律责任或者国家法律法规明文规定应当追究法律责任。存在违纪违法事实未必就要立案，必须达到纪律条规或国家法律法规规定追究责任的程度或具有法定立案情节的才能立案。

纪律审查与监察调查实践中，确有违纪违法事实和需要追究纪律或法律责任是准确立案的两个相辅相成、缺一不可的条件，是能否立案的标准和尺度，必须严格掌握。

四、纪律审查与监察调查立案的要求

立案是纪检监察机关纪律审查与监察调查的必经程序，是整个纪律审查与监察调查的关键环节。应当坚持：

（一）及时准确

所谓"及时"，就是立案要把握好时机，当立即立，既不超前也不拖后。所谓"准确"，就严格把握标准和尺度，既不勉强更不放纵。

（二）严格管辖，分级立案

就是指各级纪检监察机关按照管辖权限，各司其职，各负其责，对涉嫌违纪违法的问题"该谁立，就谁立"，不得逾越或推诿扯皮。

（三）材料齐全，手续完备

是指立案呈报审批的所有文字材料完整齐全，应当办理的手续合法完备。

（四）会议审议，集体决定

纪检监察机关纪律审查与监察调查立案是非常严肃的法定程序，是整个纪律审查与监察调查的关键环节，必须十分认真且严肃地对待，严格认真地履行法定程序，要按规矩会议审议，集体决定，任何个人都不得决定立案与否。

《中国共产党纪律检查机关监督执纪工作规则（试行）》第二章"领导体制"第9条第2款规定：坚持民主集中制，线索处置、谈话函询、初步核实、立案审查、案件审理、处置执行中的重要问题，应当经集体研究后，报

纪检机关主要负责人、相关负责人审批。

五、纪律审查与监察调查立案的方式

纪检监察机关纪律审查与监察调查立案的方式亦称立案的种类。

纪律审查与监察调查实践中,立案分为两种,一种是直接立案,一种是责成立案。

1. 直接立案,就是由问题线索初核机关自己决定立案审查调查。

2. 责成立案,是上级交由下级立案审查调查的违纪违法问题线索,有两种情形。

(1)上级机关将自己已经初核,应当立案的线索,经批准交由下级机关立案审查调查。

(2)上级机关将有关部门已经调查认为应由主管单位立案的问题线索,经批准交由下级纪检监察机关立案审查调查。

《中国共产党纪律检查机关案件检查工作条例》第 21 条规定:上级纪检机关发现应由下级纪检机关立案的违纪问题,可责成下级纪检机关予以立案。

《中国共产党纪律检查机关案件检查工作条例实施细则》第 17 条规定:上级纪检机关责成下级纪检机关立案的,必须是上级纪检机关或有关部门经过初步核实,认为符合立案条件的。

凡责成立案的,上级纪检监察机关应制作《责成立案通知书》并附核实材料;有关下级纪检监察机关应即立案,并将查处结果报告上级纪检监察机关。

六、纪律审查与监察调查立案的意义

1. 立案是查处违纪违法问题的前提,是纪检监察机关纪律审查与监察调查的必经环节和法定程序,在整个纪律审查与监察调查过程中处于中心地位。在整个"执纪监督问责"和"监督调查处置"体系中只有完成了立案程序,才能接续完成违纪违法问题线索和涉嫌违纪违法人员的正式审查调查、案件的审理、案件的处理等任务。

2. 立案为纪律审查与监察调查实施法定审查调查手段和措施提供了合法依据,实践中有些纪律审查与监察调查的手段和措施的实施是以立案为前置条件约束的。约束纪律审查与监察调查必须依纪依法展开,防止滥用职权,

侵犯群众和被审查调查人的民主权利和合法权益。

3. 有利于保障党员干部、监察对象和群众的民主权利、合法权益。

4. 防止"大事化小，小事化了"，做到"不枉不纵"。维护严肃性，杜绝随意性。

七、程序和手续

立案程序是指立案活动的步骤和工作秩序。实质上是纪检监察机关按照规定审核、决定对涉嫌违纪违法人立案与否的活动过程。

《中国共产党纪律检查机关案件检查工作条例》第 22 条规定：凡需立案的，应写出立案呈批报告，并附检举材料和初步核实情况报告，按立案批准权限呈报审批。

《中国共产党纪律检查机关监督执纪工作规则（试行）》第六章"立案审查"第 26 条规定：对符合立案条件的，承办部门应当起草立案审查呈批报告，经纪检机关主要负责人审批，报同级党委（党组）主要负责人批准，予以立案审查。

纪检机关主要负责人主持召开执纪审查专题会议，研究确定审查方案，提出需要采取的审查措施。

立案审查决定应当向被审查人所在党委（党组）主要负责人通报。对严重违纪涉嫌犯罪人员采取审查措施，应当在 24 小时内通知被审查人亲属。

严重违纪涉嫌犯罪接受组织审查的，应当向社会公开发布。

《中华人民共和国监察法》第 39 条第 2 款规定：监察机关主要负责人依法批准立案后，应当主持召开专题会议，研究确定调查方案，决定需要采取的调查措施。

《中华人民共和国监察法》第 39 条第 3 款规定：立案调查决定应当向被调查人宣布，并通报相关组织。涉嫌严重职务违法或者职务犯罪的，应当通知被调查人家属，并向社会公开发布。

据此规定决定立案应坚持的程序主要是：

（一）立案材料的审查。就是对初核认定的违纪违法事实分析、研究、推断是否应当追究涉嫌违纪违法人责任的过程。

（二）呈报、审核、签批、研判《立案审查呈批报告》。

（三）纪检监察机关主要负责人审批，报同级党委（党组）主要负责人批准，予以立案审查调查。

（四）召开审查调查专题会议，研究确定审查调查方案，提出需要采取的审查调查措施。

（五）立案决定的送达与通报。《中国共产党纪律检查机关案件检查工作条例实施细则》第19条规定，经批准立案的案件，承办纪检室应填写《立案决定书》，送达立案审查对象并通报同级党委组织部门和被审查人所在党委（党组）主要负责人。如有需要还可通报相关单位。

监察调查立案应填写《监察机关立案审批表》办理监察立案手续。制作《监察通知书》，按规定送达立案对象和有关机关、部门、单位等。

通知、通报的目的是为了引起相关单位的注意与重视，积极地支持、配合纪检监察机关的审查调查。

（六）依法通知涉嫌违纪违法人员亲属。对严重违纪违法涉嫌犯罪人员采取审查措施，应当在24小时内通知被审查人亲属。

（七）向社会公布。严重违纪违法涉嫌犯罪接受纪律审查与监察调查的，应当向社会公开发布。

（八）重大、复杂案件备案

是根据有关法律法规的规定设立的监察调查立案的一项制度。

《中华人民共和国监察法》第10条规定：国家监察委员会领导地方各级监察委员会的工作，上级监察委员会领导下级监察委员会的工作。

第17条第2款规定：监察机关认为所管辖的监察事项重大、复杂，需要由上级监察机关管辖的，可以报请上级监察机关管辖。

据此，承办纪检监察室应按要求填写监察机关《重要复杂案件立案备案表》，办理备案手续，向上级纪检监察机关报备。

所谓"备案"，是一种特殊的工作制度。是下级向上级执行工作事项，上级记录在案以备查考的制度。意义在于上级可以有效进行业务领导并监督、指导，支持和帮助下级排除阻力，克服困难顺利完成监察调查。

所谓"重大、复杂"是指：

（一）领导机关及其领导干部涉嫌违纪违法的案件。

（二）案情重大。涉案数额巨大、情节恶劣、后果严重、案情复杂的案件。

（三）社会影响重大。涉案人员众多，团伙或集体、单位违纪违法，在所在地区、系统、部门造成较大震动或严重不良影响的案件。

（四）具有典型性。一个时期在地区、系统、单位、部门或行业内发生的具有典型性、倾向性、代表性的案件。

八、立案与否的异同

纪检监察机关纪律审查与监察调查的全过程中立案与否，相同点在于其任务和目的都是及时、准确地查明问题的基本事实真相，以真实、可靠、确实充分的证据材料支持正确地处理案件。差异在于"立案"标志着违纪违法问题线索的调查由初核阶段转入正式审查调查的阶段，一些重大复杂、影响较大的问题线索的查核方式、措施、范围，审查调查人员的组成、规模，参与的部门等都有着明显地、重大地改变，审查调查的历程也将更加复杂、艰巨、困难。

第六节 调 查

一、概念

所谓"调查"，是对业已发生的客观事实考察从而了解并掌握其发生的原因、内在关系、规律等因素的过程。

所谓"纪律审查与监察调查的调查"是相对于其他机关对相关事项的调查，专门用于纪律审查与监察调查查核违纪违法问题的专用术语，指在初核的基础上对违纪违法问题进行更加深入、细致、完备、全面地查核，更加充分确实地收集、鉴别、运用证据材料认定问题事实、确定性质，提出处理建议的纪律审查与监察调查的活动。

调查和初核是违纪违法问题线索查核的两个阶段，区别在于规模、范围、程度和方式的不同。任务就是更加夯实正确处理问题的基础。

二、调查的特征

调查的特征与初步核实的特征基本相同：

1. 主体法定。调查的主体必须是纪检监察机关的纪律审查与监察调查部门和人员。

2. 客体法定。调查的客体必须是涉嫌违纪的党员或涉嫌职务违法犯罪的监察对象。

3. 任务法定。调查的任务就是在初核的基础上进一步查清违纪违法问题线索的事实真相，为正确处置案件提供更加确实充分可靠的事实和法律法规依据。

4. 依据法定。调查必须按照党内纪律审查的条例条规和国家监察法律法规的规范实施。

三、调查的意义

调查是整个纪律审查与监察调查活动的中心环节，对收集证据、查明事实、正确处理案件起着决定性的作用。

1. 调查是收集证据、查清事实、正解处理案件最有效的途径、唯一的手段和坚实的基础。

纪律审查与监察调查的整体质量与调查收集证据的质量紧密相联，调查人员只有通过深入细致的调查活动，才能获得确实充分的证据材料，准确地查清事实，正确地处理案件。

2. 是查明问题原因、堵塞漏洞、建章立制、警示教育、防范未然最有效的手段、措施和方式。

四、调查的任务

调查的任务就是在初核的基础上进一步查清违纪违法问题线索的事实真相，为正确处置案件提供更加确实充分可靠的事实和法律法规依据。

五、调查的准备

《中国共产党纪律检查机关监督执纪工作规则（试行）》第六章"立案审查"第27条规定：

纪检机关主要负责人批准审查方案。

纪检机关相关负责人批准成立审查组，确定审查谈话方案、外查方案，审批重要信息查询、涉案款物处置等事项。

执纪审查部门主要负责人研究提出审查谈话方案、外查方案和处置意见，审批一般信息查询，对调查取证审核把关。

《中华人民共和国监察法》第39条第2款规定：监察机关主要负责人依法批准立案后，应当主持召开专题会议，研究确定调查方案，决定需要采取的调查措施。

据此规定，涉嫌违纪违法人的违纪违法问题经批准立案后，承办部门要认真做好审查调查的准备：

（一）组织调查（审查）组

1. 根据案情及调查组是单一还是复合的形式，确定调查（审查）组长人选。要任用有担当、水平高、业务精、能力强的人担任组长，有必要时还应确定副组长或分组组长或主办人选。

2. 确定调查（审查）人员的组成并合理搭配，是单一式还是复合式。

3. 明确需要回避调查（审查）的人员。

4. 报纪检监察机关主要负责人批准调查（审查）组成立。

（二）讨论、研究、分析案情，熟悉情况

调查（审查）组组成，人员基本到位，组长要组织大家一起讨论、分析违纪违法问题线索、初核报告、相关材料，研究、判断案情，熟悉政策，统一认识，确定审查调查对策。

（三）制定调查（审查）方案，拟定调查（审查）提纲

在熟悉情况，统一认识的基础上，组长或副组长主持制定调查（审查）方案，包括谈话方案、外查方案。主要是需要查清的主要问题，实施调查（审查）的主要步骤、方法、措施、手段和基本完成时间、注意事项等。调查（审查）方案制定后要按规定呈报承办部门主要负责人和纪检监察机关主要负责人审批。调查（审查）方案的制作和具体内容我们将在文书论中专门学习。

调查（审查）方案审批确定以后，调查（审查）组长或各分组长主持制定调查（审查）提纲。调查（审查）提纲是在熟悉情况，认真讨论调查（审查）方案的基础上，集思广益形成的，是更加具体细化的调查（审查）方案，有总的提纲更要有专门的问题提纲。实践中往往要有"谈话提纲""询问提纲""审计提纲""查账提纲""相关信息查询提纲"等。

六、调查的实施

调查（审查）方案经纪检监察机关主要负责人批准后，立即实施。

1. 立案决定的宣布或送达

《中国共产党纪律检查机关监督执纪工作规则（试行）》第六章"立案审查"第30条规定：立案审查后，应当由纪检机关相关负责人与被审查人谈话，宣布立案决定，讲明党的政策和纪律，要求被审查人端正态度、配合调查。

根据案情和调查需要适时地向涉嫌违纪人和其所在单位送达、宣布立案决定，提出具体要求，明确纪律。

《中华人民共和国监察法》第39条第3款规定：立案调查决定应当向被调查人宣布，并通报相关组织。涉嫌严重职务违法或者职务犯罪的，应当通知被调查人家属，并向社会公开发布。

2. 方案的具体实施

按照《中国共产党纪律检查机关案件检查工作条例》《中国共产党纪律检查机关监督执纪工作规则（试行）》和《中华人民共和国监察法》等国家监察法律法规的规定，认真、周密地实施调查（审查）方案，全面依纪依法展开审查调查。

《中国共产党纪律检查机关监督执纪工作规则（试行）》第27条第4款规定：审查组组长应当严格执行审查方案，不得擅自更改；以书面形式报告审查进展情况，遇重要事项及时请示。

《中华人民共和国监察法》第42条规定：调查人员应当严格执行调查方案，不得随意扩大调查范围、变更调查对象和事项。

对调查过程中的重要事项，应当集体研究后按程序请示报告。

3. 实施要求

严格执行《中国共产党纪律检查机关监督执纪工作规则（试行）》和《中华人民共和国监察法》的规定。

《中国共产党纪律检查机关监督执纪工作规则（试行）》第六章"立案审查"第30条规定：审查期间对被审查人以同志相称，安排学习党章党规党纪，对照理想信念宗旨，通过深入细致的思想政治工作，促使其深刻反省、认识错误、交代问题，写出忏悔和反思材料。

审查应当充分听取被审查人陈述，保障其饮食、休息，提供医疗服务。严格禁止使用违反党章党规党纪和国家法律的手段，严禁侮辱、打骂、虐待、体罚或者变相体罚。

《中华人民共和国监察法》第 40 条第 2 款规定：严禁以威胁、引诱、欺骗及其他非法方式收集证据，严禁侮辱、打骂、虐待、体罚或者变相体罚被调查人和涉案人员。

在具体的实践中一定要做到：①坚持原则，客观全面。②严肃认真，深入细致。③合理合法，立足教育。④把握重点，掌控时机。⑤适时分析，及时报告。⑥反应迅捷，善于决断。

4. 坚持宽打窄用的原则，调查手段要宽、调查决策要严。严格审批程序和请示报告制度

《中国共产党纪律检查机关监督执纪工作规则（试行）》第六章"立案审查"第 28 条规定：审查组可以依照相关法律法规，经审批对相关人员进行调查谈话，查阅、复制有关文件资料，查询有关信息，暂扣、封存、冻结涉案款物，提请有关机关采取技术调查、限制出境等措施。

审查时间不得超过 90 日。在特殊情况下，经上一级纪检机关批准，可以延长一次，延长时间不得超过 90 日。

需要提请有关机关协助的，由案件监督管理部门统一办理手续，并随时核对情况，防止擅自扩大范围、延长时限。

《中国共产党纪律检查机关监督执纪工作规则（试行）》第六章"立案审查"第 29 条规定：审查谈话、执行审查措施、调查取证等审查事项，必须由 2 名以上执纪人员共同进行。与被审查人、重要涉案人员谈话，重要的外查取证，暂扣、封存涉案款物，应当以本机关人员为主，确需借调人员参与的，一般安排从事辅助性工作。

《中国共产党纪律检查机关监督执纪工作规则（试行）》第六章"立案审查"第 31 条规定：外查工作必须严格按照外查方案执行，不得随意扩大调查范围、变更调查对象和事项，重要事项应当及时请示报告。

外查工作期间，执纪人员不得个人单独接触任何涉案人员及其特定关系人，不得擅自采取调查措施，不得从事与外查事项无关的活动。

《中国共产党纪律检查机关监督执纪工作规则（试行）》第六章"立案审查"第 33 条规定：暂扣、封存、冻结、移交涉案款物，应当严格履行审批手续。

执行暂扣、封存措施，执纪人员应当会同原款物持有人或者保管人、见证人，当面逐一拍照、登记、编号，现场填写登记表，由在场人员签名。对

价值不明物品应当及时鉴定，专门封存保管。

纪检机关应当设立专用账户、专门场所，确定专门人员保管涉案款物，严格履行交接、调取手续，定期对账核实。严禁私自占有、处置涉案款物及其孳息。

《中国共产党纪律检查机关监督执纪工作规则（试行）》第六章"立案审查"第34条规定：审查谈话、重要的调查谈话和暂扣、封存涉案款物等调查取证环节应当全程录音录像。录音录像资料由案件监督管理部门和审查组分别保管，定期核查。

《中国共产党纪律检查机关监督执纪工作规则（试行）》第六章"立案审查"第35条规定：未经批准并办理相关手续，不得将被审查人或者其他谈话调查对象带离规定的谈话场所，不得在未配置监控设备的场所进行审查谈话或者重要的调查谈话，不得在谈话期间关闭录音录像设备。

《中国共产党纪律检查机关监督执纪工作规则（试行）》第六章"立案审查"第36条规定：执纪审查部门主要负责人、分管领导应当定期检查审查期间的录音录像、谈话笔录、涉案款物登记表，发现问题及时纠正并报告。

《中华人民共和国监察法》第25条规定：监察机关在调查过程中，可以调取、查封、扣押用以证明被调查人涉嫌违法犯罪的财物、文件和电子数据等信息。采取调取、查封、扣押措施，应当收集原物原件，会同持有人或者保管人、见证人，当面逐一拍照、登记、编号，开列清单，由在场人员当场核对、签名，并将清单副本交财物、文件的持有人或者保管人。

对调取、查封、扣押的财物、文件，监察机关应当设立专用账户、专门场所，确定专门人员妥善保管，严格履行交接、调取手续，定期对账核实，不得毁损或者用于其他目的。对价值不明物品应当及时鉴定，专门封存保管。

查封、扣押的财物、文件经查明与案件无关的，应当在查明后三日内解除查封、扣押，予以退还。

七、调查的终结

（一）概念

调查的终结是指纪律审查或监察调查人员调查取证任务基本结束，对全案全部证据材料作全面地综合地讨论分析、研究判断，认定案件事实、确定问题性质、提出处理建议的活动。调查的终结既是调查活动总结提高的过程，也是案件移送的准备过程。

（二）讨论、分析材料

对证据材料的讨论、分析，就是综合地研判案情。是调查（审查）组根据调查材料与问题事实的内在关联，综合分析，确定案件结论的活动。包括审核材料、鉴别证据两个步骤。

1. 审核材料

目的就是查漏补缺。主要是分析、检讨：一是全部问题是否均照调查（审查）方案和调查提纲的要求完成了取证任务，有无疏忽和遗漏；二是获取的证据是否确实、充分、可靠；三是程序是否合法，手续是否完备。

2. 鉴别证据

就是耐心细致审核证据材料的取得是否符合证据规则。

（三）集体审议、确定案件性质

集体审议、确定案件性质是指调查（审查）组经过审核材料和鉴别证据后，召集全体审查人员进行集体审议，充分发扬民主，讨论认定违纪违法事实，确定性质，划分责任的活动。第一，认定调查（审查）事实是否清楚，证据是否确实充分；第二，根据认定的事实，按照纪律条规、法律法规确定案件性质或涉案人员的违纪违法性质；第三，明确责任，就是将所有涉嫌违纪违法人员或有关人员的责任区划的清楚明确。

（四）提出处理意见

就是调查（审查）组根据集体审议认定的事实、性质、责任，按照规定对全案和每个责任人员的违纪违法性质、如何处理提出建议的活动。

（五）拟定违纪或违法事实材料

调查（审查）组根据调查（审查）认定的违纪违法事实，指定专人起草拟定涉嫌违纪违法人的《违纪（违法）事实材料》，经修改审定后与本人见面，听取意见。

《中国共产党纪律检查机关监督执纪工作规则（试行）》第六章"立案审查"第37条规定：查明违纪事实后，审查组应当撰写违纪事实材料，与被审查人见面，听取意见。要求被审查人在违纪事实材料上签署意见，对签署不同意见或者拒不签署意见的，审查组应当作出说明或者注明情况。

（六）撰写调查（审查）报告、报审

《中国共产党纪律检查机关案件检查工作条例》第34条规定，调查取证基本结束后，调查组应经过集体讨论，写出调查报告。

《中国共产党纪律检查机关监督执纪工作规则（试行）》第六章"立案审查"第37条第2款规定：审查工作结束，审查组应当集体讨论，形成审查报告，列明被审查人基本情况、问题线索来源及审查依据、审查过程、主要违纪事实、被审查人的态度和认识、处理建议及党纪依据，并由审查组组长及有关人员签名。

审查组根据认定的事实、性质、责任、处理建议，指定专人起草撰写案件审查报告。

所谓"调查（审查）报告"，是调查（审查）组向纪检监察机关正式汇报认定违纪违法人员、违纪违法行为的事实叙述及处理建议的文字材料，是综合反映调查（审查）事实情况的法定文书。

在纪律审查与监察调查实践中撰写调查（审查）报告的过程是一个往返重复多次审议认真讨论的过程。

调查（审查）报告形成后，应按规定呈送审议和审批。

《中国共产党纪律检查机关监督执纪工作规则（试行）》第六章"立案审查"第37条第3款规定：对执纪审查过程中发现的重要问题和意见建议，应当形成专题报告。

（七）调查的善后

所谓调查的善后，是指调查（审查）组于调查终结后按照规定总结提高、通报调查（审查）情况、听取意见、指出问题、堵塞漏洞、警示教育、防范未然的活动。

1. 通报情况，听取意见

按照规定，通报情况，听取意见，分两种情况，分别进行。

一是《中国共产党纪律检查机关案件检查工作条例》第34条第3款规定：调查组应将调查（审查）报告的主要内容向被调查人所在单位党组织通报，并征求意见。

据此，审查终结后，调查（审查）组应经批准向发案单位党组织通报调查（审查）情况，征求发案单位党组织的意见，及时报告。

二是按照《中国共产党纪律检查机关案件检查工作条例实施细则》第37条的规定：对署真实姓名的检举人，调查（审查）结束后，调查（审查）组应向其口头通报所检举问题的结果，并征求意见。对案情需要保密的，应要求检举人不得泄密或扩散。

2. 总结经验，提高能力

《中国共产党纪律检查机关案件检查工作条例》第 38 条规定：调查结束后，调查组要总结工作，并应协助发案单位党组织总结经验教训。

违纪违法问题调查（审查）终结后，承办纪检监察室应组织调查（审查）组认真总结调查（审查）过程中的经验，推广发扬；找出不足，吸取教训，警示后人。做到审查终结，队伍有锻炼、人员有长进、经验有积累、水平有提高、能力有增强，提升办案队伍整体素养。

3. 分析问题发生的原因，协助发案单位党组织总结经验教训

在实践中要坚持与发案单位一起查找发案原因，发现体制、机制和制度上的疏漏，有的放矢、举一反三、立行立改、建章立制，增强防范意识，不能让同一块石头再绊倒人，不能再发生类似的问题。

4. 失实或不需要追究纪律和法律责任的案件要及时销案

《中国共产党纪律检查机关案件检查工作条例实施细则》第 38 条规定：经调查，属于检举失实的案件，由承办纪检室写出《销案呈批报告》，报请立案机关批准后销案，并向被调查人及其所在单位党组织说明情况。

《中华人民共和国监察法》第五章"监察程序"第 45 条第 2 款规定：监察机关经调查，对没有证据证明被调查人存在违法犯罪行为的，应当撤销案件，并通知被调查人所在单位。

在纪律审查与监察调查实践中，有的违纪违法问题线索经调查并未失实，但不必追究纪律法律责任，需做其他处理的也应办理销案手续。

对这一类案件，承办纪检监察室更应当认真总结，找出原因，提高分析判断能力，把好初核关，条件不具备、基础工作不扎实，就不能立案，避免立案不准的情形，坚持可立可不立的坚决不立。

第七节　违纪（违法）事实的见面

一、概念

纪检监察机关纪律审查与监察调查违纪（违法）事实的见面是纪律审查与监察调查的法定程序。是指调查（审查）终结后，调查（审查）组将审查认定的涉嫌违纪违法人的违纪违法事实、性质、责任的文字叙述材料与涉嫌

违纪违法人见面听取其申辩、意见，并进行说明、修改、修订的活动。是必须严格遵循的程序。

《中国共产党纪律检查机关案件检查工作条例》第 33 条规定：调查组应将所认定的错误事实写成错误事实材料与被调查人进行核对。对被调查人的合理意见应予采纳，必要时还应作补充调查；对不合理的意见，应写出有事实根据的说明。

《中国共产党纪律检查机关监督执纪工作规则（试行）》第六章"立案审查"第 37 条规定：查明违纪事实后，审查组应当撰写违纪事实材料，与被审查人见面，听取意见。要求被审查人在违纪事实材料上签署意见，对签署不同意见或者拒不签署意见的，审查组应当作出说明或者注明情况。

所谓"违纪（违法）事实材料"，是违纪违法问题调查（审查）组认定违纪违法人员违纪违法行为的时间、空间、动机、手段、情节、后果、责任等的事实叙述材料。是纪检监察机关法定的规范性文书。

二、意义

纪律审查与监察调查违纪违法事实的见面的意义：一是使审查组能够更加全面客观地了解案件事实，更加客观公正地认识案情，处理案情。二是党内和国家民主精神的具体体现，充分尊重保障党员和监察对象民主权利和合法权益的实现，有力有效地保障党员和监察对象权利的措施。三是党员、监察对象充分行使申辩权申诉意见的绝佳时机，也是调查（审查）组发现问题纠正问题的时机。四是真正发挥了严肃纪律严格执纪执法的效用。

三、程序

1. 严格的见面程序规定，必须两人以上

《中国共产党纪律检查机关案件检查工作条例实施细则》第 35 条第 2 款规定：错误事实材料与被调查人见面，应由二名以上调查人员进行，必要时可请被调查人所在单位党组织负责人参加。

2. 严格的见面手续，应当签署意见

《中国共产党纪律检查机关案件检查工作条例》第 33 条第 2 款规定：被调查人应在错误事实材料上签署意见。对拒不签署意见的，由调查组在错误事实材料上注明。

四、申辩

（一）概念

纪律审查与监察调查中的申辩，是指涉嫌违纪违法人对调查（审查）组与自己见面的调查（审查）认定的违纪违法事实、性质、责任等，依据纪律规定和法律法规，提出意见，申述事实，辩解理由，维护自身权益的活动。法律法规和党章、党内法规授予党员和监察对象的民主权利和合法权益，任何人不得剥夺或限制。

（二）申辩的意义

1. 是保障党员干部、监察对象民主权利、合法权益原则的实现和具体措施。

2. 有利于调查（审查）组全面地了解和把握案情，防止主观性和片面性。

3. 有利于维护涉嫌违纪违法人的合法权益，防止冤案、假案、错案。

4. 有利于教育涉嫌违纪违法人接受教育，认识问题，纠正问题，配合组织做好有关工作。

（三）申辩的方式和理由

1. 申辩的方式

纪律审查与监察调查的申辩方式有两种，口头方式或书面方式。

2. 申辩的理由

纪律审查与监察调查的申辩不外乎下列几种：

（1）否定或部分否定审查与调查认定的违纪或违法事实，要求重新审查调查或者进一步审查调查。

（2）对认定违纪或违法事实的证据材料提出异议，要求重新或进一步取证。

（3）对认定的违纪或违法性质提出异议，认为应重新审查调查确定性质。

（4）不认可审查调查认定的责任区划，要求重新区划责任。

（5）对调查（审查）组认定性质、区划责任的依据提出异议，要求按照另外的依据来认定、区划。

（6）对措词、用语提出异议，提出修正。

（7）对调查（审查）组或审查调查人员的审查调查行为提出质疑或揭发，质疑审查调查的公正性或客观性。

（四）申辩的特征

申辩的特征是：

1. 申辩的主体只能是涉嫌违纪违法人，不会是他人。

2. 申辩只能以事实为依据，以纪律条规或法律法规为准绳进行，不得歪曲事实或曲解条规或法律法规。

3. 申辩贯穿于纪律审查与监察调查的全过程，始终要得到认真地落实和执行。

（五）申辩人的权利与义务

申辩人的权利始终要得到有效的保障。

1. 依法申辩，不受任何人或组织的干涉、抑制、影响。

2. 有权知悉审查调查认定的事实并提出辩解，对自己已经陈述的问题，有权提出补充或修正或要求调查（审查）组重新审查调查认证。

3. 有权提供有利于自己的证据线索或证据材料，要求审查调查认证。

4. 有权提出重新审查认证或鉴定证据材料。

申辩人的义务是党纪条规和法律法规予以规定的，应当认真遵守。

1. 申辩以事实为依据，以纪律条规和法律法规为准绳进行，不得歪曲事实或曲解条规。

2. 正确对待和接受纪律审查与监察调查，如实回答或陈述问题，不得干扰和妨碍案件的正常审查调查。

3. 保守秘密，澄清问题涉及保密事项，必须履行保密制度的手续，不得借故泄密或随意传播。涉及个人隐私，不得借故张扬或扩散。

4. 按规定办理相关手续签署姓名或意见。

五、撰写意见说明

《党章》第 43 条、《中国共产党党员权利保障条例》第 22 条、《中国共产党纪律检查机关案件检查工作条例》第 33 条、《中国共产党纪律检查机关案件检查工作条例实施细则》第 35 条和《中国共产党纪律检查机关监督执纪工作规则（试行）》第 37 条的规定都明确违纪事实材料应当同涉嫌违纪人见面核对，认真听取其意见，对符合事实的、合乎情理的应予采纳，修改事实材料；对不予采纳的意见，应根据审查调查事实作出有理有据的说明。

据此，调查（审查）组违纪（违法）事实材料与涉嫌违纪违法人见面时，要严格遵照规定，认真、耐心、细致地听取其意见或申辩，不管是口头还是书面申辩都要认真记录在案，认真地讨论研究，正确的符合事实的应予采纳，修改违纪（违法）事实材料；不予采纳的要做出有理有据的说明。

第八节　调查结果的集体审议

一、概念

调查结果的集体审议是指调查（审查）终结后承办纪检监察室听取调查（审查）组调查审查情况和见面情况的汇报，审议调查（审查）报告、见面材料认定的事实、性质、责任和处理建议的活动。

二、审议程序

由分管领导参加、纪检监察室负责人主持室务会听取调查（审查）组长或主办人的详细汇报，讨论审议，对照纪律条规或法律法规研究判定审查调查认定的事实、性质、责任、建议是否准确适当，讨论和提出集体审议意见。

三、提出意见

承办纪检监察室根据集体审议的情况，起草室务会意见。这个意见既可能同意调查（审查）组的意见，也可能否决其意见，或部分同意，另外提出室务会审议的意见。

四、呈报审核

室务会意见起草、修改、审定后，由室负责人签署意见呈送分管领导或主管领导等审核批准，调查（审查）组整理案卷，拟办有关手续，以备移送。

《中国共产党纪律检查机关监督执纪工作规则（试行）》第六章"立案审查"第38条第2款规定：审查全过程形成的材料应当案结卷成、事毕归档。

第九节　移送

一、概念

纪律审查与监察调查的移送是指违纪违法问题调查（审查）终结后，审查与调查部门经批准或领导决定向有关部门、机关、单位移送案件的活动。

二、种类

纪律审查与监察调查的移送在实践中一般有三种情形：

第一是内部移送，即移送审理。就是审查与调查部门向案件审理部门移送。

第二是外部移送，即移送司法处理。就是审查终结的案件不仅涉嫌违纪违法，还涉嫌触犯刑律，可能构成犯罪。经纪检监察机关研究决定，移送司法机关依法处理的活动。

《中国共产党纪律处分条例》第 29 条规定：党组织在纪律审查中发现党员严重违纪涉嫌犯罪的，原则上先作出党纪处分决定，并按照规定予以政务处分后，再移送有关国家机关依法处理。

《中国共产党纪律检查机关监督执纪工作规则（试行）》第 42 条规定：被审查人涉嫌犯罪的，应当由案件监督管理部门协调办理移送司法机关事宜。执纪审查部门应当在通知司法机关之日起 7 个工作日内，完成移送工作。

案件移送司法机关后，执纪审查部门应当跟踪了解处置情况，发现问题及时报告，不得违规过问、干预处置工作。

第三是移送主管单位处理。是指审查终结后，经纪检监察机关集体研究认为由主管单位处理比较合适，决定移送主管单位处理的情形。既可能是具有隶属关系的下级机关，也可能是互不隶属的有关单位。

《中国共产党纪律检查机关监督执纪工作规则（试行）》第 42 条第 3 款规定：审理工作完成后，对涉及的其他党员、干部问题线索，经批准应当及时移送有关纪检机关处置。

《中国共产党纪律检查机关监督执纪工作规则（试行）》第 43 条规定：对被审查人违纪所得款物，应当依规依纪予以没收、追缴、责令退赔或者登记上交。

对涉嫌犯罪所得款物，应当随案移送司法机关。

对经认定不属于违纪所得的，应当在案件审结后依纪依法予以返还，办理签收手续。

我们这里要讲的是纪检监察机关内部的移送审理。

三、移送审理的意义

移送审理是纪检监察机关纪律审查与监察调查的重要环节。是纪律审查与监察调查由调查阶段转向审理阶段的过渡性环节，是案件审查调查的终结，案件审理的启动，具有承前启后的重要作用。其重要意义在于：一者纪检监察室通过案卷的整理，使案件材料更加体系化、完整化，有利于更加严格地对照规定审核调查阶段的工作质量，总结经验，提高工作水平。二者通过移送审理，及时发现问题纠正问题，更加有利于保障党员干部的民主权利和合法权益，保证案件调查的质量。

四、移送审理的条件

《中国共产党纪律检查机关案件检查工作条例》第 40 条规定：凡属立案调查需追究党纪责任的案件，调查终结后，都要移送审理。

《中国共产党纪律检查机关监督执纪工作规则（试行）》第 38 条规定：审查报告以及忏悔反思材料、违纪事实材料、涉案款物报告，应当报纪检机关主要负责人批准，连同全部证据和程序材料，依照规定移送审理。

据此规定，移送审理的条件，第一是经过批准正式立案审查调查的案件；第二是调查终结的案件；第三是案件事实清楚、认定事实的证据确凿；第四是应当追究纪律或法律责任。这是尺度，这些条件相互依存、缺一不可。

五、移送审理的准备

《中国共产党纪律检查机关监督执纪工作规则（试行）》第六章"立案审查"第 38 条第 2 款规定：审查全过程形成的材料应当案结卷成、事毕归档。

移送审理的准备就是按照规定：一要整理案件材料，装订成册，编制目录，分类归卷；二要查漏补缺，完善不足。

六、移送审理的审议（审批）

移送审理的审议是指案件调查终结后，承办纪检监察室和分管领导或相关人员、领导分别审核、审查案件调查情况的活动。符合移送条件的办理移送；不符合的，补充调查；不需要纪律追究的，做出相应处理结案；不构成违纪的，经批准销案。

七、移送审理的材料

移送审理的材料是指纪检监察室按照规定应当向案件审理部门移交的材料。根据《中国共产党纪律检查机关案件检查工作条例》第 41 条规定，移送审理的材料是：

（一）分管领导同意移送审理的批示；

（二）立案依据；

（三）调查报告和承办纪检室的意见；

（四）全部证据材料；

（五）与被调查人见面的错误事实材料；

（六）被调查人对错误事实材料的书面意见和检讨材料；

（七）调查组对被调查人意见的说明。

《中国共产党纪律检查机关案件检查工作条例实施细则》第 42 条明确"立案依据"包括：

1. 检举材料；

2. 有关领导关于进行初步核实的批示；

3. 初步核实情况报告；

4. 立案呈批报告；

5.《立案决定书》和其他批准立案的材料。

《中国共产党纪律检查机关案件检查工作条例实施细则》第 43 条明确《条例》第 41 条所称"全部证据材料"，既包括对所调查的问题认定的证据材料，也包括对所调查的问题否定的证据材料。

八、移送审理的程序和手续

移送审理的程序和手续是指移送履行的程序和要办理的手续。程序主要就是呈送报批和移送交接。按照规定应办理的手续主要集中在移送交接的环节。

（一）填写《案件移送审理登记表》

《中国共产党纪律检查机关案件检查工作条例实施细则》第 41 条明确，纪检室在向审理室移送案件材料时，应填写《案件移送审理登记表》。

《案件移送审理登记表》填写内容主要是：

1. 移送案件的名称。应当写明涉嫌违纪的主体和主要违纪事实。

2. 涉嫌违纪人的主要自然状况。

3. 立案机关和立案时间。立案机关应填决定立案的机关，时间是决定的时间。

4. 材料目录，是填写的重点内容。应按规定顺序填写清楚，证据材料填清编号，应按调查报告中认定或否定问题的顺序编号。

5. 移送单位、移送人、移送时间。

6. 接收单位、接收人、接收时间。

（二）移送审理的初步审核。

案件审理室专人对移送的案卷作初步的审核。

（三）办理交接手续。

案件审理室初步审核后认为基本符合移送审理条件的，正式办理交接手续，由接收人签字接收。接收人签字接收标志着纪律审查与监察调查由审查调查阶段正式转入审理阶段，也标志着案件移送活动的终结。

第十节　回　避

一、概念

"回避"一词在汉语语境中多义，用法较多。旧时主要表示，一是对事的一种心态或行为方式，避忌、顾忌，躲避、避让；二是对人的一种礼仪，上下尊卑回避，如避讳、遇尊长须避开以示恭敬，男女的回避如非至亲男女避不见面等。

随着社会的发展，"回避"延伸衍生为官场、科举、司法的亲族防弊的制度。现代司法制度中"回避"是一项重要原则。

纪检监察机关纪律审查与监察调查的"回避"，是指所审查问题涉及亲属、利害关系或其他关系，可能影响客观、公正审查、处理问题的人员不得参与该问题查处活动的法定原则制度。

二、意义

纪律审查与监察调查回避的意义在于：

1. 从程序上严格有效地防止徇私舞弊、袒护、包庇、放纵或者打击报复、陷害等问题的发生。

2. 使涉嫌违纪违法人处于一个客观公正的审查调查取证环境，民主权利和合法权益受到保障。

3. 又能使纪检监察机关和纪律审查与监察调查人员避开嫌疑，客观公正地审查处理涉嫌违纪人员或问题。

4. 更是保护纪律审查与监察调查人员不出问题、少出问题的有效措施和强力手段。

三、回避主体

回避的主体就是指回避的制度适用于谁，谁应该回避。

纪律审查与监察调查回避的主体就是担负纪律审查与监察调查任务的审查调查取证和有关办理人员。包括：

1. 纪检监察机关的纪律审查与监察调查人员，既包括纪律审查与监察调查人员，又包括纪检监察机关的负责人员。

2. 参与纪律审查与监察调查事项的其他人员。

3. 参与纪律审查与监察调查事项的专门技术人员、文字或者语言翻译人员、专门事项的鉴定人员。

四、回避条件

回避的条件是纪律审查与监察调查人员应当回避的因素或现实情形。

《中国共产党纪律检查机关案件检查工作条例》第 46 条规定办案人员有下列情形之一的，应当自行回避，被调查人、检举人及其他与案件有关的人员也有权要求回避：

（一）是本案被调查人的近亲属；

（二）是本案的检举人、主要证人；

（三）本人或近亲属与本案有利害关系的；

（四）与本案有其他关系，可能影响公正查处案件的。

《中国共产党纪律检查机关监督执纪工作规则（试行）》第 47 条规定：严格执行回避制度。审查审理人员是被审查人或者检举人近亲属、主要证人、利害关系人，或者存在其他可能影响公正审查审理情形的，不得参与相关审查审理工作,应当主动申请回避,被审查人、检举人及其他有关人员也有权要求其回避。选用借调人员、看护人员、审查场所,应当严格执行回避制度。

《中华人民共和国监察法》第七章"对监察机关和监察人员的监督"第58条规定:办理监察事项的监察人员有下列情形之一的,应当自行回避,监察对象、检举人及其他有关人员也有权要求其回避:

(一)是监察对象或者检举人的近亲属的;

(二)担任过本案的证人的;

(三)本人或者其近亲属与办理的监察事项有利害关系的;

(四)有可能影响监察事项公正处理的其他情形的。

五、回避方式

回避方式是指回避程序启动的形式。主要有三种:

(一)自行回避

《中国共产党纪律检查机关案件检查工作条例》《中国共产党纪律检查机关监督执纪工作规则(试行)》等党纪条规和《中华人民共和国监察法》规定:纪律审查与监察调查人员具有法定回避因素的应当自行回避。

自行回避是指纪律审查与监察调查人员知道自己应当回避时,自觉主动地提出申请,要求回避的方式。

(二)申请回避

申请回避是指涉嫌违纪违法人或利害关系人认为应当回避的人没有回避时,按照规定向纪检监察机关申请其回避的方式。

申请回避的程序规定是保障党员干部和监察对象民主权利和合法权益办案原则的制度保证。

(三)指令回避

指令回避是指具有回避因素的纪律审查与监察调查人员既未自行回避又未被申请回避,纪检监察机关或负责人直接决定其回避,告知或责令其回避的方式。

六、回避的决定

《中国共产党纪律检查机关案件检查工作条例》第46条第2款规定:办案人员的回避,由纪检机关有关负责人决定。

《中国共产党纪律检查机关案件检查工作条例实施细则》第 50 条第 2 款规定：纪检室负责人的回避，由纪检机关负责人决定；其他办案人员的回避，由纪检室负责人决定。

相关法律法规也做了相应的规定。

根据规定，无论是自行回避还是申请回避必须经批准后才能实施。

七、正确认识和执行回避规定

《中国共产党纪律检查机关案件检查工作条例》第 46 条第 3 款规定：对办案人员的回避作出决定前，办案人员不停止对案件的调查。

纪律审查与监察调查实践中总会出现个别不遵守回避制度的现象，有的认为自行回避就是自己决定回避，不经批准就擅自回避停止工作；有的应当回避却不回避，被申请回避还想不通，情绪化严重，甚至影响工作的正常进行。这都是法律意识和自律意识淡漠的表现，是违反纪律法律的行径，应当注意克服。

在办案实践中我们时常会遇到中途换人的问题，有时是在初核、审查调查的初期；有时是审查调查的相持阶段；有时是审查调查即将结束之时。对此，有的同志不明白，不理解，想不通，有怨气，有情绪，甚至影响了同志间的个人感情和团结。面对当今社会形态多元、复杂，人际关系复杂、多变，执纪执法环境不善、不良、不公，反腐败形势严峻、复杂、艰巨、长期的特点，要正确理解回避的原则，真正理解和领会回避制度的意义与作用，以良好的心态平和地对待回避。实际上在做出这些决策时领导是很难的，体现了领导的良苦用心，甚至只能去做而不能言传，深涵着政治的考量、审查技术的补救、相互力量较量的防卫，相持阶段的智慧的较量，队伍的保护，适时的回避，等等。我们要用心去体会、体察，避免出现不该出现的问题，造成政治上的被动或不良影响。

八、回避的责任

回避的责任是指不遵守回避制度造成损失或影响应承担的责任。

按照《中华人民共和国监察法》《中国共产党纪律检查机关案件检查工作条例》及《中国共产党纪律检查机关案件检查工作条例实施细则》等有关法律法规的规定，办案人员违反规定，应查明情况，追究责任。

不执行回避决定的应批评教育，采取组织措施责令回避。应回避而不回避，隐瞒事实，甚至包庇、袒护或者打击报复、陷害涉嫌违纪人的，应当给予纪律处分。情节严重，影响恶劣，触犯刑法的要严肃追究其法律责任。

《中华人民共和国监察法》第 65 条规定：监察机关及其工作人员有下列行为之一的，对负有责任的领导人员和直接责任人员依法给予处理：（九）其他滥用职权、玩忽职守、徇私舞弊的行为。

第 66 条规定：违反本法规定，构成犯罪的，依法追究刑事责任。

第十一节　监督管理

十八大以来，在以习近平同志为核心的党中央的坚强领导下，中央纪委和各级纪检监察机关坚决贯彻党中央决策部署，转职能转方式转作风，以创新精神推动纪检监察体制改革，完善党和国家监督体系，强化自我监督，自觉接受党内监督和社会监督。要领好班子、带好队伍，坚持打铁还需自身硬，培养严实深细作风，以坚定的理想信念和铁的纪律，建设忠诚于党的事业的干部队伍。

十八大以来，中央纪委和各级纪检监察机关树立起忠诚干净担当的价值导向，忠诚履职尽责，做到了无私无畏、敢于担当，把纪委的权力关进制度笼子，回应党内关切和群众期盼。严明审查纪律，开展"一案双查"，坚决清理门户，对执纪违纪的坚决查处、失职失责的严肃问责、不适合从事纪检监察工作的坚决调离，建设忠诚干净担当的队伍。

习近平总书记在党的十九大报告中强调要："健全党和国家监督体系，增强党自我净化能力，根本靠强化党的自我监督和群众监督。要加强对权力运行的制约和监督，让人民监督权力，让权力在阳光下运行，把权力关进制度的笼子。强化自上而下的组织监督，改进自下而上的民主监督，发挥同级相互监督作用，加强对党员领导干部的日常管理监督。"

习近平总书记在十九届中纪委二次全会指出，纪检机关必须坚守职责定位，强化监督、铁面执纪、严肃问责。执纪者必先守纪，律人者必先律己。各级纪检监察机关要以更高的标准、更严的纪律要求自己，提高自身免疫力。广大纪检监察干部要做到忠诚坚定、担当尽责、遵纪守法、清正廉洁，确保党和人民赋予的权力不被滥用、惩恶扬善的利剑永不蒙尘。

十九届中纪委二次全会要求，各级纪检监察机关和广大纪检监察干部要重整行装再出发，坚持打铁必须自身硬。始终做到忠诚坚定、担当尽责、遵纪守法、清正廉洁，始终坚持人民立场、秉持高尚情怀，始终坚持实事求是、求真务实、忠于职守、认真履职。要增强居安思危的忧患意识、许党许国的担当精神，提高履职能力，强化自我监督和自我约束，保持做好新时代纪检监察工作的定力、耐力、活力，保持工作、政策、措施的连续性稳定性前瞻性，认真履行好党和人民赋予的光荣使命，确保党和人民赋予的权力不被滥用、惩恶扬善的利剑永不蒙尘。因此，各级纪检监察机关和广大纪检监察干部，一定要强化自我监督和自我约束，严格地遵守《中国共产党纪律检查机关监督执纪工作规则（试行）》和《中华人民共和国监察法》对纪检监察机关和纪检监察人员监督管理的规定。

《中国共产党纪律检查机关监督执纪工作规则（试行）》第八章"监督管理"的具体规定是：

第45条 纪检机关应当严格依照《中国共产党党内监督条例》，强化自我监督，健全内控机制，并自觉接受党内监督、社会监督、群众监督，确保权力受到严格约束。

纪检机关应当严格干部准入制度，严把政治安全关，监督执纪人员必须对党忠诚、忠于职守、敢于担当、严守纪律，具备履行职责的基本条件。

纪检机关应当加强对监督执纪工作的领导，严格教育、管理、监督，切实履行自身建设主体责任。

审查组应当设立临时党支部，加强对审查组成员的教育监督，开展政策理论学习，做好思想政治工作，及时发现问题、进行批评纠正，发挥战斗堡垒作用。

第46条 对纪检干部打听案情、过问案件、说情干预的，受请托人应当向审查组组长、执纪审查部门主要负责人报告并登记备案。

发现审查组成员未经批准接触被审查人、涉案人员及其特定关系人，或者存在交往情形的，应当及时向审查组组长、执纪审查部门主要负责人直至纪检机关主要负责人报告并登记备案。

第48条 审查组需要借调人员的，一般应从审查人才库抽选，由纪检机关组织部门办理手续，实行一案一借，不得连续多次借调。加强对借调人员的管理监督，借调结束后由审查组写出鉴定。借调单位和领导干部不得干预借调人员岗位调整、职务晋升等事项。

第49条　严格执行保密制度，控制审查工作事项知悉范围和时间，不准私自留存、隐匿、查阅、摘抄、复制、携带问题线索和涉案资料，严禁泄露审查工作情况。

审查组成员工作期间，应当使用专用手机、电脑、电子设备和存储介质，实行编号管理，审查工作结束后收回检查。

汇报案情、传递审查材料应当使用加密设施，携带案卷材料应当专人专车、卷不离身。

第50条　纪检机关涉及监督执纪秘密人员离岗离职后，应当遵守脱密期管理规定，严格履行保密义务，不得泄露相关秘密。

第53条　对纪检干部越权接触相关地区、部门、单位党委（党组）负责人，私存线索、跑风漏气、违反安全保密规定，接受请托、干预审查、以案谋私、办人情案，以违规违法方式收集证据，截留挪用、侵占私分涉案款物，接受宴请和财物等违纪行为，依照《中国共产党纪律处分条例》严肃处理。

第54条　开展"一案双查"，对审查结束后发现立案依据不充分或者失实，案件处置出现重大失误，纪检干部严重违纪的，既追究直接责任，还应当严肃追究有关领导人员责任。

《中华人民共和国监察法》第七章"对监察机关和监察人员监督"的具体规定是：

第54条　监察机关应当依法公开监察工作信息，接受民主监督、社会监督、舆论监督。

第55条　监察机关通过设立内部专门的监督机构等方式，加强对监察人员执行职务和遵守法律情况的监督，建设忠诚、干净、担当的监察队伍。

第56条　监察人员必须模范遵守宪法和法律，忠于职守、秉公执法，清正廉洁、保守秘密；必须具有良好的政治素质，熟悉监察业务，具备运用法律、法规、政策和调查取证等能力，自觉接受监督。

第57条　对于监察人员打听案情、过问案件、说情干预的，办理监察事项的监察人员应当及时报告。有关情况应当登记备案。

发现办理监察事项的监察人员未经批准接触被调查人、涉案人员及其特定关系人，或者存在交往情形的，知情人应当及时报告。有关情况应当登记备案。

第59条　监察机关涉密人员离岗离职后，应当遵守脱密期管理规定，严格履行保密义务，不得泄露相关秘密。

监察人员辞职、退休三年内，不得从事与监察和司法工作相关联且可能发生利益冲突的职业。

第60条 监察机关及其工作人员有下列行为之一的，被调查人及其近亲属有权向该机关申诉：

（一）留置法定期限届满，不予以解除的；

（二）查封、扣押、冻结与案件无关的财物的；

（三）应当解除查封、扣押、冻结措施而不解除的；

（四）贪污、挪用、私分、调换以及违反规定使用查封、扣押、冻结的财物的；

（五）其他违反法律法规、侵害被调查人合法权益的行为。

受理申诉的监察机关应当在受理申诉之日起一个月内作出处理决定。申诉人对处理决定不服的，可以在收到处理决定之日起一个月内向上一级监察机关申请复查，上一级监察机关应当在收到复查申请之日起二个月内作出处理决定，情况属实的，及时予以纠正。

第61条 对调查工作结束后发现立案依据不充分或者失实，案件处置出现重大失误，监察人员严重违法的，应当追究负有责任的领导人员和直接责任人员的责任。

《中华人民共和国监察法》第八章"法律责任"还规定了监察机关及其工作人员应当承担的法律责任。具体规定是：

第65条 有下列行为之一的，对负有责任的领导人员和直接责任人员依法给予处理：

（一）未经批准、授权处置问题线索，发现重大案情隐瞒不报，或者私自留存、处理涉案材料的；

（二）利用职权或者职务上的影响干预调查工作、以案谋私的；

（三）违法窃取、泄露调查工作信息，或者泄露举报事项、举报受理情况以及举报人信息的；

（四）对被调查人或者涉案人员逼供、诱供，或者侮辱、打骂、虐待、体罚或者变相体罚的；

（五）违反规定处置查封、扣押、冻结的财物的；

（六）违反规定发生办案安全事故，或者发生安全事故后隐瞒不报、报告失实、处置不当的；

（七）违反规定采取留置措施的；

（八）违反规定限制他人出境，或者不按规定解除出境限制的；

（九）其他滥用职权、玩忽职守、徇私舞弊的行为。

第 66 条　违反本法规定，构成犯罪的，依法追究刑事责任。

第 67 条　监察机关及其工作人员行使职权，侵犯公民、法人和其他组织的合法权益造成损害的，依法给予国家赔偿。

第十二节　实践中应当注意的事项

这一部分，谈谈纪律审查与监察调查实践中履行程序方面经常遇到的问题或差错。这些问题在实践中是边纠边犯或者常纠常犯，屡纠屡犯。所以要予以特别的注意，避免差错。

一、受理登记时应注意的问题

（一）按照《中国共产党纪律检查机关案件检查工作条例实施细则》第 6 条第 2 款的规定："上述领导交办的反映党员和党组织的违纪问题，必须经分管纪检室领导阅批后，才予以受理。"实际工作中一定注意掌握好这个尺度，上级或领导交办的案件线索，必须经分管领导阅批后受理。不要因为疏忽引起不必要的误解，贻误工作。

（二）在实际工作中应当注意，收到信访举报件，未必就是收到违纪问题线索，一定要认真筛选，按线索构成的要素来确定。登记受理时不能用信件阅办程序替代违纪问题线索的登记受理程序。这一点在基层或部门、企事业单位更要特别注意。

二、初核中应注意的事项

（一）应将受理登记和初核呈批严格区分，不要混淆在一起。

（二）实际工作中应当注意的是，不要将信访信件阅办单与违纪线索登记受理、谈话函询和初核呈批等合并，减免程序和手续，造成程序的不合法和手续的不完备。这一点在基层或部门、企事业单位更要特别注意。

（三）实际工作中一定要遵照《中国共产党纪律检查机关案件检查工作条

例实施细则》第 9 条、《中国共产党纪律检查机关监督执纪工作规则（试行）》第 24 条的要求来制作和处理初核报告。即：

1. 初核报告的最后落款应是"初核人"并由参与初核的人员署名，不是"调查组""审查组"，更不是检查室。因为此时审查组或调查组还未成立。

2. 初核报告应由承办纪检监察室集体审议提出处理意见，即纪检监察室的室务会意见，经分管领导批准后提出正式报告。

3. 不应将初核报告直接提交常委会研究，而应作为室务会提出并经分管领导批准的正式报告的附件。

三、履行立案程序时应注意事项

履行立案程序一定要注意，基层或部门、企事业单位更要特别注意：

1. 根据《中国共产党纪律检查机关案件检查工作条例实施细则》第 19 条和《中国共产党纪律检查机关监督执纪工作规则（试行）》第 26 条的规定，凡需立案的，由承办纪检室写出《立案审查呈批报告》。提交纪委常委会或经纪检机关主要负责人审批，报同级党委（党组）主要负责人批准的不是初核报告，而应是承办纪检监察室呈报并经分管领导批准的立案审查呈批报告。初核报告及其他相关材料是立案审查呈批报告的附件。这一点要特别注意，严格把关，规范程序，完备手续。

2. 《立案决定书》《立案决定通知书》由承办纪检监察室（承办部门）制作，送涉案单位、涉嫌违纪违法人的同时应当抄送组织、人事部门及其他相关单位。

3. 送达下级党组织或涉嫌违纪人员的立案决定，应是纪委下发的《立案决定书》；送达政府机关、部门或涉嫌职务违法人员的立案决定，应是监察机关印发的《立案决定通知书》，不能混淆。

4. 下级机关、单位、部门不得以分级管辖、分级立案为由阻挠上级的管辖、立案或指定管辖、立案。

5. 一案一立，不得重复立案：

（1）双重管理的人员严格按照规定办理；

（2）上级立案交办的，下级不再立案；

（3）几方参与调查的由主办方立案；

（4）司法机关处分完毕，移交作纪律处理的，直接进入审理程序处理，纪检监察机关不再重复立案。

四、违纪（违法）事实见面应注意的问题

1. 《违纪（违法）事实材料》原来在相关的规定中都称为《错误事实材料》，但《中国共产党纪律处分条例》正式颁布以后，将"错误行为"统一改称"违反纪律行为"。因此应将《错误事实材料》逐步改称《违纪（违法）事实材料》，才符合纪律处分条例和现行有关执纪监督工作的规定，才能相对应。《中华人民共和国监察法》施行后，监察调查应当形成的是被监督、被调查监察对象《职务违法事实材料》，才合乎监察法相关条款的立法原意。

2. 《违纪（违法）事实材料》应由调查组或审查组落款署名，审查调查人员不应署名，也不应署纪检监察室的名义。因为此时的调查组或审查组已经是纪检监察机关派出的，而不是纪检监察室派出的初核；调查组或审查组对于涉嫌违纪违法人是组织与个人的关系，事实材料是组织认定的审查调查结论，所以调查组或审查组成员个人不能署名。

3. 《违纪（违法）事实材料》意见的说明

《违纪（违法）事实材料》意见的说明实质上就是对涉嫌违纪违法人申辩的反驳。

《党章》第 43 条、《中国共产党党员权利保障条例》第 22 条、《中国共产党纪律检查机关案件检查工作条例》第 33 条、《中国共产党纪律检查机关案件检查工作条例实施细则》第 35 条和《中国共产党纪律检查机关监督执纪工作规则（试行）》第 37 条规定，违纪事实材料应当同涉嫌违纪人见面核对，认真听取其意见，对符合事实的、合乎情理的应予采纳，修改事实材料；对不予采纳的意见，应根据审查事实作出有理有据的说明。

对此不能仅仅理解为是对审理人员和领导同志的说明，还应认识到是对提出意见和申辩的人作出负责任的说明，以教育其正确认识调查事实，对待调查结论，才符合《党章》第 43 条、《中国共产党党员权利保障条例》第 22 条等条规的立法精神，达到保障党员民主权利和合法权益，客观公正地处理案件的目的。

五、调查（审查）报告应注意事项

（一）调查（审查）报告的落款

《中国共产党纪律检查机关案件检查工作条例》第 34 条规定：调查报告

须由调查组全体成员签名。这一点一定要注意，是调查组落款并全体成员签名以示负责，不能落纪检监察室等不当的名义。

（二）意见不一的处置

《中国共产党纪律检查机关案件检查工作条例》第 34 条第 2 款规定：如调查组内部对错误性质、有关人员的责任及处理建议等有较大分歧，经过讨论仍不能一致时，应按调查组长的意见写出调查报告。但对不同意见应在报告中作适当反映，或另以书面形式反映。

《中国共产党纪律检查机关监督执纪工作规则（试行）》第 37 条第 3 款还规定：对执纪审查过程中发现的重要问题和意见建议，应当形成专题报告。

（三）有关措词的使用

调查（审查）报告不同意见要作适当反映，措词或用语一定要注意，要体现民主和平等的原则。要用"有同志"或"还有同志""认为"或"建议"等措词，不用"个别人""少数人"等歧视性、贬斥性的措词和语言。要相信真理往往是在少数人的手里。

六、移送审理应注意事项

1. 调查（审查）完结后要认真细致地做好整卷、列单、填表、报批等移交准备。

2. 要完整、全面地移交调查（审查）材料，切忌按个人好恶、意愿，选择性地移交材料，不得隐瞒、扣压自认为对定性、处理不利的材料。

3. 装卷材料必须是原件，尤其是领导的批示、信件的信封、邮票必须真实、完整、齐全、准确。

提示：

1. 掌握纪律审查与监察调查的法定程序和必备的手续并能熟练应用。

2. 熟悉纪律审查与监察调查的法定程序和必备的手续之间的承接转递的关系和办理要求。

3. 了解纪律审查与监察调查实践中应当注意的事项和避免的差错；了解纪检监察机关自我监督自我约束的要求和相关监督管理的规定。

重点思考题：

第一节　管辖

1. 纪检监察机关纪律审查与监察调查管辖的概念。

2. 纪检监察机关纪律审查与监察调查管辖有几种？哪几种？

3. 简述特殊管辖的定义和分类。

4. 根据有关案例介绍，分析案例中涉及的纪律审查与监察调查管辖的种类。

第二节　受理与登记

5. 纪律审查与监察调查违纪违法问题线索的概念。

6. 通常说的"拔出萝卜带出泥"是什么意思？有几种情形？

7. 信访举报就是违纪违法问题线索吗？为什么？

8. 简述纪律审查与监察调查问题线索的处置方式。

9. 纪律审查与监察调查问题线索受理有几种形式？

10. 纪律审查与监察调查部门收受违纪违法问题线索如何处置？

第三节　谈话函询

11. 什么是谈话函询？

12. 简述谈话函询的程序和手续。

第四节　初步核实

13. 初核的定义、特征、任务是什么？

14. 《中国共产党纪律检查机关案件检查工作条例实施细则》第7条的规定是什么？

15. 初核结果不同，处理也不同，有几种？

16. 经初步核实，证实涉嫌违纪（违法）人确有违纪（违法）事实且需追究纪律（法律）责任，应当立案，承办纪检监察室应做什么？

17. 经初步核实，证实涉嫌违纪（违法）人确有违纪（违法）事实且涉嫌犯罪的，应当做什么工作？

第五节　立案

18. 熟悉并能够精炼准确地简述立案的定义、特征、条件、要求。

19. 立案的方式及相关的规定。

20. 凡责成立案的，上级纪检机关应做什么？有关下级纪检机关应做什么？

21. 试述立案决定的送达与通报。

第六节　调查

22. 什么是调查的终结？有哪些步骤？要做哪些工作？

第七节　违纪（违法）事实的见面

23. 违纪（违法）事实的见面的概念、见面的程序规定。

24. 什么是《违纪（违法）事实材料》？同涉嫌违纪（违法）人见面核对，应怎样做？

第八节　集体审议

25. 调查结果的集体审议的概念。

第九节　移送

26. 简述纪律审查与监察调查移送的概念和种类。

27. 简述移送审理的条件和准备。

28. 简述移送审理的程序和手续。

第十节　回避

29. 什么是纪律审查与监察调查回避的概念、主体、方式？

30. 什么是纪律审查与监察调查回避的条件？

31. 对纪律审查与监察调查人员的回避作出决定前，纪律审查与监察调查人员应当怎么做？

第十一节　监督管理

32. 为什么要强调纪检监察队伍的自我监督和自我约束？

33. 习近平总书记对纪检监察队伍要求是什么？

第十二节　注意事项和避免差错

34. 受理登记时应注意的两种问题，能够熟练回答。

35. 熟悉初核中应注意的事项（二）（三）的内容。

36. 提交纪委常委会或有关领导机构讨论审定是什么？

37. 《立案决定书》《立案决定通知书》由承办纪检监察室（承办部门）制作，需要送至哪里？

38. 《违纪事实材料》应由谁署名？

39. 违纪（违法）事实材料意见说明的要求？

40. 调查报告注意事项。

41. 移送审理应注意事项。

中华人民共和国监察机关
（不）回避复议决定书

（　）　监避字第　　号

案件的　　　　　人　　　再次提出，因
　　　　要求　　　对此案回避，根据
，经　　　　　　　　　　　　复议决定
　　对此案　　　　回避。

年　月　日

（监察机关印）

密级

中共　纪律检查委员会

初步核实呈批表

线索来源							
被反映人			性别		年龄		民族	
单位、职务							
反映的主要问题							
承办纪检室意见							
领导批示							
附：反映材料　　份。							

纪检　　室填表人：　　　　年 月 日

密级

中共　纪律检查委员会

委托初步核实通知书

×××纪立〔　〕号

××××：

第一部分：反映的主要违纪问题；

第二部分：领导同志批示；

第三部分：委托初步核实并要求报告核实的结果。

附：反映、检举材料

中共　纪律检查委员会（印章）
年　月　日

密级

关于反映××（单位、职务）××（姓名）

××问题的初步核实情况报告

第一部分：初核依据和初核工作概况；

第二部分：被初核对象的简要情况；

第三部分：对所反映问题的初核情况。

1.……

2.……

3.……

第四部分：处理建议。

　　　　　初核人：××（单位、职务）××（姓名　签字）

　　　　　　　　　××（单位、职务）××（姓名　签字）

　　　　　　　　　年　　月　　日

密级

中共　纪律检查委员会

纪律检查建议书

×纪 ［××××××××］ ××号

××××：

第一部分：初核机关和核实认定的违纪问题；

第二部分：处理建议（参照《实施细则》第11条）；

第三部分：要求将办理结果及时报告或告知纪检机关。

中共　纪律检查委员会（印章）

年　　月　　日

密级

中共 纪律检查委员会

责成立案通知书

×纪 ［×××××××］ ××号

××××：

第一部分：初核机关和核实认定的违纪问题；

第二部分：常委会议决定或领导同志批示；

第三部分：责成立案并要求报告查处结果。

附：1. 反映、检举材料

2. 初步核实材料

中共 纪律检查委员会（印章）

年 月 日

密级

中共　纪律检查委员会
责成立案通知书

×纪［××××××××］　　××号

××××：

　　一、案件线索来源；

　　二、被反映人的自然情况；

　　三、经初步核实认定的主要违纪问题；

　　四、呈报立案的党纪根据；

　　五、呈报单位意见。

　　附：1. 反映、检举材料

　　　　2. 初步核实材料

中共　纪律检查委员会（印章）
年　　月　　日

中共　纪律检查委员会
立 案 决 定 书

×纪［×××××××］　××号

××××：

　　根据《中国共产党纪律检查机关案件检查工作条例》的规定，经××××
委会议研究决定，对××××同志的××××问题予以立案。

中共　纪律检查委员会（印章）

年 月 日

抄送：××××组织部

密级

中共　纪律检查委员会
立 案 通 知 书

×纪〔××××××××〕　　××号

××××：

　　根据《中国共产党纪律检查机关案件检查工作条例》第　条之规定，中共××纪委常委会　年　月　日研究决定，对×××（单位）××（职务）××同志××××的问题立案调查。

中共　纪律检查委员会（印章）
年　月　日

报：

抄：

中华人民共和国监察机关
重要检查事项立项备案表

被检查单位	
领导批示	
线索来源	
检查事项摘要（可另附页）：	
备　注	

填表人：

填表机关：　　　　　　　　　　　　　（填表机关印）

　　　　　　　　　　　　　　　　　　　年　月　日

中华人民共和国监察机关
立 案 审 批 表

案件名称			
呈报单位		承办人	
案件来源			
举报单位（人）			
立案对象			

案情摘要（可另附页）

呈报单位意见	 单位领导签名　　　　年　月　日
审批意见	 主管领导签名　　　　年　月　日

中华人民共和国监察机关
重要复杂案件立案备案表

被调查人（单位）姓名						
性别		年龄		职级		政治面貌	
工作单位						
线索来源						
领导批示						
线索内容摘要（可另附页）：						
备　注						

办案人：

填表机关：　　　　　　　　　　　　　（填表机关印）

　　　　　　　　　　　　　　　　　　年　月　日

密级

中共　纪律检查委员会
案件移送审理登记表

案件名称			
被调查人		单位、职务	
立案机关		立案时间	
承办纪检室意见			

材料目录：

移送单位：　　　　　　　　　承办人：

接收单位：　　　　　　　　　接收人：　年　月　日

（此表一式两份，移送单位和接收单位各存一份）

第三章

证 据

这一章简要地介绍纪律审查与监察调查证据的概念、特征、意义、种类、分类、证明、收集、鉴别和运用、运用原则、注意事项。

第一节 简 述

一、概念

所谓"证据"是指能够证明案件事实真相的各种材料,如物品、言词、载体等。

《中国共产党纪律检查机关案件检查工作条例》第 27 条规定:证明案件真实情况的一切事实,都是证据。

《刑事诉讼法》第 50 条规定:可以用于证明案件事实的材料,都是证据。

《中华人民共和国监察法》第 33 条第 2 款规定:监察机关在收集、固定、审查、运用证据时,应当与刑事审判关于证据的要求和标准相一致。

根据上述规定,所谓纪律审查与监察调查证据是指纪律审查与监察调查人员在纪律审查与监察调查中按照法定程序收集的能够证明案件事实真相的一切物品、言词、载体等。

证据在纪律审查与监察调查中的地位非常重要,是纪律审查与监察调查的中心环节。纪律审查与监察调查的核心和基础是证据,纪律审查与监察调查中证据收集、鉴别、运用的质量关乎着整体审查调查工作的质量,关乎着整个纪检监察机关能否及时、准确地处理违纪违法问题。

二、证据制度

证据制度是一个国家各种法律法规中与证据有关的规定和规则的总称，亦称证据法律制度。

证据制度是国家法律制度的重要组成部分，是诉讼制度的灵魂。一个国家的证据制度一般包括证据的概念、证据的种类、证据的分类、证据的收集、查证、认证及证据保全等制度。其内容和特征必然要受到国家法律制度乃至政治制度的影响。不同历史类型国家的证据制度也不同。

人类历史迄今为止，产生了多种证据制度，但主要的有：

（一）神示证据制度

神示证据制度是人类历史上最早的、有据可查的、最原始的证据制度。是以"神"的力量、"神"的示意、"神"的意旨来考验、确定案件"事实""是非"，处理案件的证据制度。其实质是宗教制度和世俗迷信在国家司法制度中的反映。

（二）法定证据制度

盛行于封建社会中后期的证据制度，亦称形式证据制度。是以法律制度的形式预先规定各种证据的形式及证明力，法官必须以法定的条件认识判断证据，认定案件事实，处理案件的证据制度。

法定证据制度的特点是：

1. 断案者不能依理智、信念来判断认识证据、认定事实；

2. 断案者对证据的判断、取舍只要求符合明文规定的模式，不论是否符合案件真实；

3. 证明的效力取决于证人所处的社会阶层的高下和等级，实质上是等级效力的证据制度。

（三）自由心证制度

十八世纪至十九世纪欧洲资产阶级革命胜利，自由心证制度也随之建立。自由心证是指断案者凭借理智和信念判断、认识、取舍证据，认定案件事实的证据制度。

自由心证制度的特点是：

1. 证据的证明力和运用是由断案者凭借个人的理性启示或良心的感悟来

自由的判断；

2. 断案者在自己内心深处确定认定的案件情况是真实的。

自由心证制度的要求原则是：

1. 内心的确信必须是从本案情况中得出的结论；

2. 必须是基于本案一切情况的判断和酌量；

3. 考察和判断的这些情况，必须彼此不是孤立的，而是本案所有情况的总和；

4. 内心确信必须是依据证据的性质和与案件的关联加以判断后形成的结果。

自由心证只有符合这四个条件，得出的结论才是合法的。

三、我国的证据制度

我国的证据制度是唯物辩证法指导下的实事求是证据制度。

我国的证据制度是在长期的革命斗争和根据地建设的实践中逐步建立起来的，是马克思主义与我国国情相结合的经验总结。经过长期的实践证明完全符合我国的实际，随着我国社会主义法制建设不断增强和完善，我国实事求是的证据法律制度将在实践中不断地补充和完善。

我国的证据制度特点是：

1. 以事实为根据是我国实事求是证据制度的根本出发点。案件事实是客观存在的，伴随着案件事实而出现的证据事实也是客观存在的。办案人员要查明案件事实，最根本的出发点就是要承认这一客观事实，要深入调查研究，获取证据查明事实真相。

2. 查明案件的事实真相是我国证据制度的目的。案件的事实真相不仅是客观存在的，而且是完全可以为办案人员所认识的，即通过调查能够证明、查明的事实真相。

3. 通过调查研究，取得确实可靠的证据，是我国证据制度的根本措施。要查明案件的事实真相，就必须进行调查研究，全面收集证据，进行系统地、周密地分析，准确判断、运用证据，搞清案件事实真相。

4. 严禁刑讯逼供，不轻信口供是我国证据制度的基本原则。我国传统证据理论迷信"证据是诉讼之王，口供是证据之王"，信奉口供、刑讯逼供、罪以供定是我国历代证据制度的一大特征，结果往往是冤假错案盛行。因此，我国实事求是证据制度严禁刑讯逼供，不轻信口供。

5. 辩证唯物主义的认识论是我国证据制度的理论基础。任何一种证据制度的确立，除了有其深刻的历史时代和社会制度的原因外，必然有指导其产生的理论基础。即在解决证明案情时的主观条件与客观条件的关系问题上，所采取的立场、观点和方法。我国证据制度的理论基础就是辩证唯物主义的认识论，这取决于指导我们国家思想的理论基础是辩证唯物主义的认识论。1954 年 9 月，毛泽东在第一届全国人民代表大会第一次会议开幕词中明确宣告："领导我们事业的核心力量是中国共产党。指导我们思想的理论基础是马克思列宁主义。"（毛泽东《为建设一个伟大的社会主义国家而奋斗》）

这一认识论的辩证唯物原则，既保证了证据的收集、鉴别、运用必须合乎法定规则，又充分地发挥办案人员的主观能动作用，使得办案人员理性准确地认识判断证据，确定案件事实。

四、纪律审查与监察调查证据制度

纪律审查与监察调查证据制度是我国唯物辩证法指导的实事求是证据制度在纪检监察机关纪律审查与监察调查中的具体运用和实践。

纪律审查与监察调查证据制度的创立和发展也是我们党内斗争经验教训的总结。我党同王明"左"倾教条主义路线的斗争，为纪律审查与监察调查证据制度的创立，奠定了牢固的思想基础和指导原则。王明"左"倾教条主义路线在肃反斗争中推行刑讯逼供的方针和方法，乱捉、乱打、乱杀，采用肉刑，在刑讯下被审查人随意乱供、乱攀，办案人员主观臆断，轻信口供，造成大量的冤假错案，使革命事业遭受了巨大损失，断送了第二次革命战争逐步取得的大好形势和革命成果。

延安整风期间，毛泽东同志严厉地批判了王明路线的错误，提出了"实事求是"的审干原则。这就是我们今天纪律审查与监察调查证据制度的起始和创立。

毛泽东在《改造我们的学习》中指出："实事"就是客观存在着的一切事物，"是"就是客观事物的内部联系，即规律性，"求"就是我们去研究。毛泽东在《论政策》一文中，明确地指出："对任何犯人，应坚决废止肉刑，重证据而不轻信口供。"毛泽东于 1943 年 8 月 15 日，提出了著名的九条方针，即《中共中央关于审查干部的决定》。这个《决定》明确指出："对于有问题的人，一个一个地予以实事求是地调查研究，禁止主观主义的逼供的方法。"每一个被提出的人，虽被提出或被逮捕，但他究竟是不是特务及是轻是重，全靠我们用调查研究方法，收集材料，加以分析，才能清楚，这就是分清是非，分清轻重的任务。如果是被冤枉了的或被弄错了的，必须予以平反，逮捕的宣布无罪释放，未逮捕的宣布最后结论，恢复其名誉。"

从上述这些要求和决定中可以看出，"重证据而不轻信口供""坚持实事求是，调查研究""严禁刑讯逼供"这些重要的原则和方针，为我们今天纪律审查与监察调查证据制度和我国特色社会主义证据法律制度的创立明确了指导原则，打下了牢固的思想基础，提供了重要依据。我们要倍加珍惜，因为它是用血的代价换来的。

第二节 特 征

一、概念

证据的特征是指证明案件事实的证据材料自身所固有的本质属性和证据制度或规则所规定的必备属性。也就是说什么样的证据材料才是证据，证据材料具备什么条件才能成为定案的依据。

纪律审查与监察调查证据必须具备一定的条件才能成为认定案件事实的依据，这些必备条件就是纪律审查与监察调查证据的特征。纪律审查与监察调查证据的特征体现着纪律审查与监察调查证据的有效性。

二、特征

（一）证据必须是实实在在客观存在的事实，即证据具有客观性

证据的客观性，是证据材料自身的特有性质，是证据最本质的特征。这一特征说明证据是不以人的意志为转移的客观存在：既不能凭空想象、创造，也不可能任意地废弃或毁灭；认识它，收集它，运用它，它就是证据；不认识它，没有收集它、运用它，它仍然作为证据存在于客观现实中。世界万物，客观存在是第一性的。这就要求纪律审查与监察调查必须十分严肃认真地发现、收集、鉴别、运用客观存在的证据并据此证明案件事实。

（二）证据必须与所调查（审查）的问题紧密关联，即证据具有关联性

证据的关联性是证据客观性的另一个方面，是客观性在纪律审查与监察调查证明过程中的直接体现。这种关联是客观的，不是虚妄的、推测的；是必然的，不是偶然的；是内在的，不是巧合的。这种关联不仅体现在与所调查事实的关联，还要体现在与其它证据材料的关联上，所有证据材料能够相互衔接，相互印证。因此，在纪律审查与监察调查中必须理智地分析、判断、确定证据的关联性，不可马虎从事。

实践中证据关联性多种多样，反映着同案件事实不同的关联作用。有直接关联、间接关联，有因果关联、重合关联，有条件关联、环境关联，等等。这些关联从不同的角度体现了证据与案件事实的联系。

（三）证据的收集、鉴别、运用必须合乎规则，即证据具有合法性

证据的客观性、关联性是证据自身固有的本质属性，要保证这种本质属性真实可靠地体现出来，就必须依照法定的规则收集、鉴别、运用证据。证据的合法性不是证据本身所固有的本质属性，是法律制度为了在执法执纪实践中保证证据真实可靠而设定的规则属性。是保证证据质量的外在属性，也就是证据的法律属性、规则属性，亦称证据的社会属性。

证据的合法性主要是指：

1. 收集、鉴别、运用证据的主体是合法的。在纪律审查与监察调查中收集、鉴别、运用证据的主体必须是纪律审查与监察调查人员或者由纪检监察机关委派或授权的负责纪律审查与监察调查的机关、部门、人员。

2. 目的是合法的。纪律审查与监察调查收集、鉴别、运用证据的目的就是为了查清违纪违法问题的事实真相，正确处理所调查或审查的问题。

3. 形式是合法的。收集、运用的各类证据的形式要件或种类等合乎国家法律法规和党纪条规规定。

4. 过程是合法的。整个纪律审查与监察调查收集、鉴别、运用证据的程序、手段、措施、方式等全过程都要合乎法律和党内法规。

证据的三个特征是证据的三个必备条件，密切相联，缺一不可。客观性是其本质，是第一性的；关联性是客观性的直接体现，是将客观性与案件真实性有机统一的纽带；合法性是客观性、关联性的外部条件。合法性保证客观性、关联性的真实可靠，客观性、关联性依赖合法性得以实现。

2017 年 4 月 18 日下午，中共中央总书记习近平主持召开中央全面深化改

革领导小组第三十四次会议，审议通过《关于办理刑事案件严格排除非法证据若干问题的规定》，排除非法证据防范冤假错案。会议指出，严格排除非法证据，事关依法惩罚犯罪、保障人权。要加强对刑讯逼供和非法取证的源头预防，明确公安机关、检察机关、人民法院在各自诉讼阶段对非法证据的审查方式和排除职责，从侦查、审查逮捕和审查起诉、辩护、审判等各个环节明确排除非法证据的标准和程序，有效防范冤假错案产生。这一规定对我们纪检监察机关强调纪律审查与监察调查的证据合法性具有很强的现实指导意义。

第三节　意　义

　　纪律审查与监察调查证据意义是指证据对纪律审查与监察调查的作用或在纪律审查与监察调查中的地位。从实践来看，其意义主要有：

　　1. 收集、鉴别、运用证据始终处在纪律审查与监察调查的中心地位，是纪律审查与监察调查的首要任务，也是根本任务，纪律审查与监察调查的一切活动都是围绕证据展开的。

　　2. 证据是认定问题事实的唯一依据。查清事实真相是正确处理问题的前提，而确实充分的证据是查清事实真相的基础。没有确实充分的证据，就不可能正确认定问题事实，也就不可能正确处理问题。

　　3. 证据是突破问题的关键节点，是及时、快速、准确地查清事实真相的有力武器。有了确实充分的证据就可以找准关键节点的突破口，理清查案思路，认清方向，顺势而为，快速查清问题事实，起到事半功倍的功效。

　　4. 证据是纪律审查与监察调查中协调处置有关问题或事项的前置条件或必备条件。纪律审查与监察调查中有了确实充分的证据，就可以协调有关部门或机关予以协助或采用新的手段和措施。同时，有了确实充分的证据，可以促使知情者放下包袱，解除顾虑，积极配合调查并证实违纪违法事实；有了确实充分的证据，也可以迫使涉嫌违纪违法者端正态度，认识问题、配合调查、交代违纪违法事实或检举、揭发他人的违纪违法问题。

　　5. 证据是保护党员干部、监察对象民主权利、合法权益最有说服力的根据。确实充分的证据既能证实有违纪违法事实，更能证实没有违纪违法的事实。所以，全面完整地收集证据才能严肃纪律，正确执纪，严肃执法。用确实充分的证据证实没有违纪事实，进而保护党员干部、监察对象的民主权利和合法权益，实现纪律法律的保护职能和正确执纪执法的严肃性。

6. 违纪违法问题调查审查的证据是进行党性、党风、党纪、法制教育最生动的教材。违纪违法问题的处理过程实际上是最现实的、最有力的、最生动的党性、党风、党纪、法制的教育过程。有了确实充分的证据，就能准确地认定违纪违法事实，正确地处理违纪违法问题，有理有据，令人信服，达到教育警示的目的。实现党的纪律检查"监督、执纪、问责"和国家监察"监督、调查、处置"的职能。

第四节　种　类

一、概念

证据的种类，是指以记载案件事实真相内容的载体的外部形式不同而划分的证据类别。

证据种类实际上是证据在法律上的分类，是证据的法定形式。证据种类的划分具有法律约束力，不具备法定形式的证据资料不能进入法律程序，要予以排除。

纪律审查与监察调查证据的种类，是指由纪律审查与监察调查规则规定以证据外在形式而划分的，在纪律审查与监察调查中收集、鉴别、运用反映问题事实真相的证据材料的类别。

二、我国司法证据的主要种类

我国《民事诉讼法》《行政诉讼法》《刑事诉讼法》都设专章对诉讼证据作了明确规定。

我国《刑事诉讼法》第五章"证据"第 50 条规定：可以用于证明案件事实的材料，都是证据。

证据包括：

（一）物证；

（二）书证；

（三）证人证言；

（四）被害人陈述；

（五）犯罪嫌疑人、被告人供述和辩解；

（六）鉴定意见；

（七）勘验、检查、辨认、侦查实验等笔录；

（八）视听资料、电子数据。

《民事诉讼法》第六章"证据"第 63 条规定：

证据包括：

（一）当事人的陈述；

（二）书证；

（三）物证；

（四）视听资料；

（五）电子数据；

（六）证人证言；

（七）鉴定意见；

（八）勘验笔录。

《行政诉讼法》第五章"证据"第 33 条规定：

证据包括：

（一）书证；

（二）物证；

（三）视听资料；

（四）电子数据；

（五）证人证言；

（六）当事人的陈述；

（七）鉴定意见；

（八）勘验笔录、现场笔录。

按照上述规定可以看出证据种类，各有差异，但我国现行刑事诉讼证据制度规定的证据种类就是：①物证；②书证；③证人证言；④被害人陈述；⑤犯罪嫌疑人、被告人供述和辩解；⑥鉴定意见；⑦勘验、检查、辨认、侦查实验等笔录；⑧视听资料、电子数据等八类。

三、纪律审查与监察调查证据的种类

《中国共产党纪律检查机关案件检查工作条例》第 27 条规定，证据包括：

物证、书证、证人证言、受侵害人的陈述、被调查人的陈述、视听材料、现场笔录、鉴定结论和勘验、检查笔录。

因《中国共产党纪律检查机关案件检查工作条例》是 1994 年制定的，目前又正在修订。上述种类并未涵盖所有实践中的证据种类。如电子数据在实践中已经是纪检监察机关纪律审查与监察调查常见和常用的证据种类。

《中华人民共和国监察法》第 33 条第 2 款规定：监察机关在收集、固定、审查、运用证据时，应当与刑事审判关于证据的要求和标准相一致。

综合《中国共产党纪律检查机关案件检查工作条例》和《中华人民共和国监察法》的规定，我们纪检监察机关纪律审查与监察调查证据有九种：

（一）物证：指能够证明违纪违法问题真实情况的物品和物质痕迹。

（二）书证：指以其记载的内容证明问题真实情况的文字、符号、图画。

（三）证人证言：指证人就其所了解的案件有关事实情况作的陈述。

（四）受侵害人的陈述：指受违纪违法行为直接侵害的人员就违纪违法事实情况所作的控告和诉说。

（五）被审查人的陈述：指被审查党员或被调查公职人员就被审查问题的事实所作的交代、申辩或对同案人员的检举。

（六）视听材料和电子数据：指以可以重现的原始声响、形象或电子数据所记录的内容证明违纪违法问题事实的证据材料。

（七）现场笔录：指纪律审查与监察调查人员对涉嫌违纪违法问题的发生场所进行检查时所作的笔录（非刑事案件）。

（八）鉴定意见：指专业鉴定人员运用专门知识或技能对纪律审查与监察调查人员不能解决的案件中专门性问题或专门事项进行专业科学鉴定后所作出的判断和结论。

（九）勘验、检查笔录：指公安、司法人员对涉嫌违纪违法问题有关的场所、物品及其他证据材料进行勘验、检查时所作的笔录；或监察机关直接或者指派、聘请具有专门知识、资格的人员在调查人员主持下进行勘验检查的笔录。

四、各种证据的作用和形式

《中华人民共和国监察法》第 33 条规定，"监察机关依照本法规定收集的物证、书证、证人证言、被调查人供述和辩解、视听资料、电子数据等证据材料，在刑事诉讼中可以作为证据使用。"

1. 物证：是以其外部特征、存在形式、内在物理属性的变化、差异来证明事物发生真实情况的证据材料。物证是实践中来源极其广泛的证据，也是纪律审查与监察调查中广泛使用的实物证据。物证具有客观真实的特点，对摸清事物发展脉络，搞清问题调查方向，认识问题性质起着重要作用。

实践中常见的物证形式有：

（1）违纪违法行为直接侵害的客体物；

（2）实施违纪违法行为的工具；

（3）违纪违法行为实施人遗留的物品或痕迹；

（4）违纪违法人掩盖事实或毁灭、隐匿、伪造、变造的物品；

（5）间接反映违纪违法事实的物品或痕迹。

2. 书证：是通过文字、符号或者图画等表达的内在思想内容证明事物发展真实情况的证据材料。书证与物证同属实物证据，也是纪律审查与监察调查中广泛使用的证据。

书证有较强的客观真实性，可以直接证明问题事实的真相；有些书证可以直接证明问题的性质、行为动机、目的或结果；有的问题则必须由书证来证实事实真相；真实可靠的书证又是审核、鉴别其他证据材料真伪的依据。

（1）书证的形式。书证形式多种多样，可以用以不同标准分类。常见的有：

①以表现形式划分

文字书证：指以文字记载的内容涵义来证明问题事实。

图形书证：指以图形表现的内容涵义来证明问题事实。

符号书证：指以符号表达的内容涵义来证明问题事实。

②以制作人属性划分

公文书证：指党政机关、企事业单位、人民团体等在法定的权限范围内所制作的文书，以此文书作为证明有关问题真实情况的书证。

非公文书证：亦称私文书证，泛指公文书证以外的书证。

③以目的划分

报告性书证：记载或表述的内容反映具体的工作性或事务性的报告或告知。

处分性书证：记载或表述的内容，将会产生或已经产生一定法律后果。

④以受众划分

一般书证：受众较多，不以特定人群为目的。

特定书证：受众较少，以特定人群为目的。

⑤以涉密与否划分

涉密书证：是指在纪律审查与监察调查中有时收集的有些书证的内容涉及党、国家、军队或者单位、部门、企业的机密事项，或者涉及个人隐私的书证材料。提取这些书证要办理规定的手续或者应经涉及隐私的个人的同意。

非涉密书证：是指在纪律审查与监察调查中收集的书证的内容不涉及机密或者个人隐私事项的书证材料。按照法律或者纪律规定就可以直接提取的书证材料。

在纪律审查与监察调查中常见或常用的书证主要是会计账簿、各种票据、信函、合同、会议记录、纪要、批示、文稿、书籍、日记、笔记，等等，这些书证有可能是涉密书证，也有可能是非涉密书证，我们在实践中一定要加以甄别。

《中华人民共和国监察法》第18条第2款规定：监察机关及其工作人员对监督、调查过程中知悉的国家秘密、商业秘密、个人隐私，应当保密。

（2）书证的特点。在纪律审查与监察调查中经过审核鉴别，用作认定事实的书证具有的特点是：

①记载内容表达的意义与案件事实紧密关联；

②记载的内容可以认知、破译；

③制作人明确。

（3）书证和物证的异同。在纪律审查与监察调查的实践中书证和物证既有相同点，也有区别点，还有交叉点。

相同点在于二者都是实物证据，是广义上的物证。我国1980年代生效的最初的诉讼法律规范就将物证和书证划为一类。

区别点在于书证是以记载内容的意思表达来证明事物发生发展的事实，物证是以其外部特征、存在形式、内在物理属性的变化、差异来证明事物发生发展的事实。

交叉点是在不同条件下，二者的功能或作用会转换，即有的书证同时具有书证和物证的共同特征，既可能是书证，也可能是物证，如手稿、涂改的账册、仿冒的书信、等等。

书证内容的制作方式有手书、刻制，印刷、复印、拼接、等等。记载内容的载体材料有纸张、布匹、木材、石材、金属、墙面、崖壁，等等。

3. 证人证言：证人证言是纪律审查与监察调查最普遍最常用的证据材料。在实践中，处于无利害关系地位的证人的证言往往比受害人和涉嫌违纪人的陈述要客观公正。证人证言在纪律审查与监察调查中根据鉴别情况可作直接证据运用，也可作间接证据运用。

证人证言的形式分为两种。一种是口头形式，即证人向纪律审查与监察调查人员陈述自己所了解的事实真相，由纪律审查与监察调查人员制作笔录形成的证言；一种是证人用文字语言陈述自己所了解的事实真相形成的证言。

证人证言的特点是比物证、书证的客观性差，但范围广泛、包容量大，可以启示审查思路或影响调查方向。

4. 受侵害人的陈述：是违纪违法行为的直接受害者对违纪违法事实或受害情况所作的陈述。受害人直接受到违纪违法行为的侵害，往往对案件事实有较多的了解，对违纪违法行为实施的时间、空间、手段、情节、行为人特征都会有着直接的感知，印象深刻。

受侵害人陈述在纪律审查与监察调查实践中具有显著的特点，对查清违纪违法事实，认定案件真相有重要作用，可以直接证明问题的性质、目的或后果，印证其它证据的真伪，直接影响违纪违法问题审查调查方向和取证范围。

受侵害人陈述也有两种，一般为口头陈述，必要时也应形成文字陈述。

5. 被审查人的陈述（被调查人的供述与辩解）：是涉嫌违纪违法人就自己涉嫌的违纪违法事实的交代、申辩或对他人的检举、揭发。

涉嫌违纪违法人是整个纪律审查与监察调查的核心，有无违纪违法问题，涉嫌违纪违法人自己最清楚。调查的结局，审查的结论，处理处置涉及的利害关系与其紧密相联，其陈述或申辩直接关系着调查的走向、结局和调查的结论，对纪律审查与监察调查起着不可忽视的作用。真实的陈述或辩解有助于全面客观地判断鉴别证据材料，准确地认定问题事实。

涉嫌违纪违法人的陈述（供述）也分为口头陈述和文字陈述。

涉嫌违纪违法人陈述（供述）的特点一是如实交代、承认自己的违纪违法事实；二是为了自保或争取减轻、从轻的立功情节，检举揭发他人的违纪违法问题；三是提出申辩，说明自己没有违纪违法或情节轻微等；四是拒不承认或嫁祸于人，转移视线，误导调查，等等。在实践中一定要注意掌握分析和运用涉嫌违纪违法人陈述（供述），审核其真实性，断定其作用，真正发挥涉嫌违纪违法人陈述（供述）在案件证据链中的效用。

6. 视听资料和电子数据：

（1）视听资料。视听资料以特定载体为储存设备，以图像、声音等内容来证明事物的真实情况。视听资料是随着科学技术的发展而兴起的新型证据材料，运用越来越广泛，越来越普遍。视听资料可以原原本本地记录原始的语言、声响、形象、动作、表情等情况，将其固定保存下来。视听资料不像言词证据容易受到记忆、表达、环境、外力等主客观因素的影响，可以直接地证实问题的起因、手段、过程、情节、后果等事实，并能够鉴别其它证据材料的真伪。

常见的视听资料包括录音、录像、影片、胶卷、影印等资料，这些资料可以储存在磁带中，也可以储存在电子介质等载体中。

视听资料具有容量大、形象直观、易于保存固定、使用方便、可信度高的特点，可概括为"望之有形，听之有声，查之有据"。

（2）电子数据。电子数据以数据的内容或所表达的意义来证实事物发生发展的事实真相。是随着高新科技的发展而兴起的新型证据材料，在现实中的运用越来越广泛，越来越普遍。我国现行司法证据制度将其与视听资料归为一个证据种类。

纪律审查与监察调查实践中电子数据作为证据材料已经广泛且大量地运用于违纪违法问题审查调查的事实认定中，发挥了其它证据材料不可替代或无法比拟的作用。电子邮件、电子数据交换、聊天记录、博客、微博、微信、手机短信、电子签名、域名以及存储在电子介质中的其他信息都不同程度地证实相应的事实真相。

（3）电子数据和视听资料的区别。电子数据和视听资料的区别在于，二者相对来说视听资料往往是动态证据，电子数据一般属于静态证据。

例如录音、录像、监控等视听资料往往是通过活动的内容来反映事实；电子数据证据更多是以静态的文字、图像等内容来反映事实，如微信聊天记录、博客、微博等实际上就是存储在网上的文字类证据材料，既可能是物证也可能是书证。

7. 现场检查笔录：是纪律审查与监察调查人员依法依规对涉嫌违纪违法行为发生或发展的场所进行检查时所作的记录。

现场检查笔录是一种综合性很强的证据，既如实地反映了现场检查的情况，又客观地反映了现场各种物品的位置或痕迹的形成、变化的相互关系，还通过现场检查中拍照、绘图、测量、摄像等手段固定保存了证据材料。

现场检查笔录有助于认定违纪违法问题的情节、过程、后果等，也有助于鉴别其它证据真伪，如言词证据。

8. 鉴定意见：是专业、专门鉴定人员运用专门知识或技能对专门性问题研究、分析、判断或者检测后的结论性判定。鉴定意见具有科学性、权威性，因此对涉嫌违纪违法事实涉及的专门问题的认定起着决定性的作用。

鉴定意见的特点是只对专门性问题作出判定，对其它案件事实或纪律、法律问题不作评判。

9. 勘验、检查笔录：《中华人民共和国监察法》正式颁布前，在纪律审查与监察调查实践中主要是从司法部门提取或由司法部门移送的、经审核鉴别属实的，在纪律审查与监察调查中直接运用认定事实的司法部门勘验、检查、检测涉案场所、物品、人体、人身的现场记录。勘验、检查笔录的实质就是收集证据、保全证据、固定证据，通过勘验、检查笔录可以鉴别其它证据的真伪，认定案件的事实。主要有现场勘验、物品检测、人体检查、人身（活体）检查或检测、物体的检查或检测，等等。

《中华人民共和国监察法》第 26 条专门规定：监察机关在调查过程中，可以直接或者指派、聘请具有专门知识、资格的人员在调查人员主持下进行勘验检查。从而解决了纪检监察机关原来依靠司法部门勘验、检查的问题，可以直接主持勘验检查以发现、收集证据，减少了不必要的环节，提高了发现、收集、鉴别、运用证据的效率。

第五节　证据的分类

一、概念

证据的分类是指依据证据材料自身属性特征归类。这种分类的划分标准必须合乎证据的本质属性和内在规律。证据的分类实际上就是便于纪律审查与监察调查人员把握不同类别证据的特征和规律，熟练地判断运用证据，准确地认定涉嫌违纪违法问题的事实。

证据的分类和证据的种类的区别在于，证据的种类是以记载案件事实真相内容载体外部的不同形式特征而划分的证据类别，是法律证据制度确定的，是一种社会属性；证据的分类是依据证据材料自身本质属性特征归类的，是一种自然属性。

二、证据的分类

（一）原始证据和传来证据

按照证据的来源，证据分为原始证据和传来证据。

凡是来自原始出处，即直接来源于事物发生发展过程等事实的证据材料，叫做原始证据，也称第一手材料；凡是不是直接来源于事物发生发展过程等事实，而是从间接的非第一来源获得的证据材料，称为传来证据。即通常所说的经过转述或转抄的第二手、第三手材料。

一般离事物发生发展过程等事实越近的证据材料真实性就越强，离得越远其真实性就越差，所以在实践中要尽最大努力发现和获取原始证据。但也不能忽视传来证据的作用。尽管传来证据中间经过不少环节，发生了一定的变异，但追本溯源还是由原始证据发展而来。

在实践中传来证据的作用主要是：

1. 发现原始证据的线索；

2. 鉴别、印证、审核原始证据和其它证据；

3. 代替无法提取的原始证据；

4. 替换不必提取的原始证据。

原始证据一般有涉嫌违纪违法行为发生、发展、延续的从现场直接提取的物证、书证的原本、目睹现场的证人证言、被害人的陈述、嫌疑人的供述，等等。传来证据一般是指听他人转述的证人证言、书证的副本或复制件、物证的复制品，等等。

（二）直接证据和间接证据

按照证据的证明效力，证据分为直接证据和间接证据。

直接证据和间接证据是以能否直接证明涉嫌违纪违法案件主要事实的效力划分的。

凡是可以直接证明涉嫌违纪违法案件主要事实的，属于直接证据。直接证据可以直观地说明违纪违法行为是否发生和是否是嫌疑人实施的。

直接证据一般指：①嫌疑人的陈述或供述、辩解；②受害人的陈述；③目睹现场证人指证或否认嫌疑人违纪违法事实的证言；④直接反映违纪违法事实的书证；⑤直接显示违纪违法事实的物证；⑥直接记录、显示嫌疑人实施违纪违法行为的视听资料、电子数据等。

凡是不能直接证实涉嫌违纪违法案件的主要事实，必须与其他证据相结合才能证明的，属于间接证据。

在纪律审查与监察调查实践中决不可忽视间接证据，事实上好多违纪违法问题事实并不是依靠直接证据来认定的，因为直接证据的取得往往是依靠间接证据的指引逐步获得的；众多的间接证据相互印证，相互补充形成有内在联系、指向唯一的证据链，弥补了缺少直接证据的缺陷，据此就可以认定事实，查清问题真相。

间接证据多种多样，常见的有：①违纪违法行为留在现场或物品上的痕迹；②现场的遗留物；③违纪违法行为实施工具；④违纪违法行为的客体物；⑤违纪违法行为的后果；⑥嫌疑人的有关言行或不同于日常的一些变化等。在纪律审查与监察调查实践中大部分是物证、书证、鉴定结论等。

（三）言词证据和实物证据

按照证据材料的外在表现形式，证据分为言词证据和实物证据。

凡是以自然人的言语或文字陈述来证明案件事实的证据，是言词证据。

言词证据包括证人证言、被害人陈述、嫌疑人陈述和申辩、鉴定结论等。

凡是以物品的性质或外部形态、存在状况以及其记载内容的意思表达证明案件事实的证据，是实物证据。

实物证据包括物证、书证、视听资料、电子数据以及勘验、检查笔录等。

（四）控诉证据和辩护证据

按照证据在认定事实中的作用，证据分为控诉证据和辩护证据。

肯定嫌疑人实施违纪违法行为或证明违纪违法行为情节严重的证据材料，是控诉证据。

否定嫌疑人实施违纪违法行为或者认为违纪情节轻微的证据材料，是辩护证据。

在实践中要注意的是控诉证据和辩护证据随着条件的变化也可能转化，在调查阶段可能是控诉证据，到了审理阶段、处理阶段有可能成为辩护证据。这一类证据在实践中又切切实实存在，是不容忽视的一个证据类别，要注意探索认真研究。

研究分析控诉证据与辩护证据的分类，有助于纪律审查与监察调查人员客观全面地发现、收集证据；审慎辩证地认识判断证据，防止主观性和片面性；反复细致地审核鉴别证据，去伪存真、去粗取精，运用证据认定案件事实，避免冤枉或放纵的现象。在实践中控诉证据和辩护证据也是相对的，或是有条件限制的。

第六节　证　明

一、概念

纪律审查与监察调查的证明，是指纪律审查与监察调查人员通过发现、收集、鉴别、运用证据，认识、判断、确定违纪违法行为、违纪违法人、违纪违法性质、违纪违法责任等违纪违法事实的活动。

纪律审查与监察调查的证明与科学研究或学术证明不同，有自己的特点：

1. 需要证明的问题事实是过去发生的，有的还是年代久远的不能还原再现的事实；

2. 过程繁杂，难度很大，障碍、干扰等阻力多，误导、重复往复在所难免；

3. 依法依规，限时限期，及时、快速、准确，不能久拖不决。

纪律审查与监察调查的证明包括：

1. 证明对象，指纪律审查与监察调查应当查明的违纪事实的范围。纪律审查与监察调查的证明对象是涉嫌违纪违法应当追究纪律法律责任的所有事实。

2. 证明要求，指纪律审查与监察调查证明工作的标准和质量要求。纪律审查与监察调查对违纪事实的证明必须遵循"二十四字"基本要求。

3. 证明责任，也称举证责任。是指纪律审查与监察调查谁来证明、举证，也就是谁是纪律审查与监察调查证明的主体，谁负有举证责任。纪律审查与监察调查证明主体必须是纪律审查与监察调查人员，举证责任归于纪律审查与监察调查人员。在实践中一定要注意不要出现举证责任倒置的现象。

4. 证明程序，指纪律审查与监察调查证明的方法、步骤等的规定。纪律审查与监察调查的证明必须遵守收集、鉴别、运用证据的规则。

纪律审查与监察调查实践中的证明，实质上就是不断地鉴别、审核、判断、运用证据来确定问题事实的过程，也就是通过证据材料不断地对问题事实真相肯定、否定、又肯定的过程。

二、意义

有利于严肃执纪执法，不枉不纵；有利于纪律审查与监察调查人员增强依法依规办事的意识；有利于全面客观地收集证据并准确认定问题，防止片面性；有利于明确或调整调查方向、目标，增强目的性和重点意识，减少盲目性和或然性；有利于纪律审查与监察调查人员加强学习，增强业务能力，提高工作水准和政策水平；有利于培养吃苦耐劳、细致严密的良好作风。

三、证明对象

纪律审查与监察中，凡涉及追究嫌疑人责任的所有事实都要证明。主要有：

1. 违纪违法问题事实。要证明违纪违法事实是否存在、是否嫌疑人实施以及相应的情节等，这些是证明的基本范围。即：

（1）事实是否存在，是谁的行为；

（2）是个体行为还是团伙行为，或是单位行为、部分人集体行为；

（3）行为的动因、后果及因果关系，故意还是过失；

（4）行为的时间、空间、手段、工具、情节；

（5）是否违反了党的纪律处分条例或者法律法规规定的公职人员纪律的具体规定，构成违纪违法；

（6）是否应当追究责任，追究何种责任；

（7）违纪违法人的责任能力，何种责任；

（8）影响定性量纪的情况，是否具有主动交代、立功、从轻、减轻、从重、加重、不予处分或免予处分的情节；

（9）应当给予何种处理，处分的幅度或档次；

（10）其它与事实认定和调查（审查）结论有关的情形。

2. 嫌疑人的身份和自然状况或基本履历。

这一类情况的证明同违纪违法事实没有直接关系，但同问题的性质、责任的认定和量纪处分有着紧密的关联。

3. 纪律审查与监察调查中的证据材料。证据材料应当有相应的证据材料印证其客观性、真实性和关联性，才能合乎确实充分可靠的要求。证据的鉴别、审核、判断、确定就是对证据的证明。

4. 定性、处分或处置依据。纪律审查与监察调查实践中对违纪违法问题的定性以及处分处置的法律、法规、条规也应当证明，以证实依据的有效性、可靠性和准确性。依据必须是现行的具有最高效力的才是可靠的；要证明该违纪违法行为的处理要适用何种规定，应当适用特殊规定的就不能适用一般规定，应当适用一般规定的就不能适用特殊规定。实践中会经常发生错误适用依据的现象，这一点一定要予以关注，不然就不可能正确地实施纪律法律，使纪律法律的执行失去了意义。

四、要求

纪律审查与监察调查的证明是指运用证据证明违纪违法案件事实所要达到的程度、标准，是由纪律审查与监察调查的任务决定的。

纪律审查与监察调查的任务决定了纪律审查与监察调查证明必须严格遵循"二十四字"的基本要求，更加注重证明认定事实的证据必须确实充分。只有确实充分，才是可靠的确定事实真相的证据材料。确实是指所有证据都应查证属实，不是虚假的或者与审查的问题事实没有关联的；充分是指认定案件事实的证据应有一定数量的保证，构成完整的证据体系。

纪律审查与监察调查的证据，没有若干证据相互印证、相互补充，构成相互配合、有内在联系的、相辅相成的证据体系，是不能证明案件事实的。这个要求在纪律审查与监察调查的不同阶段和不同环节，有着不同的标准或要求。

五、程序

纪律审查与监察调查证明的程序是指所有证明活动必须遵循法定的规则进行，做到程序合法、手续完备。否则证明就会发生差错，造成证据的无效，影响纪律审查与监察调查的进程和效果，带来不应有的损害。

六、过程

纪律审查与监察调查证明的过程就是整个收集、鉴别、运用证据来认识、判断、确定事实真相的全过程。

七、证明的责任

证明责任，也称举证责任，指法律规定在诉讼中负有收集、提供证据材料证明案件事实责任的义务，也就是在诉讼中证明案件事实的主体的责任。

举证就是拿出、出示证据，或者说拿出证据来证明某种事情、情况，是诉讼过程中的重要环节。

中纪委《关于查处党员违纪案件中收集、鉴别、使用证据的具体规定》第 4 条明确：收集违犯党纪案件的证据，由党的纪律检查工作人员或党组织委派的党员负责进行，收集证据必须两人以上。

《中国共产党纪律检查机关监督执纪工作规则（试行）》第 29 条规定：审查谈话、执行审查措施、调查取证等审查事项，必须由 2 名以上执纪人员共同进行。与被审查人、重要涉案人员谈话，重要的外查取证，暂扣、封存涉案款物，应当以本机关人员为主，确需借调人员参与的，一般安排从事辅助性工作。

《中华人民共和国监察法》第 40 条明确规定：监察机关对职务违法和职务犯罪案件，应当进行调查，收集被调查人有无违法犯罪以及情节轻重的证据，查明违法犯罪事实，形成相互印证、完整稳定的证据链。

根据以上规定，纪律审查与监察调查案件事实的证明责任应由纪律审查与监察调查人员负责，纪检监察机关纪律审查与监察调查部门承担审查与调查的举证责任。

第七节　证据的收集、鉴别和运用

纪律审查与监察调查证据的收集、鉴别和运用，就是纪律审查与监察调查部门和人员调查取证认定涉嫌违纪违法问题事实，处理涉嫌违纪违法问题的全过程和全部工作。

《中国共产党纪律检查机关监督执纪工作规则（试行）》第 32 条规定：

严格依规收集、鉴别证据，做到全面、客观，形成相互印证、完整稳定的证据链。

调查取证应当收集原物原件，逐件清点编号，现场登记，由在场人员签字盖章；调查谈话应当现场制作谈话笔录并由被谈话人阅看后签字。已调取证据必须及时交审查组统一保管。

严禁以威胁、引诱、欺骗及其他违规违法方式收集证据；严禁隐匿、损毁、篡改、伪造证据。

《中华人民共和国监察法》第 40 条第 2 款规定：严禁以威胁、引诱、欺骗及其他非法方式收集证据，严禁侮辱、打骂、虐待、体罚或者变相体罚被调查人和涉案人员。

一、证据的收集

（一）概念

证据的收集也称证据的归集。是纪律审查与监察调查的首要任务，指纪律审查与监察调查人员按照规定发现、提取、获取证据材料并加以固定保存的活动。

（二）证据收集的要求

1. 必须客观全面

所谓"客观"，就是尊重客观事实，按照证据的本来面目如实归集证据材料。

所谓"全面"，就是要兼听兼顾，凡是能够证实案件事实真相的证据材料都要归集，尤其是否定违纪违法事实的证据一定要如实收集，不得以个人的好恶取舍归集。

2. 必须深入细致

所谓"深入"，就是善于透过现象抓住本质，只有敢于深入、善于深入，才不会被表面假象迷惑，做出错误的判断。

所谓"细致"，就是能够抓住与问题事实有关的细微末节或疑点。只有细致，才能在蛛丝马迹中发现更多、更充分、更可靠的证据材料。

3. 必须自觉主动，及时快速

所谓"自觉主动"，是要求纪律审查与监察调查人员要自觉主动地分析研判已取得的证据材料，从中寻找发现新的证据线索。

所谓"及时快速"，是要求纪律审查与监察调查人员一旦发现线索就要在第一时间抓住不放或赶往现场，立刻提取、固定、记录、保存证据材料。

纪律审查与监察调查人员做到自觉主动和及时快速，才能始终掌握纪律审查与监察调查的主动权，及时、快速、准确地完成审查调查任务。

4. 必须依法依规

所谓"依法依规"，就是要求纪律审查与监察调查人员严格遵照规定收集证据，做到程序合法，手续完备。

（三）要掌握的一些基本方法

纪检监察机关的纪律审查与监察调查人员一定要做明白人，纪律审查与监察调查无小事，千万不可马虎、糊涂。

在纪律审查与监察调查实践中要记住这么几句话：

案件要办成，证据要牢靠。先外围，再内核；先死证，再活证；直接证据要抓住，间接证据不能轻；原始证据辨真伪，传来证据追来源；成案证据要重视，辩驳材料不忽视；合法取证客观又关联，思维辩证全面有重点；方法对头及时又准确，运用得法精准办铁案。

在实践中要特别注意：

1. 在思想上切忌形而上学，要实事求是。一定要用不断获取的证据材料来充实调整自己的思想认识，不能自以为是和钻牛角尖。

2. 要善于分析，精于归纳，准于判断。分析要找出原因如为什么、症结所在；归纳要把握规律，明确案件发生的可能路径和发展，做到心中有数；判断要明了案件的性质、影响、范围、后果及处理、法律法规的依据，等等。

3. 要把握正蔓子开花斜盆子结果的规律。要特别注意案件中一些不起眼的线索，拔出萝卜带出泥，泥下可能有意想不到的大萝卜，还可能是一窝大萝卜。

4. 要有会问话、会听话的本事。不管是与被调查人还是证人或者相关知情人谈话、了解情况，不要急着随问随记做笔录。要事先做好腹稿或提纲，做一个全面的综合的问话，经过分析、归纳、判断再形成有效的笔录。

5. 要会察言观色。通过表情、眼神、言语、形体动作来分析判断相关人等的心理活动，突破其心理防线。

6. 晓以利害，政策攻心。

7. 攻其不备，击其软肋。

8. 证据充分，当头棒喝，形成威慑，逼其就范。

9. 红脸黑脸同唱，威慑安抚并用。

10. 利用矛盾反间，真假虚实布疑。

11. 宜将剩勇追穷寇，不可沽名学霸王。一些细节、关键问题要紧追不放，要反复谈，要追问，要有结果，不能半途而废。

12. 前后照应，迂回包围。对一些问题前边问了，后边还要问、多问、出其不意地问，观其变化，是否真实。对一些问题可以先问其它事情，转移其注意力，引其入壳，突破主要问题。

13. 欲擒故纵。对一时难以拿下的问题，可以先放下，使其放松警觉后再采取适当的手段予以突破。

（四）收集

习近平总书记2016年在中央政治局会议审议国家监察体制改革方案时指出，坚持宽打窄用，调查手段要宽、调查决策要严，必须有非常严格的审批程序。

《中国共产党纪律检查机关案件检查工作条例》第29条对案件检查收集证据的方式做了明确的规定。

调查取证要做到：

1. 收集物证、书证，应尽量收取原物、原件；不能收取原物、原件的，也可拍照、复制，但须注明保存单位和出处，书证还须由原件的保存单位或个人签字、盖章。

2. 收集证言，应对出证人提出要求，讲明责任。证言材料要一人一证，可由证人书写，也可由调查人员作笔录，并经本人认可。所有证言材料应注明证人身份、出证时间，并由证人签字、盖章或押印。证人要求对原证作出部分或全部更改时，应重新出证并注明更改原因，但不退原证。与证人谈话，调查人员不得少于两人。收集被侵害人的陈述、被调查人的陈述，适用本项规定。

3. 对于有关机关移送的调查材料，必须认真审核，经调查人员认定后才可作证据使用。

《中国共产党纪律检查机关监督执纪工作规则（试行）》第33条规定：暂扣、封存、冻结、移交涉案款物，应当严格履行审批手续。

执行暂扣、封存措施，执纪人员应当会同原款物持有人或者保管人、见证人，当面逐一拍照、登记、编号，现场填写登记表，由在场人员签名。对价值不明物品应当及时鉴定，专门封存保管。

纪检机关应当设立专用账户、专门场所，确定专门人员保管涉案款物，严格履行交接、调取手续，定期对账核实。严禁私自占有、处置涉案款物及其孳息。

《中国共产党纪律检查机关监督执纪工作规则（试行）》第34条规定：审查谈话、重要的调查谈话和暂扣、封存涉案款物等调查取证环节应当全程录音录像。录音录像资料由案件监督管理部门和审查组分别保管，定期核查。

《中华人民共和国监察法》第18条规定：监察机关及其工作人员对监督、调查过程中知悉的国家秘密、商业秘密、个人隐私，应当保密。

《中华人民共和国监察法》第24条规定：监察机关可以对涉嫌职务犯罪的被调查人以及可能隐藏被调查人或者犯罪证据的人的身体、物品、住处和其他有关地方进行搜查。在搜查时，应当出示搜查证，并有被搜查人或者其家属等见证人在场。

搜查女性身体，应当由女性工作人员进行。

《中华人民共和国监察法》第25条规定：监察机关在调查过程中，可以调取、查封、扣押用以证明被调查人涉嫌违法犯罪的财物、文件和电子数据等信息。采取调取、查封、扣押措施，应当收集原物原件，会同持有人或者保管人、见证人，当面逐一拍照、登记、编号，开列清单，由在场人员当场核对、签名，并将清单副本交财物、文件的持有人或者保管人。

对调取、查封、扣押的财物、文件，监察机关应当设立专用账户、专门场所，确定专门人员妥善保管，严格履行交接、调取手续，定期对账核实，不得毁损或者用于其他目的。对价值不明物品应当及时鉴定，专门封存保管。

查封、扣押的财物、文件经查明与案件无关的，应当在查明后三日内解除查封、扣押，予以退还。

《中华人民共和国监察法》第41条规定：调查人员采取讯问、询问、留置、搜查、调取、查封、扣押、勘验检查等调查措施，均应当依照规定出示证件，出具书面通知，由二人以上进行，形成笔录、报告等书面材料，并由相关人员签名、盖章。

调查人员进行讯问以及搜查、查封、扣押等重要取证工作，应当对全过程进行录音录像，留存备查。

纪律审查与监察调查人员在纪律审查与监察调查的实践中，应当严格按照上述规定收集各种证明案件事实的证据材料。

1. 物证的收集

（1）收集物证要尽可能地提取原物，能入卷保存的要入卷保存。不能提取原物或入卷的要采取固定或保全措施，如拍照、录像、绘图等入卷保存并注明出处、存放地点、原物所在地、时间，提取人要亲笔签名、押印等。

（2）动员、促使嫌疑人交出物证。实践说明涉案物证往往在嫌疑人的手中或嫌疑人清楚隐匿地点、下落，所以要做好思想工作，动员、促使其交出物证。

（3）动员知情人配合、支持调查，提供物证。审查与调查实践证明，违纪违法事实发生后往往物证被知情人收存、隐匿，要做好其思想工作，动员其主动提供或交出持有或隐匿的物证。

（4）检查涉案现场并提取现场遗留的物证。

（5）提取司法机关收集的涉案物证。

（6）封存、保存、固定、保全证据，防止损毁或灭失；暂予扣押的物证要妥善保管，不得随意使用，防止损毁或灭失。

2. 书证的收集

（1）收集书证要尽可能的提取原件，能入卷保存的要入卷保存。不能提取原件或入卷的要采取固定措施如拍照、录像、扫描、复印、摘抄、复制提取，入卷保存并注明原件存放地点，保管人、保管单位加盖公章、注明提取时间，提取人要亲笔签名、押印等。

摘抄、节录、复制会议记录、个人工作笔记、日记等相关材料一定要注意连续性，不得断章取义。

（2）要特别向被调查（审查）人单位和知情人收集能够证明事实真相的书证。涉及国家机密的要履行秘密管理报批手续，并遵守保密规定，不得失密泄密。

（3）对个人日记、信件等能够证明案件事实的原件不得强行提取，应做好涉案人工作并采用其它措施提取。涉及个人隐私的应注意保密，不得扩散泄露。

（4）已经散落、破损、字迹模糊的书证要采用保全措施固定保存，如裱糊、拍照、扫描、复印等。

3. 证人证言的收集

（1）必须注意证人资格。

证人只能是自然人，法人、单位、部门等不能作为证人；只能是心智正常，能够辨别是非并能正确表达的自然人；只能是了解涉嫌违纪违法案件情况与涉嫌违纪违法案件事实有关联的知情人；证人不能更换、替代；纪律和法律面前人人平等，不管是一般党员、干部、群众，还是身居高位的领导干部都有作证的义务。

（2）做好询问准备。

要了解证人与案件、受害人、嫌疑人有无利害关系，还要了解证人的品行、心理素质、身体、心智、思维等状况；拟定询问提纲或要点；确定适当的时间、地点、方式询问证人或请证人自己书写文字材料提供证言。

（3）注意方式，讲究策略。

一是稳定情绪，阐明来意，请求理解与支持；

二是要注意倾听证人的叙述，了解基本意义后，再针对重点提出问题；

三是不得指名问证，也不得引诱暗示；

四是必要时可以出示证物、照片等，以助证人回忆、辨认；

五是提问要条理清楚、明确易懂，切忌言语模糊似是而非。

（4）分析研究证人证言。

注重与其它证据材料比照印证，发现问题，找出疑点，明确进一步调查的线索或应提取的证据。

（5）程序合法，手续完备。

第一，提出要求，明确责任；

第二，单独询问，一人一证，不得多人一起询问或以座谈会的形式询问；

第三，证言可由证人自己书写，也可制作《询问笔录》或《谈话笔录》。但不管是自己书写还是笔录都要写清证人的身份等自然状况，以确定其资格，并要亲笔签名押印；

第四，证人有权审阅笔录、更改证言或重新提供证言，重新出证应注明原由，但不能收回原证；

第五，询问必须是两人以上的纪律审查与监察调查人员进行，制作笔录应当标明询问人和记录人，必须要保守证人秘密。

4. 受害人陈述的收集

受害人陈述的收集与证人证言的收集基本相同，但要注意：

（1）提出要求，讲清责任，明确要实事求是地陈述事实或检举、揭发违纪违法事实，既不隐瞒也不夸大。

（2）了解受害人平时与嫌疑人的交往、关系情况，有无个人恩怨等利害因素。

（3）注意态度和方式，稳定情绪，倾听叙述，对表述不清、含混的叙述要耐心详细地询问明白，记录清楚。

5. 嫌疑人陈述的收集

嫌疑人陈述（被调查人的供述与辩解）的收集与证人证言、受害人陈述的收集相同，应当注意的是：

（1）在首次与嫌疑人谈话时，要明确告知是对其涉嫌违纪违法的问题进行调查核实，提出要求，宣布调查纪律等。

（2）每次谈话后要认真分析，判断确定，思考准备再次谈话的重点或进一步调查取证的范围和要做的工作。

6. 视听资料、电子数据的收集

同物证、书证的收集基本相同。主要是两个途径：

（1）向涉事单位收集、调取。随着办公现代化的实现，视听资料和电子数据越来越广泛、普遍。实践中要特别注意与经济监督管理部门、司法机关、新闻媒体的联系，查询、提取与违纪违法问题有关的视听资料、电子数据。

（2）动员知情人提供。

7. 现场检查笔录的制作与收集

（1）须由纪检监察机关的纪律审查与监察调查人员当场制作，并应邀请见证人临场见证。

（2）内容须客观、全面、真实，文字须精炼、准确、恰当。

（3）内容记载清楚：违纪违法问题发现或发生的时间、地点；举报人的自然状况、嫌疑人的自然状况、受害人的自然状况；现场检查指挥人员和见证人员的身份等状况；现场拍照、录像、录音、检测等人员的身份等状况；检查起始、终止时间；现场提取各种证据的名称、性质、形状、位置、数量等特征；拍照、录音、录像、测绘等内容及数量等。

（4）现场指挥、见证、记录、检查、检测、拍照、录音、录像、测绘等人员亲笔签名、押印。

（5）现场检查记录要妥善保管，要严格周密，严防遗失、散落、泄露、篡改、变造、损毁、灭失等问题的发生。

8. 鉴定意见的收集

（1）确定鉴定人，并提出要求，明确责任。

鉴定人一要是自然人；二要是专门机构从事专门业务的人员；三要具有足够的解决专门问题的学识和技能；四要与所审查的违纪问题、涉嫌违纪人员、受害人或其他利害关系人没有利害关系。

四项条件应当同时具备才可委托或聘任为鉴定人。

（2）办理委托或聘任手续。

（3）递送检材，明确时限。

（4）回收鉴定意见、报告鉴定结果，妥善保管检材、结论，防止遗失、散落、泄露、篡改、变造、损毁、灭失。

（5）鉴定机构和鉴定人应当按照鉴定规则，运用科学方法独立进行鉴定。鉴定意见应当注明提起鉴定的事由、鉴定委托人、鉴定机构、鉴定要求、鉴定过程、鉴定方法、鉴定日期等相关内容，鉴定机构加盖司法鉴定专用章并由鉴定人签名、盖章。

9. 勘验、检查笔录的制作与收集

按照《中华人民共和国监察法》第 26 条的规定：监察机关在调查过程中，可以直接或者指派、聘请具有专门知识、资格的人员在调查人员主持下进行勘验检查。勘验检查情况应当制作笔录，由参加勘验检查的人员和见证人签名或者盖章。在调查中被调查人涉及其他违法问题时，应同有关司法机关联系，办理相关手续，调取、收集勘验、检查笔录。方式与书证基本相同。

勘验、检查笔录应当客观、全面、详细、准确、规范，能够作为核查现场或者恢复现场原状的依据。勘验检查笔录正文需要载明勘验、检查过程及结果，与违法行为有关的痕迹和物品的名称、位置、数量、性状、分布等情况，物体摆放的位置、人体的衣着、姿势、痕迹的分布、性状和数量以及提取痕迹、物证的人员、过程等情况。多次进行勘验、检查或者补充勘验、检查的，应当逐次制作补充勘验、检查笔录。

补充勘验、检查的，应当说明补充勘验、检查的原因，前后勘验、检查的情况是否一致等。勘验、检查应当按照规定邀请见证人，无见证人的，应当注明情况并应全程录像。

二、证据的鉴别

（一）概念

证据的鉴别，就是纪律审查与监察调查人员对收集的证据材料进行审核、判断，确定客观性、真实性、关联性证实其证据力和证明力，也就是确定证据材料有效性的活动。

所谓"证据力"，是指证据材料进入案件证据收集程序的资格或条件，也称为证据能力。

所谓"证明力"，是指证据材料对认定案件事实的证明作用或价值，就是证据材料的可靠性、可信性（度）、可采性。

一般来说原始证据和直接证据的证明效力大于传来证据和间接证据。在实践中应当一丝不苟地遵循收集、运用证据的规则，尽最大努力收集、运用原始证据和直接证据，不得疏忽遗漏应该收集的原始证据和直接证据。

（二）鉴别

《中国共产党纪律检查机关案件检查工作条例》第 27 条规定：证据应经过鉴别属实，才能作为定案的根据。

《中华人民共和国监察法》第 33 条规定：监察机关在收集、固定、审查、运用证据时，应当与刑事审判关于证据的要求和标准相一致。

以非法方法收集的证据应当依法予以排除，不得作为案件处置的依据。

《刑事诉讼法》第 50 条规定：证据必须经过查证属实，才能作为定案的根据。

根据上述规定，实践中在鉴别证据材料时要特别注意审核、判断、确定以下几点：

1. 证据的来源和获取的方法、手段是否清楚、合法。只有证据材料的来源是清楚的，取得方式、手段是合法的，才具备真实可靠的基础。要严防伪证、错证。发现问题要立马纠正，重新取证或补证。

2. 对影响事实真相认定的每个情节的确定，都要有确实充分可靠的证据，证明力不足的证据决不可采用。在没有物证、书证的情况下，仅凭言词证据定案，必须坚持要有两个或两个以上排他、同一的证据才能定案的原则。

3. 证据材料的证明要素要完备具体。采用定案的证据材料要具备或基本具备"6H要素",即何时、何地、何人、何事、何故、何果。时间上要合乎逻辑和时间顺序,空间要合乎客观实际。

4. 证据材料相互呼应,证言之间,证言与物证、书证、其它证据之间或相互之间无自相矛盾、逻辑混乱的情况。

5. 间接证据认定问题事实时,必须是一个完整、能够排除其它可能性的唯一的证据链。

6. 对涉嫌违纪违法人员的情况、责任的证明客观公正,既不夸大也不缩小。

各类证据材料的鉴别基本相同,但每类证据在鉴别时又有需要注意的节点:

1. 物证

(1)用技术手段对物品的外形、性质进行检验、检测,进一步地确定与涉嫌违纪问题的关联性,严防伪证、错证或栽赃陷害。

(2)按照规则由证人、受害人、嫌疑人辨认。

2. 书证

(1)用技术手段检验、检测,进一步地确定与涉嫌违纪问题的关联性,严防假冒、篡改、错证或栽赃陷害。

(2)按照规则由证人、受害人、嫌疑人辨认。

(3)是自己制作还是不知情或是知情挂名;是本意还是受骗或有外在压力。

(4)有无认识、记忆、书写、打印、传抄上的差错。

3. 证人证言

(1)证人证言的鉴别不得采用对质的方式。

(2)掌握证人的品行、与涉嫌违纪问题或涉嫌违纪人的利害关系、作证资格能力等情况。

4. 受害人陈述笔录

(1)了解和掌握受害人的平常品行、精神、身体、与嫌疑人的关系等情况。

(2)受害人和涉嫌违纪问题的事实有密切利害关系,有可能因个人怨愤而夸大事实,也可能因突然遭受违纪行为的侵害,精神高度紧张、激动,而发生认识上、记忆上的错误。

（3）有的受害人出于某种顾虑有可能隐瞒或部分隐瞒事实真相，也有人可能出于某种不良目的，虚构情节，混淆黑白，误导调查。

因此，受害人陈述与事实不一定完全相符，需经过认真审查核实，才能作为定案的依据。

5. 嫌疑人陈述

（1）注意与他人的陈述之间的矛盾或疑点。

（2）注意是否与相关人员串供、栽赃、推卸责任或者受人胁迫作虚假陈述或者大包大揽，包庇他人的情况。

（3）注意身体、精神、情绪、记忆、表达及文化程度等因素对陈述真实性的影响。

6. 视听资料、电子数据

（1）视听资料、电子数据应当为原件，用技术手段检验、检测，确定有无假冒、伪造、篡改、失真、裁剪、拼接、消磁、错证或栽赃陷害等情况。

（2）注意视听资料、电子数据制作、储存设备的技术装备是否完备齐整，有无地理环境等外部因素导致的误差等情况。

（3）原件无法提取的，可以提取复制件。应当注明无法提取的原因、复制件制作过程和原件存放地点，复制人、原持有人应当签名或者盖章。对原始视听资料、电子数据有疑问的，应当按照规定检验、检测作出鉴定结论。

（4）在实践中对视听资料、电子数据审核鉴别要特别注意来源的合法性。要有提取过程的说明。视听资料、电子数据的收集程序、方式应当符合法律及有关技术规范；使用勘验、检查、搜查等监察措施收集的视听资料、电子数据，应当附有笔录、清单，并经调查人员或电子数据持有人、见证人签名；没有持有人签名的，应当注明原因并按规定注明其规格、类别、文件格式；异地（境外）调取视听资料或者电子数据的，应当注明相关情况。

7. 现场检查笔录

（1）注意现场检查、记录人员的政治、业务素质和责任心、能力状况。

（2）注意现场检查的程序和手续是否合乎规定。

（3）注意记录内容是否完整，有无遗漏、错记等情况。

（4）注意现场是否伪造或破坏。

8. 鉴定结论

（1）注意鉴定是否受到外界的干扰或压力。

（2）注意鉴定机构和鉴定人是否具有法定资质，检材的来源、取得、保管、送检是否符合法律法规的规定，是否与提取笔录、扣押物品清单相吻合。

（3）注意鉴定的检材是否真实、充分、可靠，检材的保管和送检环节责任人是否明确，检材在流转环节中是否同一和是否存在差异或其它问题的可能。

（4）注意鉴定的程序是否合规，设备是否正常、完整，鉴定方法是否科学、正当，操作程序是否合乎规则。

9. 勘验、检查笔录

（1）注意原始勘验、检查笔录制作的合法性、合规性。

（2）注意原始勘验、检查活动及笔录是否完整、准确。

（3）注意收集、提取中的合法性、合规性，有无散落、遗失、遗漏、断章取义等情况。

（4）注意见证人是否合乎规定。

生理上、精神上有缺陷或者年幼，不具有相应辨别能力或者不能正确表达的人，与案件有利害关系、可能影响案件公正处理的人不能作为勘验、检查的见证人。

三、证据的运用

（一）概念

证据的运用是指纪律审查与监察调查过程中，纪律审查与监察调查人员运用经过审核、判断等鉴别活动后属于确实无误、可靠充分的证据材料认定事实真相的活动。这是收集鉴别证据的根本目的，是整个纪律审查与监察调查的中心环节，经过收集、鉴别的证据材料不能运用证明事实，查清问题，就是说明纪律审查与监察调查是失败的，将会造成恶劣的政治、社会影响。

（二）要求

根据《中华人民共和国监察法》第 33 条 "监察机关在收集、固定、审查、运用证据时，应当与刑事审判关于证据的要求和标准相一致" 的规定，实践中运用证据认定案件事实时必须排除合理怀疑：

1. 现有证据材料能不能完全涵盖、证实案件事实。

2. 有迹象表明可能存在某种影响案件真实性的问题，现有证据材料能不能排除。

3. 根据常识，可能存在影响案件真实性的情况是否排除。

因此，在证据的运用中一定要坚持：

1. 疑证不能定案。未经查实，处于或然状态的证据材料不得作为定案依据。

2. 只有嫌疑人自己的交代或陈述，没有其它证据证实的，不能作为定案依据；嫌疑人拒不承认或拒不交代的，但有确实充分的证据能够证实的，可以认定。

3. 证据充分，结论唯一。认定事实的证据，数量上应当在两个或两个以上，材料齐全，相互印证，均有旁证佐证；在质量上则应当得出唯一性结论，形成一个完整的、排他的、唯一的证据体系。

综上所述就是要做到：

（1）定性量纪或定罪量刑的案件事实都有证据证明；

（2）据以定案的证据均经法定程序查证属实；

（3）综合全案证据，对所认定事实的合理怀疑均已排除。

第八节　证据的运用原则

证据运用原则就是纪律审查与监察调查中运用证据材料认定问题事实应当遵循的指导性的规则。纪律审查与监察调查证据运用应遵循的原则主要有：

一、坚持辩证唯物观的认识论

坚持马克思主义辩证唯物观的认识论就是坚持实事求是的思想路线，坚持马克思主义活的灵魂"具体情况具体分析"的方法论。一切从实际出发，客观地、联系地、辩证地认识问题、考虑问题、解决问题。

二、重证据，重调查研究，不轻信口供

这是我们党在延安整风时就建立起来的优良传统，是我们在纪律审查与监察调查中必须坚持的政策原则。这一原则合乎辩证唯物法的认识论，也是我们总结反思历史的经验教训，建立的法治原则。坚持这一原则就要深入群众，调查研究，掌握众多的第一手材料来证明事实。

三、严禁逼供、诱供、指供、引供

这是我们党深刻接受历史的教训而建立的法治原则和纪律审查与监察调查政策。纪律审查与监察调查必须坚定地坚持这一原则。

四、一切证据必须查证鉴别属实

在纪律审查与监察调查实践中，不仅不能轻信口供，还要对一切证据采取不同的方法予以印证，获取旁证的佐证，证实其客观性、真实性、关联性和可靠性。未经查证属实的证据不能作为定案依据，即"疑证不得定案"。

五、忠实于事实

纪律审查与监察调查人员在收集、鉴别、运用证据时必须牢固地树立忠于事实的意识，不受私心、私情、外部压力、物质的利诱，耐得住压力，坚定"不唯上、不唯书、只唯实"的信念，坚持客观公正地运用证据认定事实。

六、坚持全面性，避免片面性

这一原则是纪律审查与监察调查人员应当坚持的重要原则。坚持这一原则就要求纪律审查与监察调查人员始终要出于公心，不图私利，不存私心，不带偏见，不先入为主，尊重事实、忠于事实，遵循党章、忠于党章，遵守纪律、维护纪律，在证据运用中坚持"交换、比较、反复"的方法，全面认识、确定证据材料，特别要注意有利于嫌疑人的证据材料的查实印证，才能真正落实"监督、执纪、问责"和"监督、调查、处置"的职能，实现纪律审查与监察调查的目的。

第九节 实践中应当注意的事项

纪检监察机关的纪律审查与监察调查人员一定要做"明白人"，纪律审查与监察调查无小事，千万不可马虎，千万不可糊涂，一定要了解纪律审查与监察调查实践中应当注意的一些问题。

实践中常见的问题主要是证据有效性方面的问题。即：

（一）举报信不是证据

举报信不是认定事实的证据，只能是调查的线索。即便是实名举报的线索也必须查证核实。

（二）证人证言

提取证人证言，无论是制作笔录或由本人书写证言，都应按照《关于查处党员违纪案件中收集、鉴别、使用证据的具体规定》第7条和法律法规的规定"验明正身"，证实其是否具有证人资格。

一要说明证明人的自然状况、工作单位、职务等，以证实其是否与所证实的案件事实具有关联性，即作证的资格和效力。

二要了解和察觉证人的身体、精神、心智方面是否存在缺陷，有无作证的能力。证据法律规则规定凡是知道案件真实情况的人都可以作为证人。生理上、精神上有缺陷或者年幼，不能辨别是非、不能正确表达意志的人，不能作证人。

三应特别注意杜绝在证人证言上由所在单位加盖公章，填注"属实""供参考"之类影响证据效力的现象。

四要注意遵守证据规则，找证人调查取证不得采用座谈、当面对质的形式。要坚持一人一证，一事一证的取证规则。

（三）复制证据

根据国家相关的监察法规和《关于查处党员违纪案件中收集、鉴别、使用证据的具体规定》第4条第2款和《中华人民共和国监察法》《刑事诉讼法》的规定，纪检监察机关纪律审查与监察调查的举证责任在于纪律审查与监察调查人员，因此对复制证据应由纪律审查与监察调查人员注明原件存放处、提供人、时间、地点等事项，并要亲笔签名、押印，以示合法有效，杜绝举证责任倒置造成效力减低的问题。

（四）谈话笔录、询问笔录

谈话笔录、询问笔录等切记要如实填写问话人、记录人的姓名。谈话完毕一定要被谈话人、证人等签名确认，防止无效证据贻害整个事实的认定和处理。

还要特别注意下列事项：

一是谈话人一定要心态平和、客观公正地制作笔录，不得心浮气躁，主观臆断，任意任性制作笔录。

二是制作谈话笔录切记不得随问随答随记，一定要全盘询问，掌握重点，明确关键，综合整理归纳再形成笔录。否则形成的笔录可能前后矛盾，条理不清，逻辑混乱，失去证据的作用，劳而无功。

三是切记谈话笔录的每个节点都要清楚、完整。不得一个问题未解决就突然转向另一问题，造成该问的未问清，关键问题没有记录，废话无用的事情记了一大堆，结果是笔录做了不少却毫无用处。

四是细节决定成败。一定要关注细节，注意谈话问答中一些看起来不经意的只言片语，不要小看这些只言片语，它们往往是真情的流露，抓住了就有可能是获取关键证据的线索，就有可能是突破整个案件的至关重要的关键证据。

五是对关键节点切记要盯着问，反复问，来回问，要不怕麻烦。在笔录上一定要显示出来。

六是不论是纪律审查还是监察调查要严格遵循有关法律法规的规定。询问证人过程中，不能为了劝说证人作证，采取同时询问多个证人的方法让其在人云亦云中做出证言；不能为了让证人有效地印证犯罪而向证人泄露案情；不能出示证人并不知情的书证、物证引诱其进行辨认，等等。（《刑事诉讼规则》第258~260条的规定）

（五）谈话笔录、物品指认笔录、现场检查笔录等的制作，切忌逼供、指供、引供、诱供

所谓逼供是指被调查人或相关人员难以承受精神或肉体上的压力或痛苦，在被逼迫的情况下所作的供述或证言。

所谓指供是指被调查人或相关人员在调查人员明显的意思表达后所作供述或证言。这种表达可能是言语、文字，也可能是形体动作。

所谓引供是指调查人员通过言语、形体动作、表情的示意或心理暗示，引导被调查人或相关人员所作的供述或证言。

所谓诱供是指被调查人或相关人员得到某种利益的许诺或诱惑所作供述或证言。

上述行为都是以非法方法收集证据的做法。《中华人民共和国监察法》第33条第3款规定：以非法方法收集的证据应当依法予以排除，不得作为案件处置的依据。

提示：

1. 掌握证据的概念、特征、证据的分类、证明的责任、证据的收集、鉴别、运用规则和法定要求并能熟练运用。

2. 熟悉证据的种类、作用、意义。

3. 了解和把握证据的收集、鉴别、运用中应当注意的事项。

重点思考题：

第一节　证据的概念

1. 证据的概念是什么？

2. 什么是证据制度？社会发展至今产生了几种主要证据制度？

3. 我国证据制度的特点有哪些？

4. 纪律审查与监察调查证据制度的起始和创立于什么时期？主要内容是什么？

第二节　证据的特征

5. 证据的特征指什么？有哪些特征？

6. 证据的合法性是指什么？

7. 简述证据特征的相互关系。

第三节　证据的意义

8. 收集、鉴别、运用证据始终处在纪律审查与监察调查的什么地位？为什么？

第四节　证据种类

9. 什么是证据种类？

10. 我国现行证据制度规定的证据种类主要有哪些？

11. 阐述各类证据的定义。

12. 阐述物证与书证的相同点、区别点、交叉点。

13. 电子数据和视听资料的区别是什么？

第五节　证据的分类

14. 证据分类的概念是什么？

15. 请解释八类证据的定义。

16. 证据分类是以什么标准划分的？

第四章

文 书

这一章简要介绍纪律审查与监察调查的主要文书制作和注意事项。

第一节　简　述

一、公文

纪律审查与监察调查文书是一种公文。所谓公文，范围较广。公文的本质是国家治理者管理国家、处理政务的工具，是以文字记述和传递的形式形成能够传达、知会其内容意义的规范性文书。

我国现行公文是指依法成立的政党、政府、团体、企事业单位或其他社会组织，按照严格的、法定的生效程序和规范的格式制定的，传递信息、办理公务的应用文。其特征是：

第一，公文的制作者是依法成立的组织。

第二，公文具有特定效力，用于处理公务，具有特定的效能和影响力。

第三，公文具有规范的结构和格式，各种类型的公文都有明确规定的格式，而不是像私人文件那样主要靠各种"约定俗成"的格式，这是公文区别于其它文书的主要特征。

二、纪律审查与监察调查文书

（一）概念

纪律审查与监察调查文书，是指各级纪检监察机关纪律审查与监察调查部门，履行纪律审查与监察调查职能中制作和形成的各种文书的总称，是纪律审查与监察调查中指导、安排、布置、商洽工作，请示、报告、交流、答复问题和交流情况的工具。

（二）作用

纪律审查与监察调查文书，是纪检监察机关严格"监督、执纪、问责"和"监督、调查、处置"的重要工具，是履行纪律审查与监察调查职能的客观记录，是检验、评价纪律审查与监察调查部门工作质量和水平的重要标志，也是进行业务指导的有效方式和宣传教育、警示提醒的有力手段。

（三）特征

1. 严肃性。纪律审查与监察调查文书是纪检监察机关的法定文书，代表的是纪检监察机关，制作运用要求非常严格和认真，管理也非常严密和细致。

2. 权威性。纪律审查与监察调查文书体现着纪检监察机关的意志，对内对外具有很强的约束力和强制力。

3. 合法性。纪律审查与监察调查文书的制作和运用，必须合乎规定的程序和手续，否则，不能生效。纪律审查与监察调查文书的内容要合乎规定，依据是现行有效的国家法律、法规、党内法规。

4. 规范性。纪律审查与监察调查文书的格式、结构要合乎规定。

5. 确定性。亦称单一性、唯一性。纪律审查与监察调查文书的内容和词义必须是确定，明晰的，只能是唯一的意义，不得产生歧义。

6. 真实性。纪律审查与监察调查文书的内容或反映的情况必须客观全面、真实可靠、准确无误。

（四）制作要求

1. 主题明确，观点鲜明。

纪律审查与监察调查文书阐述的是纪律审查与监察调查的事实、性质、处理建议等重要事项，所以主题必须明确，要旗帜鲜明地阐明主题观点和中心意思。论述问题要有理有据，态度明确，不含糊，不回避，不遮掩，切忌模棱两可。

2. 逻辑严谨，条理分明。

纪律审查与监察调查文书的阐述要符合客观事物的发展规律和人的思维规律。

（1）同一性。在阐述时要坚持使用概念的同一性，叙述调查事实要保持纪律审查与监察调查七要素的同一，即时间、地点、主体、情节、手段、责任、后果要素同一。既不能偷换概念又不可混淆概念。否则，阐述就会混乱不清。

（2）清晰性。内容阐述层次清楚，条理分明，前后相应，不得自相矛盾。即定性和事实相应，处理建议和定性相应。

（3）可靠性。提出的论点要有充分可靠的论据。即认定的事实要有确实充分的证据依据，定性要有确实充分可靠的事实和法规依据。要把事实和证据，观点和论据合乎逻辑、条理分明地联系起来，有理有据，步骤清晰，层次清楚。

3. 语言规范，准确无误。纪律审查与监察调查文书的语言要用规范的书面语言。文字、标点要合乎国家标准，计量单位、数字合乎国家规定。词句的结构合乎语法要求，主、谓、宾语等不得随意省略，词义要准确，不得产生歧义，不得运用口语或方言。

4. 文字简洁。纪律审查与监察调查文书制作既要内容充实，条理清晰，又要力求文字的简洁明了。首先要熟悉文书所要阐述的内容，把握重点，才能运用准确恰当的语言，达到简洁明了。其次要精心修改、提炼，提高文字表达能力。

5. 用词准确。纪律审查与监察调查文书的制作一定要准确，人名、地名、时间、数字、引文要准确。运用法律、纪检监察或其它专业用语、专用术语要正确理解其特定含义、使用对象和范围。运用普通用语要理解词义的轻重褒贬的意义，注意区分同义词、近义词相互的差异，对多义词要加以限定，不可产生歧义。人称代词要确定，不可人、物代词混用、混淆，防止指代不明。

6. 文风朴实。纪律审查与监察调查文书制作的文风要朴实无华，要庄重厚实。不得运用文艺创作的描写、比喻、形容、夸张、渲染等手法。要自然平直的阐述，切忌虚构、浮夸，追求新奇华美。

第二节　主要文书的制作

一、谈话函询情况报告

（一）概念

谈话函询情况报告是纪检监察机关监督、审查与调查部门，按照《中国共产党纪律检查机关监督执纪工作规则（试行）》和《中华人民共和国监察法》的规定，对违纪违法问题线索反映的问题与被反映人进行谈话或者发函要求本人作出说明的情况报告。

《中国共产党纪律检查机关监督执纪工作规则（试行）》第21条规定：谈话函询工作应当在谈话结束或者收到函询回复后30日内办结，由承办部门写出情况报告和处置意见后报批。

《中华人民共和国监察法》第19条规定：对可能发生职务违法的监察对象，监察机关按照管理权限，可以直接或者委托有关机关、人员进行谈话或者要求说明情况。

第20条规定：在调查过程中，对涉嫌职务违法的被调查人，监察机关可以要求其就涉嫌违法行为作出陈述，必要时向被调查人出具书面通知。

（二）谈话函询情况报告制作

谈话函询情况报告由标题、首部、正文、落款四部分构成。

1. 标题。标题要简洁凝练，直截了当，切忌冗长繁杂。一般就直接定为"关于×××同志谈话函询的情况报告"或"对×××同志谈话函询的情况报告"即可。

2. 首部。谈话函询情况报告的首部一般要交代清楚函询的起因，违纪违法问题线索来源、线索处置的情况、谈话函询的时间等内容。这一部分实际上就是阐述谈话函询的依据。

3. 正文。是谈话函询情况报告的主要内容，分为四个部分。

一是被谈话函询人的自然状况，要详实准确。遇有重名一定要区分清楚，以免混淆不清；籍贯、住址、单位、职务、职级、职称，出生、工作、入党、入伍、任职时间等都要准确。

二是谈话函询情况的叙述，采用总述或分述的方式。如果说明的问题较多，最好分述。叙述谈话函询情况一定要客观准确，要素完整齐全。

三是对本人所作说明事实的认定，性质的确定，存在的疑点等作出判断。

四是根据谈话函询情况，依据《中国共产党纪律检查机关监督执纪工作规则（试行）》第21条的规定提出处理建议。

4. 落款。最后落款的署名是谈话函询的承办部门。

二、初核和调查（审查）方案

（一）概念

初核或调查（审查）方案是指纪律审查与监察调查部门确定对违纪违法问题线索进行初核或正式立案调查（审查）时由核查组或调查（审查）组制作的核查步骤、方法等的工作预案。

《中国共产党纪律检查机关案件检查工作条例》第 24 条规定：调查组要熟悉案情，了解与案件有关的政策、规定，研究制订调查方案。

《中国共产党纪律检查机关监督执纪工作规则（试行）》第 22 条规定：采取初步核实方式处置问题线索，应当制定工作方案，成立核查组，履行审批程序。

《中国共产党纪律检查机关监督执纪工作规则（试行）》第 26 条第 2 款规定：纪检机关主要负责人主持召开执纪审查专题会议，研究确定审查方案，提出需要采取的审查措施。

《中华人民共和国监察法》第 39 条第 2 款规定：监察机关主要负责人依法批准立案后，应当主持召开专题会议，研究确定调查方案，决定需要采取的调查措施。

第 42 条规定：调查人员应当严格执行调查方案，不得随意扩大调查范围、变更调查对象和事项。

在纪律审查与监察调查实践中，方案的制定是一个严密的分析、判断过程，没有一定的能力和水平是拿不出来的。凡事预则立，不预则废。事实证明，一个好的初核或调查方案，往往为案件的突破、成功的办理起着指明方向的作用。方案中预计的难点、疑点等复杂因素及注意事项，促使我们及早准备应对措施，做到心中有数。一旦出现一些问题，能够沉着应对，迎难而上，迎刃而解，不会惊慌失措，贻误战机。

（二）初核方案的制作

初核或审查方案由标题、首部、正文、落款四部分构成。

1. 标题。标题要简洁凝练，直截了当，切忌冗长繁杂。一般就直接写为"关于×××同志违纪（违法）问题的初核方案"即可。

2. 首部。首部指方案的第一部分，初核方案的首部一般要交代清楚线索来源、受理登记的时间和初核批准人等内容。这一部分实际上就是阐述初核的依据。

3. 正文。就是方案的正式内容。这一部分首先要阐明需要初核的线索内容，应将需要初核的内容逐一讲清，不得遗漏。可总述，也可分述。其次要阐明初核的预案，应讲明初核的时间、步骤、范围、方法、程序等内容。

主要内容是：

（1）初核的领导、组织或主办人；

（2）初核人员的组成；

（3）初核主要问题和目的；

（4）初核的难点、疑点和可能的突破点；

（5）初核的步骤、手段、措施、方式等；

（6）初核纪律要求；

（7）其他事项等。

4. 落款。也称尾部。是指方案制定者的署名和时间。初核方案由初核人署名。

要求：一是要认真讨论分析案件线索，熟悉情况，掌握规定或政策，有的放矢，准确判断，制定方案。二是方案要经室主任审核签署意见后，及时呈送领导审核批准。

（三）调查（审查）方案的制作

1. 标题。和初核方案要求相同。直接写为"关于×××同志违纪问题的审查方案"或者"关于×××涉嫌职务违法问题的调查方案"。

2. 首部。要交代清楚审查或调查的依据。就是要写清线索的来源，初核认定的事实、性质，批准立案审查或调查的机关和批准人、立案的时间等。

3. 正文。审查或调查方案的正文相对初核方案的内容要更加充实、细致，要求也更加严格。除了与初核方案相同的内容外，因为是正式立案审查调查，使用的措施也更多，所以内容就更加详实具体。

《中国共产党纪律检查机关案件检查工作条例实施细则》第22条明确规定：调查方案，其内容应包括：需查清的主要问题，调查步骤、方法，预计完成任务的时间，办案人员的组成和领导关系以及应注意的事项等。

据此，审查方案的内容主要有：

（1）调查的领导、组织或主办人；

（2）调查（审查）组和审查或调查人员的组成；

（3）对调查（审查）组人员政治、业务素质的要求；

（4）调查（审查）的主要问题和目的；

（5）调查（审查）的难点、疑点和可能的突破点；

（6）调查（审查）的步骤、手段、措施、方式等；

（7）调查（审查）中可能涉及的单位、部门及人和职务、职级；

（8）需要领导或有关单位、部门协调、协助的事项；

（9）调查（审查）纪律要求；

（10）注意事项或其他事项。

具体来说要把握好：

（1）调查（审查）的领导和组织结构

按照问题的大小、任务的轻重、调查的难易，对调查（审查）人员合理搭配、合理分工，以便能够高质高效地进行调查。

一是按照需要调查（审查）的内容或项目，分别确定各个问题的调查（审查）人员，进行分组，明确负责人选；

二是明确全体人员的职责与任务，使全体人员心中有数，自觉把握大局，关注全局；

三要明确领导关系，建立相应的请示、汇报制度，以便领导及时掌握情况，调控全局，把握大局；

四要根据调查（审查）队伍的人员状况，及时建立临时党组织，做好思想政治工作和必要的心理疏导、排解困难等相关工作，保证调查（审查）队伍的思想、情绪、人员的稳定等。

这些都要预先想到、研究，及早安排，体现在方案中，确保调查（审查）工作的顺利开展。

（2）需要查清的主要问题。在方案中明确了要查清的主要问题，也就明确了调查（审查）的内容。因此，要把查清的问题逐条列入，不要遗漏，是为了把握调查的全局；同时还要突出重点，注意抓住最主要、最关键的问题展开调查。

（3）调查（审查）的步骤、方法。不同的问题有着不同的特点。不同问题的情况千差万别，决定了调查（审查）的方法步骤的灵活多变。

在调查（审查）步骤上，有的先易后难，有的先难后易。

在调查（审查）方法上，有的从事到人，有的从人到事；有的正面接触，有的侧面了解；有的直接调查，有的委托核查。

在调查（审查）策略上，有的要集中力量，重点突破；有的可全面展开，分头核查；有的则要提请有关机关对先期已获得的物证、书证先行鉴定，确定问题的可能性，明确调查方向。需要哪些人证？要证明什么？了解什么？什么时候和嫌疑人正面接触？谈什么？与受害人谈什么？需要证人出具什么样的证据材料？需要核对什么账目？是不是要查核银行账户？哪些问题需要哪些单位提供会议记录、公文或文档材料？哪些问题需要派员外调、函调或委托调查？

在调查（审查）中可能出现的种种问题都要有所预判，要预先研究制定具体在调查（审查）的措施、办法和手段。

（4）预计完成任务的时间。根据纪检监察机关领导或者党委、政府领导的要求以及问题的易难复杂程度、调查（审查）的各个环节、问题的多少等情况，预计完成任务的基本时间或大致时限。以使全体人员明确自己的工作量，预先安排好有关事宜，确保调查（审查）期间不受干扰，避免贻误调查（审查）工作。具体是逐个预定各个小组审查的项目、问题的进度，进而确定全案的调查（审查）进度，调控各个小组和人员之间的相互协调和配合，确保在预定的基本时限内按照要求完成任务。

（5）其他应当预见和确定的事项。

4. 落款。由调查（审查）组署名，时间要准确。

5. 要求：

（1）认真讨论分析初核报告、证据材料和问题线索，了解和掌握初核已知的事实情况、涉案单位、人员的基本情况。

（2）有的放矢，针对问题或可能的情况，学习熟悉政策、法律、法规、党政纪有关规定，用以指导方案的制定和实际调查。

（3）方案要让全体调查（审查）人员了然于心，明确调查的目的、任务、方式、自己的角色、工作量和应把握的政策界限、注意的事项等。

（4）及时、快速地送审、核准。做好实施的准备工作。

（四）调查（审查）提纲的拟定

调查（审查）提纲是针对违纪违法问题线索的反映，预先归纳、提出内容的重点以便快速有效地展开工作，是更加具体细致化的调查（审查）方案。

有些简单的纪律审查与监察调查中，往往将方案和提纲合二而一。

情况复杂、难度较大的问题则可能要准备多个提纲，经过反复比较、讨论、修订，确定最佳提纲。

这个过程是一个认真分析、讨论的过程，集思广益的过程。调查提纲有总的提纲，也有针对具体问题、具体人或事的提纲。

确定的提纲不是一成不变，随着调查（审查）的深入、案情的发展变化，要及时调整充实提纲，避免调查（审查）的盲目性或教条化。但必须遵守法律法规的规定，调整充实方案或提纲一定要集体研究，请示报告。

《中华人民共和国监察法》第 42 条第 2 款规定：对调查过程中的重要事项，应当集体研究后按程序请示报告。《中国共产党纪律检查机关监督执纪工作规则（试行）》第 27 条也有相应的要求。

（五）调查（审查）提纲的内容

1. 分析、排列问题线索和初核掌握的情况。已经收集的问题线索和初核掌握的问题线索是纪律审查与监察调查的宝贵材料，是获取证据的源头和指引。所以要做认真地分析、研究和判断，分清主次，按问题的性质，分门别类排列，细化为目，便于随时检索、分析。

2. 确定调查（审查）问题的先后顺序。根据排列的线索细目，确定先查什么，后查什么，排好顺序。

情况简单的，抓住已经初核揭示的主要问题或线索，从违纪行为的起始阶段查起，逐步查清。

情况复杂、难度较大的，就要多费心思，预定多套办法。

一般以嫌疑人为中心画出违纪违法线索的重要情节链，选择突破口，瞅准时机予以突破；或以能反映违纪事实的重点资料入手，选择关键人物、关键问题的关键节点予以突破；或者先扫清外围，从主要突破口涉及的外围线索中选择与嫌疑人关系并不牢固、不密切，工作、生活、经济、政治上不依赖或依赖较小的薄弱环节突破，逐渐扩展。

对于实名举报、控告的问题，则应首先查证举报、控告问题的真实性，逐步接触其它问题。

3. 确定应调查的对象。确定调查对象，就是确定调查中能够证明案件事实的客体范围，就是确定与案件事实有关的人、物、事。这些人可能是证人、知情人、受害人，是应当确定的重点；物是涉案的物品；事是与案件相关联的事情。同时也要注意调查研究，听取涉事单位、群众意见，扩大线索范围，发现和寻找新的调查对象。提纲应列清调查对象的基本情况以便随时联系，同时一定要搞清其与被调查（审查）人的关系，预定对策。

调查（审查）方案说到底就是"五定"。即一定主管领导；二定办案力量；三定查处措施；四定调查内容；五定完成时间。

三、初核报告

（一）概念

初核报告，是指初核人认为需要初核的违纪问题线索的事实基本查清，根据有关规定，向纪律审查与监察调查部门报告初核情况并提出处理建议的文书。也是法定的纪检监察机关的纪律审查与监察调查文书。

《中国共产党纪律检查机关案件检查工作条例》第 14 条规定：初步核实后，由参与核实的人员写出初步核实情况报告。

《中国共产党纪律检查机关监督执纪工作规则（试行）》第 24 条规定：初步核实工作结束后，核查组应当撰写初核情况报告，列明被核查人基本情况、反映的主要问题、办理依据及初核结果、存在疑点、处理建议，由核查组全体人员签名备查。

《中华人民共和国监察法》第 38 条规定：需要采取初步核实方式处置问题线索的，监察机关应当依法履行审批程序，成立核查组。初步核实工作结束后，核查组应当撰写初步核实情况报告，提出处理建议。承办部门应当提出分类处理意见。初步核实情况报告和分类处理意见报监察机关主要负责人审批。

（二）制作

初核报告由标题、首部、正文、落款四部分构成。

1. 标题

标题要简洁凝练，直截了当，切忌冗长繁杂。一般就直接定为"关于×××同志有关问题的初核报告"或"对×××违纪（违法）问题的初核报告"即可。不要写成"关于×××（举报人）反映（举报）×××（嫌疑人）×××问题的初核报告"或"关于对×××（单位或部门）党委书记、局长×××、×××问题的初核报告"。

2. 首部

初核报告的首部一般交代清楚违纪违法问题线索来源、初核的时间等内容。这一部分实际上就是阐述初核的依据。

3. 正文

是初核报告的主要内容，分为三个部分。一是涉嫌违纪违法人的自然状况，要详实准确。遇有重名一定要区分清楚，以免混淆不清；籍贯、住址、单位、职务、职级、职称、出生日期、工作、入党时间、入伍时间、任职时间等都要准确。二是案件事实的叙述，总述或分述。如果初核的问题较多，最好分述。叙述案件事实一定要客观准确，要素完整齐全。三是对初核事实的认定，问题性质的确定，存在的疑点，处理的建议。

4. 落款

最后落款的署名是"初核人"并亲笔签名或押印，不是"调查组"或其他名称。

（三）要求

1. 初核报告的提出必须是在需要初核的问题事实基本查清的基础上提出。

2. 认定事实的证据材料确实充分可靠。

3. 认定事实的证据材料必须鉴别审核属实。

4. 定性、处理建议所依据法规条文有效准确，恰当适度。

5. 及时提交审议，做好后续衔接工作。

四、了结报告

（一）概念

了结报告，是指纪检监察机关纪律审查与监察调查部门经过初核，认为违纪违法线索反映的问题不存在或者虽然存在，但不需要追究纪律责任，向纪检监察机关领导报告情况，提请作出其它处理，了结案件的文书。

（二）制作

1. 标题。直接写为"关于×××同志有关问题的了结报告"。

2. 首部。介绍线索的来源、初核的批准、初核的时间。

3. 正文。是了结报告的主要内容，分为三部分。第一部分是涉嫌违纪违法人的自然状况。第二部分是介绍初步核实的情况及初核的处理建议。第三部分是介绍纪律审查与监察调查部门集体审议初核报告及初核意见的情况和审议认定的事实及处理建议，提出纪律审查与监察调查部门的处理建议，即了结案件的建议。

4. 落款。署纪律审查与监察调查部门，如"××市纪委第×纪检监察室"。呈报时间要准确，符合规范。

（三）要求

1. 正文阐述认定或否定初核认定的事实或处理建议都要有理有据，确实可靠。

2. 提出了结建议的依据事实清楚，证据确实充分，符合规定。

3. 要将违纪违法案件线索、初核报告附于报告后边。

4. 及时呈送审批。

五、立案调查（审查）呈批报告

（一）概念

立案调查（审查）呈批报告，是指纪检监察机关纪律审查与监察调查部门经过初核，认为违纪违法线索反映的问题属实，且违反了纪律或法律规定构成违纪违法，应当追究纪律法律责任，提请纪检监察机关或党委、政府立案正式调查（审查）的文书，是纪检监察机关的法定文书。

《中国共产党纪律检查机关案件检查工作条例实施细则》第 19 条明确规定：凡需立案的，由承办纪检室写出《立案呈批报告》。

《中国共产党纪律检查机关监督执纪工作规则（试行）》第 26 条规定：对符合立案条件的，承办部门应当起草立案审查呈批报告，经纪检机关主要负责人审批，报同级党委（党组）主要负责人批准，予以立案审查。

（二）制作

1. 标题。"关于×××同志违纪（违法）问题的立案呈批报告"或"关于××同志涉嫌违纪（违法）问题的立案呈批报告"。

2. 首部。两部分，第一部分是抬头，是立案决定或批准机关；第二部分是提请立案的依据，也就是阐明违纪违法问题线索的来源，初核的批准和初核的时间。

3. 正文。第一部分是涉嫌违纪违法人自然状况。第二部分是初核情况和处理建议。第三部分是纪律审查与监察调查部门集体审议的情况和纪律审查与监察调查部门提请立案的意见和政策法规依据。

4. 落款。决定或批准立案是本级纪检监察机关的，落呈报立案的纪检监察室不能落纪委。时间就是呈报的时间。

（三）要求

1. 因《立案呈批报告》是《中国共产党纪律检查机关案件检查工作条例实施细则》所附的制式文书，经审定后要按规定的格式印制（见本章附式）。统一用"××市（或县、区）纪律检查委员会（纪委）立案呈批报告"的文稿纸印制，并按要求编制文号。

2. 违纪违法案件线索和初核报告、纪检监察室集体审议意见及分管领导的批示，作为附件附在立案呈批报告后，供领导同志审核、参考。

3. 及时呈送分管领导审阅签批。

4. 加强与领导的沟通、请示，做好会议审议的准备工作。

六、立案决定书

立案决定书，是指纪检监察机关决定对涉嫌违纪违法人立案调查（审查）后，制作的告知被调查（审查）人和发案单位的文书，是纪检监察机关的法定文书。

《中国共产党纪律检查机关监督执纪工作规则（试行）》第 26 条第 3 款规定：立案审查决定应当向被审查人所在党委（党组）主要负责人通报。

《中华人民共和国监察法》第 39 条第 3 款规定：立案调查决定应当向被调查人宣布，并通报相关组织。涉嫌严重职务违法或者职务犯罪的，应当通知被调查人家属，并向社会公开发布。

《中国共产党纪律检查机关案件检查工作条例实施细则》第 19 条规定：经批准立案的案件，承办纪检室应填写《立案决定书》。因《立案决定书》是《中国共产党纪律检查机关案件检查工作条例实施细则》所附的制式文本（见本章附式），制作相对简单，按照要求格式填写即可。

《立案决定书》制式文本的文头是"中共××纪律检查委员会立案审查决定书"，紧接着是文档编制的序号。

正文就是告知性的内容。一般是"根据《中国共产党纪律检查机关案件检查工作条例》的规定，经××纪委常委（党委）会议研究决定，对××同志的××问题予以立案。"或者"根据《中国共产党纪律检查机关案件检查工作条例》的规定，经××年××月××日××纪委常委（党委）会议研究决定，对××同志的××问题予以立案。"

落款部分落印发立案决定的机关并押印，时间落决定立案的时间。最后注明抄送单位、机关、部门等。

监察机关的监察调查立案决定书制作遵循监察法规有关监察文书的规定。

从行文关系来说，《立案决定书》是下行文。

七、违纪（违法）事实材料

（一）概念

所谓"违纪（违法）事实材料"，是调查（审查）组认定违纪违法人员违纪违法行为的时间、空间、动机、手段、情节、后果等的事实叙述材料，是纪检监察机关法定的规范性文书。

《中国共产党纪律检查机关监督执纪工作规则（试行）》第37条规定：查明违纪事实后，审查组应当撰写违纪事实材料，与被审查人见面，听取意见。

（二）制作

按照《中国共产党纪律检查机关案件检查工作条例实施细则》第35条的规定，与涉嫌违纪人进行核对的违纪事实材料，其内容应包括：被审查人的主要违纪事实、违纪行为的性质及应承当的责任。

1. 标题。简洁明了，直截了当。"关于×××同志违纪（违法）事实材料"或"关于×××违纪（违法）事实材料"。称与不称"同志"，在于其违纪违法行为和违纪违法性质的严重程度以及可能给予的处分的幅度。可能开除党籍的，一般就不称同志了。

2. 首部。是涉嫌违纪违法人的自然状况，一定要认真仔细，反复核对，准确无误。

3. 正文。是《违纪（违法）事实材料》的主要内容，分为两部分。

第一部分是对涉嫌违纪违法人违纪违法事实的叙述，要凝练精准，依据要确实可靠。要素完整齐全，条理清晰，合乎逻辑。语言、文字自然平直，词义准确贴切，不拔高、不夸张、不修饰。

第二部分是对涉嫌违纪违法人的违纪违法行为的性质和责任的认定。性质的认定要符合法律法规和纪律条规的界定，与违纪违法事实相适应；责任的认定要与涉嫌违纪违法人在违纪违法行为实施中的地位和作用相适应。

4. 落款。按照《中国共产党纪律检查机关案件检查工作条例实施细则》第35条的规定，违纪事实材料，以调查（审查）组的名义落款。调查（审查）组成员不得署名。

（三）要求

1.《违纪（违法）事实材料》不得泄露案件线索的来源等立案依据，调查过程、检举人、证明人等情况。

2. 涉及机密事项应采取保密措施处理不得泄漏。

3. 涉及他人隐私，要采取措施保护他人的隐私，不得扩散、传播，叙述事实时要隐去隐私人的姓名。

4. 认真细致，反复校对，详细审核，确定无误，办理规定手续，打印成文，底稿要妥当保存入卷。

八、违纪（违法）事实材料说明的说明

（一）概念

违纪（违法）事实材料说明的说明，是指调查（审查）组拟定的《违纪（违法）事实材料》与涉嫌违纪违法人见面后，涉嫌违纪违法人根据《违纪（违法）事实材料》认定的事实和性质，提出自己的意见或申辩，而调查（审查）组不予采纳，所做的说明。这是纪检监察机关法定的纪律审查与监察调查文书，其实质上是对违纪违法人说明或申辩的反驳。

《中国共产党纪律检查机关案件检查工作条例》第 33 条规定：调查组应将所认定的错误事实写成错误事实材料与被调查人进行核对。对被调查人的合理意见应予采纳，必要时还应作补充调查；对不合理的意见，应写出有事实根据的说明。

《中国共产党纪律检查机关监督执纪工作规则（试行）》第 37 条规定：查明违纪事实后，审查组应当撰写违纪事实材料，与被审查人见面，听取意见。要求被审查人在违纪事实材料上签署意见，对签署不同意见或者拒不签署意见的，审查组应当作出说明或者注明情况。

（二）制作

1. 标题。"关于×××违纪（违法）事实材料说明的说明"或"对×××申辩的说明"。

2. 首部。介绍说明的起因。写明调查组与涉嫌违纪违法人的见面核对违纪违法事实的时间、地点和单位党组织参与人的情况，涉嫌违纪违法人对违纪违法事实提出了意见或申辩，按照规定予以说明。

3. 正文。就是对涉嫌违纪违法人提出的意见或申辩进行说明。一般是两部分，一部分列举意见或申辩，一部分进行说明。所提意见或申辩较多要分述说明。

4. 落款。调查组落款。

（三）要求

1. 要有理有据，以理服人，不要强词夺理，以势压人。

2. 反驳的依据要确实可靠，法规、政策的运用要准确有效。

3. 自然平直地叙述，用词准确无歧义，贴切适当，不拔高、不夸张、不修饰，不带感情色彩。

4. 文字简洁不冗繁琐碎。

九、调查（审查）报告

（一）概念

调查（审查）报告，是调查（审查）组向纪检监察机关正式汇报认定违纪人员、违纪行为的事实叙述及处理建议的文字材料，是综合反映违纪违法案件调查事实的法定文书，是用文字形式表达的调查（审查）成果。

《中国共产党纪律检查机关案件检查工作条例》第 34 条规定：调查取证基本结束后，调查组应经过集体讨论，写出调查报告。

《中国共产党纪律检查机关监督执纪工作规则（试行）》第 37 条规定：审查工作结束，审查组应当集体讨论，形成审查报告，列明被审查人基本情况、问题线索来源及审查依据、审查过程、主要违纪事实、被审查人的态度和认识、处理建议及党纪依据，并由审查组组长及有关人员签名。

（二）制作

调查（审查）报告的制作，在实践中是一个往返重复多次审议认真讨论的过程。

1. 标题。"关于×××同志违纪（违法）问题的调查（审查）报告"或"关于×××同志涉嫌违纪（违法）的调查（审查）报告"。也可用违纪违法性质代替标题中的"违纪（违法）"，如"关于×××同志受贿问题的调查（审查）报告"或"关于×××同志涉嫌受贿的调查（审查）报告"。

2. 首部。就是调查（审查）的依据。要交代清楚违纪违法问题线索的来源、主要问题、初核的时间和初核情况及立案调查（审查）的时间、决定或批准机关。

3. 正文。是调查（审查）报告的主要内容，分为三个部分。

第一部分是涉嫌违纪违法人的自然状况。曾经受过处分或有关处理等情况也要写清楚。嫌疑人的自然状况一定要准确无误。

第二部分就是对涉嫌违纪违法人违纪违法事实的叙述。如涉及问题较多要分开叙述，可按时间顺序叙述，也可按问题的轻重顺序叙述。事实叙述一定要逻辑清楚，条理分明，调查认定事实的要素完整齐全。违纪人实施违纪行为的时间、空间、动机、手段、后果、责任等案件事实的要素缺一不可。对调查否定的问题要明确否定的理由和事实依据。

第三部分是调查（审查）认定的违纪行为的性质、处理建议和所依据的党纪条规或政策法律法规。对违纪违法性质的概括要准确鲜明，定性结论要合乎规定确定无疑，依据要可靠有效。

4. 落款。落调查组并按《中国共产党纪律检查机关案件检查工作条例》第34条和《中国共产党纪律检查机关监督执纪工作规则（试行）》第37条规定，由审查组组长及有关人员签名。

（三）要求

1. 必须符合公文格式的规范要求。

2. 表述要准确，内容要完整，条理要清楚，结构要严谨，观点要统一，文字要凝练。

3. 坚持党内民主原则，如实反映不同意见。

4. 写明成稿时间，审查组成员必须亲笔签名，不得不签或代签。

5. 要注意遵守保密纪律，不得向无关人员透漏调查报告内容。要严密管理，防止失密、泄密。

十、销案报告

（一）概念

销案报告，是指经过调查证实立案调查的违纪违法问题不存在，或者虽未失实，但不予追究纪律责任，做其他处理的案件，应由原提请立案的部门提请撤销案件的文书。销案报告是纪检监察机关的法定文书。

《中国共产党纪律检查机关案件检查工作条例实施细则》第38条规定：经调查，属于检举失实的案件，由承办纪检室写出《销案呈批报告》，报请立案机关批准后销案，并向被调查人及其所在单位党组织说明情况。

《中华人民共和国监察法》第 45 条第 2 款规定：监察机关经调查，对没有证据证明被调查人存在违法犯罪行为的，应当撤销案件，并通知被调查人所在单位。

（二）制作

1. 标题。"关于×××同志有关问题的销案呈批报告"。

2. 首部。两部分，第一部分是抬头，就是立案决定或批准机关。第二部分是原提请立案的依据，立案时间和决定或批准立案机关。

3. 正文。第一部分是原涉嫌违纪违法人自然状况。第二部分是调查情况和处理建议。第三部分是调查（审查）部门集体审议的情况和调查（审查）部门提请销案的意见和政策法规依据。

4. 落款。原决定或批准立案是本级纪检监察机关的，落呈报销案的调查（审查）部门。时间就是呈报的时间。

（三）要求

1. 因《销案呈批报告》是《中国共产党纪律检查机关案件检查工作条例实施细则》所附的制式文本，经审定后要按规定的格式印制（见本章附式）。统一用"××市（或县、区）纪律检查委员会（纪委）销案呈批报告"的文稿纸印制，并按要求编制文号。

2. 调查（审查）报告、调查（审查）部门集体审议意见及分管领导的批示、原立案呈批报告作为附件附后，供领导同志审核、参考。

3. 及时呈送分管领导审阅签批。

4. 加强与领导的沟通、请示，做好会议审议的准备工作。

第三节　实践中应当注意的事项

根据纪律审查与监察调查实践中一些常见和容易发生差错的问题，在学习中应当关注下列注意事项，避免在实践中出现差错。

（一）初核报告应注意的事项

1. 初核报告的最后落款应是"初核人"并由参与初核的人员亲笔签名，不是"调查组"，更不是"检查室"。因为此时调查组还未成立。

2. 不应将初核报告直接提交常委会研究，而应作为室务会提出，并经分管领导批准的正式报告《了结报告》或《立案呈批报告》的附件。

（二）《了结报告》应注意的事项

在纪律审查与监察调查实践中往往不注意使用《了结报告》，随着形势的发展，纪律审查与监察调查的规范性要求越来越严，一定要规范纪律审查与监察调查文书的运用，了结问题一定要使用《了结报告》，不能用《初核报告》代替《了结报告》，并要办理规定的手续。做到程序合法，手续完备。

（三）《立案呈批报告》应注意的事项

《中国共产党纪律检查机关案件检查工作条例》第19条规定：对于党组织严重违犯党纪的问题，由上一级纪检机关报请同级党委批准立案，再上一级纪委在征求同级党委意见后也可直接决定立案。因此在实践中在制作《立案呈批报告》要注意分清，避免出现差错。

第一，报请党委的《立案呈批报告》应编纪委统一文书序号，不可用内部运转的文书编号代替。

第二，首部的抬头一定是有权决定或批准立案的机关，不要搞错。提请监察调查立案的，应是监察机关；提请党纪立案应是纪委、纪委常委会或党委。

第三，决定或批准立案的机关是党委，正文的第三部分，就应是纪委或纪委常委会议审议的情况、提请立案意见和政策法规依据。这一点一定要特别注意和慎重、细致，不能用内部运转的文书直接代替上报的文书。

第四，提请党委决定或批准立案的，落款应是纪委，时间应是领导签发时间。

以上注意事项在制作《销案呈批报告》是同样适用。

（四）《立案决定书》应注意的事项

第一，由党委决定或批准立案的决定书也是纪委印发，落款是印发决定的纪委，时间应以领导签发时间为准。

第二，由党委对涉嫌违纪的党组织决定或批准立案，《立案决定书》正文的内容就应变为"根据《中国共产党纪律检查机关案件检查工作条例》的规定，经中共××委员会常委会议××年××月××日研究决定，对××（单位）党委（党组）的××问题予以立案。"

第三，严格按照《中华人民共和国监察法》的规定，制作监察立案决定及相关的文书。

（五）《违纪（违法）事实材料》应注意的事项

1. 在标题或内容的文字上不要介词重叠。如"关于""对"的重叠，现实中经常发生"关于对×××"这种介词重叠的使用，一定要注意避免。这一问题在整个纪律审查与监察调查文书的制作中也要注意。

2. 切记不要将《违纪事实材料》沿用旧的习惯称为或写为《错误事实材料》。切记《违纪事实材料》应由审查组落款署名，调查人员不应署名。

3.《中华人民共和国监察法》实施后，给予政务处分的见面核实材料应是《违法事实材料》。

（六）《调查（审查）报告》应注意的事项

1. 根据《中国共产党纪律检查机关案件检查工作条例》第 34 条和《中国共产党纪律检查机关监督执纪工作规则（试行）》第 37 条的规定，审查报告应由审查组集体讨论制作、落款、全体成员亲笔签名，不应光写审查组或以执纪审查部门的名义落款。规范的应是"××纪委（监察机关）调查（审查）组"，以序为组长、副组长、组员亲笔签名。

2.《中国共产党纪律检查机关案件检查工作条例》第 34 条第 2 款规定：如调查组内部对错误性质、有关人员的责任及处理建议等有较大分歧，经过讨论仍不能一致时，应按调查组长的意见写出调查报告。但对不同意见应在报告中作适当反映，或另以书面形式反映。

《中国共产党纪律检查机关监督执纪工作规则（试行）》第 37 条第 3 款规定：对执纪审查过程中发现的重要问题和意见建议，应当形成专题报告。

3. 调查报告不同意见要作适当反映，措词或用语一定要注意，要体现民主和平等的原则。要用"有同志"或"还有同志""认为"或"建议"等措词，不用"个别人""少数人"等歧视性、贬斥性的措词和语言。

提示：

1. 掌握纪律审查与监察调查主要文书的作用、意义和制作，并能熟练应用。

2. 熟悉纪律审查与监察调查文书的程序履行和手续办理的承接转递。

3. 了解应当注意的事项。

重点思考题：

第一节　概念

1. 什么是公文？

2. 公文的特征有哪些？

3. 纪律审查与监察调查文书的定义是什么？

4. 纪律审查与监察调查文书有哪些特征？

5. 纪律审查与监察调查文书制作要求有哪些？

第二节　主要文书的制作

二、初核（调查）方案

6. 方案的概念和作用是什么？

7. 方案由几部分构成？

8. 方案具体要把握好哪些事项？

9. 调查提纲的内容应当包括什么？

10. 方案的"五定"是什么？

三、初核报告

11. 初核报告的概念和制作要求是什么？

四、了结报告

12. 了结报告的概念是什么？

五、立案呈批报告

13. 立案呈批报告的概念是什么？

14. 立案呈批报告的构成部分的内容有哪些？

15. 立案呈批报告的要求有哪些？

六、立案决定书

16. 立案决定书的概念是什么？应由谁制作？

七、违纪（违法）事实材料

17. 违纪（违法）事实材料的概念是什么？

18. 违纪（违法）事实材料制作要求是什么？

八、违纪（违法）事实材料说明的说明

19. 阐述违纪（违法）事实材料说明的说明概念和制作要求。

九、调查报告

20. 调查报告的概念是什么？

21. 调查报告正文有几部分，内容各是什么？

十、销案报告

22. 销案报告的概念是什么？

23. 有的违纪违法案件线索经调查并未失实，做其他处理的案件要不要办理销案手续？

第三节 应当注意的事项和避免的问题

24. 初核报告的最后落款应是什么？为什么？

25. 初核报告可以直接提交常委会讨论吗？为什么？

26. 了结报告应注意什么？

27. 《立案呈批报告》应注意的事项有哪些？

28. 切记不要将《违纪事实材料》称为或写为什么？为什么？

29. 在整个纪律审查与监察调查文书制作中也要注意什么？

30. 调查报告落款的要求是什么？

31. 调查组内部意见不一应如何处置？

32. 调查报告适当反映不同意见要注意什么？

附：部分文书样本

密级

关于××（姓名）××问题的初核报告

第一部分：初核依据；

第二部分：被初核对象的自然状况；

第三部分：对所反映的问题的初核情况。

1.……

2.……

3.……

第四部分：处理建议。

初核人：××（签字）

××（签字）

年　　月　　日

密级

中共　纪律检查委员会
立 案 呈 批 报 告

×纪 ［×××××××］　　××号

×××× :

　　一、问题线索来源;

　　二、被反映人的自然情况;

　　三、经初步核实认定的主要违纪问题;

　　四、呈报立案的党纪根据;

　　五、呈报单位意见。

　　附: 1. 初步核实报告

　　　　2. 反映、检举材料

呈报部门或单位（印章）

年　月　日

中共 纪律检查委员会
立 案 决 定 书

×纪［××××××××］ ××号

——————————————————————————

××××：

  根据《中国共产党纪律检查机关案件检查工作条例》以及《中国共产党纪律检查机关监督执纪工作规则（试行）》的规定，经××××委会议研究决定，对××××同志的××××问题予以立案审查。

中共 纪律检查委员会（印章）
年 月 日

抄送：××××组织部

密级

中共　纪律检查委员会
销 案 呈 批 报 告

×纪 ［××××××××］　××号

××××：

第一部分：立案时间和立案机关；

第二部分：销案理由；

第三部分：呈报单位意见。

附：调查报告

呈报部门或单位（印章）

年　月　日

密级

中共　纪律检查委员会
案 件 移 送 函

×纪〔×××××××〕　　××号

××××人民检察院：

经调查，×××的问题已涉嫌违法犯罪，建议追究其刑事责任，现将×××问题的有关材料移送你们，请依法办理。

附件：1. 案件情况报告及领导指示

2. 案件材料（复印件）

3. 涉案款物登记单

年　月　日

（移送单位章）

中华人民共和国监察机关

监　察　通　知　书

（　　）　监通字第　　号

本监察通知书适用于下列情况：

1. 对公职人员进行检查、调查；

2. 采取《中华人民共和国监察法》规定的监察调查措施；

3. 撤销案件；

4. 其他执行《中华人民共和国监察法》和有关规定需要通知的事项。

特此通知

年　　月　　日

（监察机关印）

本监察通知书一式（　　　）份

第五章

素　养

这一章主要介绍纪检监察机关纪律审查与监察调查人员应具备的政治素养、学识素养、心理素养、品行素养、业务素养和在实践中应有的一些认识、意识、方法、应注意的事项和问题。

第一节　简　述

一、素养的涵义

素养是指一个人平素对自身综合素质的修习涵养。古代儒家多指按照其学说的要求培养完善的人格，使言行合乎规矩。从广义上讲，包括道德品质、外表形象、知识水平与能力等各个方面。

古人曰："马不伏历，不可以趋道；士不素养，不可以重国。"（《汉书·李寻传》）"气不素养，临事惶遽。"（宋·陆游《上殿札子》）

古人还将素养指为平素的供养："越有所素养者，使人示之以利，必持众来。"（《后汉书·刘表传》）

我们现在所讲的素养就是指一个人的平常修养、习惯等。在当代社会，素养的含意大为扩展，它包括思想政治素养、道德素养、文化素养、业务素养、身心素养等各个方面。泛指人们科学文化知识、艺术、思想、道德、学问等方面所达到的水平，逐渐养成的待人处事的态度，智力、性格、能力、资质、才干等。

一个人的素养，一旦形成就具有内在的相对稳定的特征。人的素养是以人的先天禀赋为基质，在后天环境和教育影响下形成并发展起来的内在的、相对稳定的身心组织结构及其质量水平。反映的是通过不同方式表现出来的人的知识、技能、个性与驱动力等。是判断一个人能否胜任工作的起点，是决定并区分人与人之间能力和水平差异的个人特征。

我们所要讲的纪检监察机关纪律审查与监察调查人员素养，是指一个称职或优秀的纪检监察机关纪律审查与监察调查人员，在政治上、思想上、学识上、品行上、心理上、业务上应当具备或养成的良好习惯、作风、方法、意识和理念。就是要做到政治合格、业务过硬、作风优良、纪律严明。

二、提升素养的紧迫性

目前我们国家全面建成小康社会、全面深化改革、全面依法治国、全面从严治党的"四个全面"战略布局正在全面实施，国家强盛、民族复兴的中国梦的实现正面临着前所未有的良好机遇。我们党的建设也到了一个新的更加严峻的关口，"在世情、国情、党情发生深刻变化的新形势下，提高党的领导水平和执政水平、提高拒腐防变和抵御风险能力、加强党的执政能力建设和先进性建设，面临许多前所未有的新情况、新问题、新挑战，执政考验、改革开放考验、市场经济考验、外部环境考验是长期的、复杂的、严峻的。""精神懈怠危险、能力不足危险、脱离群众危险、消极腐败危险更加尖锐地摆在全党面前。"

反腐败斗争的成效，关乎着我们"两个一百年目标"能否实现，关乎着中国未来走向何方。所以我们应当时时关注我们面临的形势，正确认识、严肃对待当前中国的腐败问题，坚决打赢反腐败这一场争取未来、争取中华民族真正屹立于世界民族之林的资格的战争。作为反腐败斗争的主力军的纪检监察机关，面对这一严峻的形势，必须加强自身的建设，锻造一支严格执行纪律、铁腕反腐的铁军，建设忠诚干净担当的队伍，回应党内关切和人民群众期盼。

党的十八届三中全会通过的《中共中央关于全面深化改革若干重大问题的决定》提出："全面深化改革的总目标是完善和发展中国特色社会主义制度，推进国家治理体系和治理能力现代化。"

十八届中纪委三次全会公报指出："纪检监察机关要在国家治理体系中发挥重要作用，探索实现治理能力现代化。"要发挥好这一作用，做好这一探索，提高纪检监察干部队伍的整体素养就必然成为一个紧迫性的要求。

十八大以来中国和世界形势的发展变化，更加需要我们有一支特别能战斗的纪检监察干部队伍，更加需要我们纪检监察机关的纪律审查与监察调查人员必须具有良好的素养，才能担负历史赋予的重任，完成党、国家和人民的重托。

党的十八大以来，以习近平同志为核心的党中央高度重视纪检干部队伍建设，要求监督别人的人首先要监管好自己，把纪委的权力关进制度笼子。明确提出"信任不能代替监督"，强调"打铁还得自身硬"，从制度上解决"谁来监督纪委"的质疑，采取强有力的手段处理"灯下黑"的问题。

第一，党的十八大以来，以习近平同志为核心的党中央对全面从严治党作出新的战略部署。《中国共产党党内监督条例》规定，各级纪委是党内监督专责机关，肩负着监督执纪问责的重要职责。己不正，焉能正人。因此，全面从严治党，纪检机关首先要把自己摆进去，扎紧制度的笼子。要密切联系实际，牢固树立政治意识、大局意识、核心意识、看齐意识，强化自我监督，从严管好自己。

《中国共产党纪律检查机关监督执纪工作规则（试行）》第2条规定：监督执纪工作以马克思列宁主义、毛泽东思想、邓小平理论、"三个代表"重要思想、科学发展观为指导，深入贯彻习近平总书记系列重要讲话精神，坚持依规治党、依规执纪，把监督执纪权力关进制度笼子，落实打铁还需自身硬的要求，建设忠诚干净担当的纪检干部队伍。

第二，党的领导本身就包含着教育、管理和监督，加强党内监督是全面从严治党的迫切要求。纪律检查机关的自我监督是党内监督的重要方面，对纪委的监督首先在于各级党委。信任与监督、自律与他律辩证统一。加强制度建设，构建自我监督体系，推进纪检机关治理体系和治理能力现代化。坚定"信任不能代替监督"的理念，健全监督执纪规程，加强党委对纪委的领导和监督，把纪委的自我监督同接受党内监督、民主监督、群众监督、舆论监督等有机结合起来，形成发现问题、纠正偏差的有效机制。以广泛而有效地监督，保证纪检监察队伍的纯洁和整体的良好素养，确保党和人民赋予纪委的权力不被滥用，用担当的行动诠释对党的忠诚。

为此，《中国共产党纪律检查机关监督执纪工作规则（试行）》第45条第1款规定：纪检机关应当严格依照《中国共产党党内监督条例》，强化自我监督，健全内控机制，并自觉接受党内监督、社会监督、群众监督，确保权力受到严格约束。

《中国共产党纪律检查机关监督执纪工作规则（试行）》第45条第3款规定：纪检机关应当加强对监督执纪工作的领导，严格教育、管理、监督，切实履行自身建设主体责任。

第三，监督执纪问责是纪委最重要的权力，也是最容易出问题的环节。加强队伍建设，提高素养，是解决近年来纪检监察机关突出问题的迫切要求。党的十八大以来，中央纪委机关及全国纪检监察系统查处了一批违纪违法的纪检监察干部，反映出纪检监察干部并没有天然的免疫力，纪检监察系统在管理监督方面存在不少薄弱环节。一是制度本身不完善，需要与时俱进。《党的纪律检查机关案件审理工作条例》颁布于1987年，《中国共产党纪律检查机关案件检查工作条例》修改于1994年，不少内容已难以适应当前工作需要，100多个配套制度，规定零散、标准不一，一些关键环节存在制度漏洞。二是有纪律不执行，严重损害纪检监察干部形象。有的朋友圈、关系圈不干净，与有问题反映的干部、商人勾肩搭背；不讲规矩、不守纪律，越权接触相关地区、部门、单位党委（党组）负责人；规避审批程序，私自留存、擅自处置问题线索；无视审查纪律和保密纪律，打探消息、跑风漏气；面对"围猎"防线失守、以案谋私，说情抹案、收钱收物；利用权力寻租，做生意、拿项目，为他人提拔打招呼，甚至充当保护伞，令人触目惊心。非常有必要进一步加强纪检监察队伍建设和全面提高纪检监察干部的整体素养。必须要有更加严格的制度制约和严格纪律约束，堵塞管理漏洞，消除监督盲区。必须找准风险点，扎紧制度篱笆，向全党全社会昭示，纪检监察机关的权力是受监督的，纪检监察干部是有良好素养的、特别能战斗的队伍。

《中国共产党纪律检查机关监督执纪工作规则（试行）》第3条明确：坚持信任不能代替监督，严格工作程序、有效管控风险点，强化对监督执纪各环节的监督制约。

第四，全面从严治党，要用严明的纪律管全党、治全党。纪检机关是政治机关，监督执纪是政治性极强的工作，监督执纪纪律是政治纪律。执行党的纪律情况，直接关乎全面从严治党、党风廉政建设和反腐败工作给全党全社会带来的政治效果，必须有针对性地提出更加严格的要求。对纪委自身的监督，依据就是党章党规，尺子同样是党的纪律。纪检监察干部在作风和纪律上偏出一寸，纪检监察事业就会离党中央的要求偏出一丈。纪检监察机关和纪检监察干部要坚决听从党中央坚强有力的领导，尊崇党章和法律，找准职责定位，加强自身建设，切实全面提升良好素养，推进监督执纪理念和实践创新。作为纪检监察机关的执纪审查人员，一定要增强纪律审查的政治意识，必须讲政治顾大局，执行政治纪律和政治规矩、组织纪律，以自我革命的勇气和担当，提高自身素养，建设一支党和人民信得过、靠得住的过硬队伍。

《中国共产党纪律检查机关监督执纪工作规则（试行）》第3条明确：坚持以习近平同志为核心的党中央集中统一领导，牢固树立政治意识、大局意识、核心意识、看齐意识，体现监督执纪的政治性，严守政治纪律和政治规矩。

形势不等人，我们必须要紧跟时代步伐，现实的紧迫性和必要性要求在新时期更加需要全面提高纪检监察干部的整体素养。

2017年1月发布的《中国共产党纪律检查机关监督执纪工作规则（试行）》专列第八章"监督管理"规定了对纪检监察干部队伍的监督管理、选人用人、队伍建设和有关工作的纪律要求。

党的十九大报告指出，坚定不移全面从严治党，不断提高党的执政能力和领导水平。全面从严治党永远在路上。全党要清醒认识到，我们党面临的执政环境是复杂的，影响党的先进性、弱化党的纯洁性的因素也是复杂的，党内存在的思想不纯、组织不纯、作风不纯等突出问题尚未得到根本解决。要深刻认识党面临的执政考验、改革开放考验、市场经济考验、外部环境考验的长期性和复杂性，深刻认识党面临的精神懈怠危险、能力不足危险、脱离群众危险、消极腐败危险的尖锐性和严峻性，坚持问题导向，保持战略定力，推动全面从严治党向纵深发展。

党的十九大报告明确新时代党的建设总要求是：坚持和加强党的全面领导，坚持党要管党、全面从严治党，以加强党的长期执政能力建设、先进性和纯洁性建设为主线，以党的政治建设为统领，以坚定理想信念宗旨为根基，以调动全党积极性、主动性、创造性为着力点，全面推进党的政治建设、思想建设、组织建设、作风建设、纪律建设，把制度建设贯穿其中，深入推进反腐败斗争，不断提高党的建设质量，把党建设成为始终走在时代前列、人民衷心拥护、勇于自我革命、经得起各种风浪考验、朝气蓬勃的马克思主义执政党。

习近平总书记在十九届中纪委二次全会上明确要求：纪检机关必须坚守职责定位，强化监督、铁面执纪、严肃问责。执纪者必先守纪，律人者必先律己。各级纪检监察机关要以更高的标准、更严的纪律要求自己，提高自身免疫力。广大纪检监察干部要做到忠诚坚定、担当尽责、遵纪守法、清正廉洁，确保党和人民赋予的权力不被滥用、惩恶扬善的利剑永不蒙尘。

《中华人民共和国监察法》第七章专门制定了对监察机关和监察人员的监督规定。

第54条规定：监察机关应当依法公开监察工作信息，接受民主监督、社会监督、舆论监督。

第55条规定：监察机关通过设立内部专门的监督机构等方式，加强对监察人员执行职务和遵守法律情况的监督，建设忠诚、干净、担当的监察队伍。

第56条规定：监察人员必须模范遵守宪法和法律，忠于职守、秉公执法，清正廉洁、保守秘密；必须具有良好的政治素质，熟悉监察业务，具备运用法律、法规、政策和调查取证等能力，自觉接受监督。

党的十九大和全国十三届人大一次会议后，正式设立了国家监察委员会，《中华人民共和国监察法》正式颁布实施。纪委和监委合署办公的重中之重是职能、人员、工作的深度融合，是"形"的重塑、"神"的重铸，是重整行装再出发。要扎实推进党的纪律检查体制和国家监察体制改革，构建集中统一、权威高效的中国特色国家监察体制，实现党内监督和国家机关监督、党的纪律检查和国家监察有机统一，推进国家治理体系和治理能力现代化。

因此，各级纪检监察机关要强化自我监督，自觉接受人民监督，在行使权力上慎之又慎、在自我约束上严之又严，对违纪违法的坚决查处、失职失责的严肃问责，坚决防止"灯下黑"。要坚持严管与厚爱结合，建设忠诚干净担当的纪检监察队伍，营造同心同德、同心同向、共同奋斗的好环境好氛围。要做到这些要求，就要不断地提高自身素养，尤其纪检监察机关纪律审查与监察调查人员更要注重提升多方面的素养。

第二节　政治素养

《中国共产党纪律检查机关监督执纪工作规则（试行）》第45条第2款

规定：纪检机关应当严格干部准入制度，严把政治安全关，监督执纪人员必须对党忠诚、忠于职守、敢于担当、严守纪律，具备履行职责的基本条件。

根据《中国共产党纪律检查机关监督执纪工作规则（试行）》第45条的规定，作为纪检监察执纪审查人员应具备的政治素养，必须是政治合格的，就是要忠诚可靠、服务人民、刚正不阿、秉公执纪。纪检监察机关的政治责任，就是要用铁的纪律打造一支组织信任、人民信赖的纪检监察干部队伍。纪检监察案件检查干部除必须具备政治意识、大局意识、核心意识、看齐意识外，还必须增强纪律意识、规矩意识、责任意识，从严要求自己，做到政治忠诚、本人干净、敢于担当。

第一，要有坚定正确的政治方向。

纪检监察机关的纪律审查与监察调查人员是中国共产党的党员，应当牢记入党时举起右手宣誓的誓词：我志愿加入中国共产党，拥护党的纲领，遵守党的章程，履行党员义务，执行党的决定，严守党的纪律，保守党的秘密，对党忠诚，积极工作，为共产主义奋斗终身，随时准备为党和人民牺牲一切，永不叛党。

2014年3月解放军总政治部下发通知，要求解放军和武警部队各级党委和支部会议室统一悬挂"领袖重要题词指示"。其中第一幅就是毛泽东的题词："坚定正确的政治方向，艰苦朴素的工作作风，灵活机动的战略战术。"这三句话加上"团结、紧张、严肃、活泼"称为"三八作风"，原是延安抗大的校训，逐步成为我们党的优良作风，是延安精神的重要内容。由于历史的原由，一段时间内不再那么响亮。十八大后，再次响亮地提了出来，说明我们必须继承发扬优良传统，恢复和坚持党的良好的工作作风。

当代社会错综复杂，各种思潮汹涌，一些腐朽没落的东西又沉渣泛起，社会上的各种拉拢、各种诱惑、各种腐蚀，无时无处不在考验着我们。纪检监察机关的纪律审查与监察调查人员往往首当其冲，面对种种诱惑和腐蚀，一些人也因此落水，身败名裂。在如此复杂困惑的处境中，纪检监察机关的纪律审查与监察调查人员一定要坚守自己的信仰，坚定自己的理想信念，坚持自己坚定正确的政治方向。作为纪检监察机关纪律审查与监察调查人员坚持自己坚定正确的政治方向，就是要不论在什么情况下、什么时间内、什么场合中、任何环境，始终与党保持高度一致，履行党员义务，严守党的纪律，都要坚定地做到政治信仰不变，政治立场不移，政治方向不偏，这是最起码的要求。对纪律审查与监察调查人员来说，打铁必须自身硬，这是每一位纪检监察干部最起码的标准。对党忠诚是第一位的政治要求，干净是必须守住的行为底线，敢于担当是对党忠诚的具体体现。

第二，对党绝对忠诚。

对党绝对忠诚，是对纪检监察机关纪律审查与监察调查干部第一位的政治要求。我们纪检监察机关纪律审查与监察调查干部工作在反腐败斗争第一线，天天看到这样那样的问题，如果没有坚定的信念和坚强的党性，时间长了就很容易动摇，对未来失去信心。

每位党员入党的时候都曾举拳面向党旗宣誓，誓言是自己发乎于心的承诺。作为共产党员特别是党的纪检干部，要时刻牢记对党的承诺，经常重温党章和入党誓词，坚定入党时的初衷，坚守自己的誓言，用行动诠释对党的忠诚。

对党忠诚首先是对党中央忠诚。要始终在思想上、政治上、行动上同以习近平同志为核心的党中央保持高度一致，坚决贯彻党的路线方针政策，坚决维护中央权威和党的集中统一。

对党忠诚，既有理性的忠诚，又有利益的忠诚。理性的忠诚是建立在理想信念宗旨基础上的忠诚。共产主义信仰、中国特色社会主义信念、全心全意为人民服务宗旨，是党章的根本要求，是党的核心价值观，是全体党员要坚持的高标准。只有坚定理想信念、增强宗旨意识，忠诚才能有牢固的思想基础，遇到诱惑、挫折和危险才不会动摇。1927 年成立的第一届中央监委有 10 位委员，8 位献出了自己的生命，无一人叛变，用生命捍卫了忠诚。我们要对照革命先烈，时时、处处、事事告诫自己，为了我们的党、国家和民族，要以身许党许国、报党报国，忠贞不渝地践行自己的入党誓言。

除了理性的忠诚，还要有利益的忠诚，党员个人的利益同党和人民的利益是捆绑在一起的。我们党是执政党，党的执政地位和每一位党员干部的命运息息相关。立党为公、执政为民，这个"民"是什么？就是人民的根本利益，就是中华民族的伟大复兴，这是我们党的执政使命。离开了党、国家和民族的前途命运，离开了中国特色社会主义道路，哪里还有党员个人的利益和前途？每一名党员都必须清醒地认识到这一点，尤其是纪律审查与监察调查干部更要非常清醒地认识这一点，自觉把个人利益同党和人民的利益统一起来，公私分明、先公后私、克己奉公，无论什么时候、什么情况下，都要忠诚于党和人民的利益。

对党忠诚就要坚持理想信念宗旨这条"高线"。坚守信仰、坚定信念、紧靠宗旨，是一个长期的自我修养过程，要增强政治敏锐性和政治警觉性，在严峻复杂的形势面前始终保持头脑清醒，牢固树立我们自己的道路、理论、制度和文化"四个自信"。

第三，守住干净这条底线。

忠诚是思想高地，干净是做人底线。监督别人的人，如果自己不干净，怎么去要求别人干净，又怎么敢去监督？纪律审查与监察调查干部必须自身行得正，做讲纪律、守规矩的表率。

纪检监察机关承担着维护党的纪律和国家反腐败的重要职责，干的就是"打铁"的活儿，自身更要过硬。要始终以"三严三实"的标准要求自己，以更严的纪律约束自己，中央要求全党做的我们带头执行，中央明令禁止的我们坚决不做。干净是纪检监察纪律审查与监察调查干部必须守住的行为底线。

纪检监察机关作为党内监督和国家监察的专责机关，是一个纪律性更高的机构，对执行纪律的要求不亚于军队。纪律检查委员会名字里就有"纪律"两个字，没有纪律，纪委就没有必要存在。我们这支队伍在作风和纪律上偏出一尺，党风廉政建设离党中央和人民群众的要求就会偏出一丈。

己不正，焉能正人？正人先正己。纪检监察机关在全面实施"四个全面"的战略布局中承担着"监督、执纪、问责"和"监督、调查、处置"的重要职责，在关乎人心向背的党风廉政建设和反腐败斗争中有着重要使命担当。

党风廉政建设和反腐败斗争形势依然严峻复杂，这一判断对各地区各条战线都适用。纪检监察系统也绝非净土，纪检监察机关不是保险箱，纪检监察干部更不是生活在真空里，面临的形势同样严峻复杂，对腐败也不具有天生的免疫力。纪检监察干部是党员干部中的一员，党内的一些不正之风，在我们的干部身上也会有所表现。社会主义市场经济条件下，"挡不住的风情，禁不住的诱惑"无处不在。纪检监察干部因为手中的权力，同样会被别有用心的人和腐败分子拉拢腐蚀。有的人作风漂浮、衙门习气；有的人不敢监督、失职失责；有的人违反审查纪律、以案谋私；有的干部交往过杂过滥，朋友圈、关系圈不干净；有的违反中央八项规定精神，违规接受宴请、出入私人会所；有的无视审查纪律和保密纪律，跑风漏气，打探消息；个别人甚至利用党和人民赋予的权力说情抹案、以案谋私。执纪违纪，执法犯法，犹如监守自盗，性质更为恶劣。

纪律的手电筒不能光照别人，更要经常照照自己。纪检监察干部要多问自己：所作所为能否保证经得住别人细抠？能否保证亲人、亲属清白干净？干净不是一劳永逸的，过去干净不代表将来也能干净，难就难在坚持一辈子。纪检监察干部监督、执纪、调查，接触很多问题，阴暗面见得多，有的干着干着就不平衡了，思想道德蜕变，随波逐流、乱在其中。执纪执法者本应是"孤独人群"。高处不胜寒，这个"寒"就包括了孤独和寂寞。绝不能别人热热闹闹，自己也跟着一起热闹，那样很容易被腐蚀。做我们这个工作，要放弃很多东西，失去不少自由。要耐得住寂寞、忍得住孤独，受得住清贫，慎独慎微慎友慎亲。要严格落实中央八项规定精神，远离奢靡和享乐，不能和商人老板勾肩搭背、吃吃喝喝，防止被别有用心的人拉拢腐蚀。这些问题解决不好，就无法承担起党和人民赋予的重任。

守住干净这条底线，关键是守住纪律的底线。纪检监察干部要做遵守党的各项纪律和国家法律的模范。纪委的纪律审查权、监委的调查处置权是纪委监委最重要的权力，审查纪律就是政治纪律。纪检监察干部要始终绷紧纪律这根弦，坚决杜绝泄露工作秘密、擅自处理问题线索，严禁办人情案、关系案。纪检监察机关是执纪执法机构，更是党和国家的政治机关，在组织纪律上尤其要严格。纪检监察干部要坚决服从组织，不能跟组织谈条件、讨价还价，要如实向组织报告个人重大事项、配偶子女从业等情况，严格执行请示报告制度。

纪检监察干部要经常地、深入地剖析身边典型案例，结合自身实际，从理想信念、党性原则、纪律观念、规矩意识和谨慎对外交往、正确看待亲情等角度举一反三，经常照照镜子、洗洗澡、出出汗、排排毒。要讲纪律守规矩，经常用纪律这把尺子量一量自己的言行，防止突破纪律规矩这个底线。

我们的权力是党和人民赋予的，只能用来为党和人民做事。对权力的敬畏戒惧，就是对组织的敬畏戒惧。每一名纪检干部都要深怀敬畏之心，加强党性锻炼、正心修身，淡泊明志、增强定力，经受住各种考验，把监督执纪和监督执法的腰杆挺得更硬。

纪检监察干部要把自律和他律有机结合起来，加强自我监督，自觉接受党内监督、社会监督、群众监督。忠诚是思想高地，干净是做人底线。监督别人的人，如果自己不干净，怎么去要求别人干净，又怎么敢去监督？纪检监察干部必须自身行得正，做守纪律、讲规矩的表率，做到清清白白、干干净净。

第四，敢于担当是对党忠诚的具体体现。

"担当"是什么？东汉许慎《说文解字》中，对"担"的解释是"以背曰负，以肩曰担"，即"担负"的意思；对"当"的解释是"田相值也"。清人段玉裁《说文解字·注》：值者，持也，田与田相持也。就是两块田地价值相等。引申为，凡相持相抵皆曰"当"。《现代汉语词典》中，"担当"释义为担负、承担。

古人云："大事难事看担当，逆境顺境看襟怀。"在古代，我国就有"先天下之忧而忧，后天下之乐而乐"为国担当的情怀，曾有"天下兴亡，匹夫有责"的赤胆报国誓言；在当代，也不乏焦裕禄、孔繁森、杨善洲等一大批敢于担当、善于担当的先进楷模。

"担当"体现一个人的魄力与责任，作为共产党员，敢于担当是一种政治责任，是一种行为操守，是一种思想境界。没有敢于担当的精神，先锋模范的作用就无从谈起；没有敢于担当的品格，就难以直面困难、解决问题。所以，担当是共产党员必备的素质，是推动工作、实现目标的重要保障。

对纪检监察人员来讲，纪律审查与监察调查是党赋予的权力，是权力更是责任，是责任就要担当。担当首先体现在做好本职工作、勇于承担责任上，敢于监督，切实履行党章和宪法赋予的职责，同时也体现在对自己的高标准、严要求上。

权力对应的是责任，权力有多大，责任就有多大。职务越高，挑战就会越多，风险也就越大。纪检监察干部要懂得权责对等的道理，不能只想着要职位、要权力，却把应尽的责任抛到九霄云外；不能把"保平安"当作底线，在其位不谋其政，遇到困难躲起来，遇到矛盾绕着走。要勇于面对挑战、承担风险，担起自己那份责任。担当既要有胆、也要有识，中华传统文化对"好官"的要求是德才兼备、胆识俱佳。有识无胆，无用；有胆无识，蛮干。担当既要转职能、转方式，更要转变作风，不能等问题和矛盾来找自己，推一下动一下，而是要积极主动，遇事多到相关部门沟通，深入开展调研，弯下腰来接触群众，坚持问题导向，掌握第一手情况。担当既要立足本职、埋头苦干，又要善于作全局性的思考，根据掌握的实际情况，负责任地提出意见和建议，为上级领导决策提供参考。

纪律审查与监察调查是政治性很强的工作，履行职责必须要有责任担当。"监督执纪问责""监督调查处置"是"得罪人"的活儿，纪检监察干部必须以党和人民的利益为重，铁面执纪，坚持原则，动真碰硬，不怕得罪人。这是对民族、历史负责的担当。如果畏首畏尾、不敢监督、不想监督、不能监督、不会监督，对不正之风和腐败现象无动于衷、无所作为，就必然会辜负于党，失信于民。

纪律审查与监察调查是艰巨而又复杂的工作，履行职责必须要有责任担当。既要敢于担当，更要善于担当，在实践中要担当就要有决断力，随机应变能力强，敏捷、敏锐、沉稳、大气，果敢处置突然事件，善于应对复杂局面。

担当是对党忠诚的具体体现。历史的接力棒传到了我们手里，就要无需扬鞭自奋蹄，时刻牢记使命、尽职尽责、尽心竭力，为全面从严治党、推进党风廉政建设和反腐败斗争做好自己的本职工作。

第五，始终是政治上的明白人。

综上所述，纪检监察干部一定要记住党员这个第一身份，始终要做政治上的明白人。做政治上的明白人，是具体的、实在的，根在思想、贵在行动。

一、纪检监察干部要做政治上的明白人，就是要始终保持共产党人的操守，坚定理想信念不动摇，明辨大是大非不糊涂，始终把党和人民放在心中最高位置，自觉践行社会主义核心价值观，自觉执行党的纪律和规矩，做信念坚定、为民服务、勤政务实、敢于担当、清正廉洁的好干部。

二、纪检监察干部要做政治上的明白人，就是不同于普通党员干部，并对普通党员干部发挥示范导向作用的一种特质。这种特质，落实在政治方向、政治立场、政治观点上，体现于政治纪律、政治鉴别力和政治敏锐性中。

三、纪检监察干部要做政治上的明白人，就要明白自己的身份，始终做到心中有党；明白肩负使命，始终做到心中有责；明白履职宗旨，始终做到心中有民；明白干事规矩，始终做到心中有戒。

四、纪检监察干部要做政治上的明白人，就要坚持：一是立根固本，加强理论修养和政治修养。既要把严以修身作为终身功课、提升道德境界，更要立根固本，加强马克思主义的理论修养和政治修养，以政治的真明白激发行动的真忠诚。二是保持定力，严守党的政治纪律和政治规矩。要有纪律和规矩来警示和规范自身行为，严格遵守党纪国法，始终坚持按"规矩"办事，让纪律观念和规矩意识真正在心中牢牢扎根。三是修枝剪叶，自觉改造提高自己。要认真对照党的宗旨要求，认真查找自己身上存在的问题，准确寻找自己身上的病灶，将错误克服在发端之时，把隐患消灭在萌芽状态。四是襟怀坦白，自觉接受监督。要习惯于在组织和群众监督下工作和生活，乐于接受监督，真诚欢迎监督，经常反躬自省，不断增强祛病强身的"免疫力"，保持"肌体"的健康。五是以上率下，发挥"关键少数"的风向标作用。要以更强的党性意识、政治觉悟和组织观念要求自己，时时铭记、事事坚持、处处上心，带头做政治上的明白人，做党员干部看齐的"标杆"。

第三节　学识素养

作为纪律审查与监察调查人员，要适应新形势的要求，要具备良好的政治业务素养就要不断充实自己，不断地学习，不断地"学习、学习、再学习"，要"活到老，学到老"。纪律审查与监察调查人员只有不断地学习，才能具有良好的学识素养，才能跟上时代的步伐，适应形势的需求，做好自己的工作，成为优秀的纪律审查与监察调查人员，良好地完成审查与调查任务。

作为一个有较强战斗力的集体，就要强力营造自觉学习、主动学习、系统学习的良好氛围，强化集体学习，多方检查督促自学；注重养成学习的良好习惯和氛围，要坚持"坐得下来，静得下心，稳得住神"学习要求，培养学习情趣，增强理论联系实际、指导实践的能力；领导同志和业务骨干要明确提出"向我们看齐"，言传身教带动大家提高工作能力，提高整体队伍处理问题的逻辑性和条理性、工作能力和水平。

"人的知识和能力既是决定社会前进最活跃、最宝贵的生产力，又是个体发展的内生变量及核心要素。特别是在科技发展和知识创新异常迅猛的社会背景下，丰富知识和提高能力已成为发展的动力。我们完全可以说，当今世界，最大的资源是人力资源，最大的恐慌是本领恐慌，最大的危机是学识危机。实践证明，只有把学习作为一种基本生存状态才能使广大纪检监察干部紧跟时代步伐，顺应时代潮流，体现时代要求；只有让学习成为一种基本文化自觉，才能使广大纪检监察干部获得发展动力，赢得发展机会，享受发展成果。"（2004 年 9 月 30 日，河南省委原副书记、纪委书记李清林为孙金全所著《纪检监察办案策略与艺术》一书所作"序言"）

一、学习是为了增强本领，提高水准

纪律审查与监察调查人员要具有良好的学识素养，首先要明了学习永远在路上，知识无止境。要敢于学习、自觉学习、善于学习，注重经验、阅历的积累。

我们这个时代是一个信息的时代，是一个创新的时代，更是一个学习的时代。现代人力量的源泉是知识，现代社会的经济是知识的经济。人生的燃烧靠的是知识，事业的腾飞靠的是知识的翅膀。"圣贤由学而成，道德由学而进，才能由学而得"。在这个知识与时俱新的时代，各种新知识、新问题层出不穷，要适应这样一个时代就得主动学习，充实头脑，不断开拓理论和知识的视野，稍有松懈，就会有诸多的不适应，如理论的不适应、知识的不适应、本领的不适应等。

在当前错综复杂、激烈竞争的国内、国际形势上，各个人群、各个阶层、各个行业都普遍存在着政治恐慌、经济恐慌、知识恐慌、能力恐慌、本领恐慌的困扰。对我们纪律审查与监察调查人员来说，这恐慌、那恐慌，莫过于本领的恐慌。延安时期的1939年5月20日，毛泽东在延安在职干部教育动员大会上讲："我们队伍里边有一种恐慌，不是经济恐慌，也不是政治恐慌，而是本领恐慌。过去学的本领只有一点点，今天用一些，明天用一些，渐渐告罄了。好像一个铺子，本来东西就不多，一卖就完，空空如也，再开下去就不成了，再开就一定要进货。我们干部的'进货'，就是学习本领，这是我们许多干部所迫切需要的。"毛泽东的这段话，虽然已经讲过近八十年了，但是仍然言犹在耳，耐人寻味，发人深省。

所谓"本领恐慌"是一个人从工作的一个阶段转入更高阶段，或从习惯的工作岗位转到新岗位，或从普通岗位上升到领导岗位，或遇到棘手的难题时，由于原来的技能和知识难以应对新的变化，而产生的适应性障碍或束手无策的感觉。其实质就是本领危机。毛泽东将本领恐慌与政治恐慌、经济恐慌相提并论，甚至比政治恐慌、经济恐慌更加可怕，足见其是一切恐慌的根本。也就是说本领恐慌不解决，前面所说的政治恐慌、经济恐慌、知识恐慌、能力恐慌等一系列恐慌都会接踵而至。本领恐慌一旦解决，一切恐慌都无需恐慌。所以，我们要增强本领，克服本领恐慌，惟一的出路就是学习。我们要把学习做为终身的课题融入自己的生活当中。只有学习，才能不断地适应外部环境的变化，才能适应新时代的生存方式；只有学习才能不断获得新信息、新机遇，不断获得高能力、高素养，才能不断增加新知识，增强新本领，走向成功。

毛泽东说："情况是不断地变化，要使自己的思想适应新的情况，就得学习。"周恩来讲："任何共产党人都不是十全十美的，不可能什么都懂，人生有涯，知识无限，到死也学不完，改造不完。"习近平同志在《善于学习 增强本领 努力实现"中国梦"》一文中说："如果我们不努力提高各方面的知识素养，不自觉学习各种科学文化知识，不主动加快知识更新、优化知识结构、拓宽眼界和视野，那就难以增强本领，也就没有办法赢得主动、赢得优势、赢得未来。因此，全党同志特别是各级领导干部都要有加强学习的紧迫感。""只有加强学习，才能增强工作的科学性、预见性、主动性，才能使领导和决策体现时代性、把握规律性、富于创造性，避免陷入少知而迷、不知而盲、无知而乱的困境，才能克服本领不足、本领恐慌、本领落后的问题。"

这就要求我们要不断地学习，把自身素养的提高作为与社会总体发展的最高选择。这样，我们才能把读书习惯和学习精神，转化成为我们日常工作生活中自觉的行动，持之以恒，不断用科学理论的新的知识充实头脑，把学习作为个人前进的动力、工作职责、生活的乐趣。才能真正具备符合自己岗位职责条件，胜任本职工作，在新的形势中适应新任务的需求。

二、学习的精髓是不懈地求索，不仅专，还要杂，书宜杂读，业宜精钻

作为纪律审查与监察调查人员，要具备履行"监督执纪问责""监督调查处置"职责的能力和作风。提升履职能力，一靠实践锻炼，二靠业务培训，三靠自我学习，其中自我学习思考是最重要、最有效的途径。通过学习，要能够发现问题，提出问题，思考问题，解决问题，提升能力和水平。才能做到处理问题站的高，看的远，想的深（周全），做的稳。

作为纪律审查与监察调查人员，要提高学习的效益，首先要选择学习的内容，要与时俱进。

新时期的纪律审查与监察调查人员，学习的内容应该是全面的、系统的。具体地说在学习内容和范围上就是要学政治，学理论，学业务，学习相关知识，拓宽知识面，书宜杂读，业宜精钻。纪律审查与监察调查人员不仅要是专家，还要是杂家。

要学习法学基本理论，学习法律，增厚法律功底。注重学习犯罪心理学、常见犯罪行为的犯罪构成，要熟悉和掌握证据的收集、鉴别、运用的规则，以指导工作实践。

更要向老同志学习，向周围的同志学习，向其他部门的人学习，学习他们的敬业精神，学习他们的工作态度，学习他们的工作方法，学习他们的办案艺术，学习他们接人待物的处世、处事方式，学习他们的长处优点，摒蔽短处和缺点，以提高自己的工作、办案能力和水平。这样处理问题就能站的高一些，看的远一些，想的深（周全）一些，做的稳一些。

第一，学政治，学理论。做为纪律审查与监察调查人员，要想做好纪律审查与监察调查工作，首先也是最根本地，需要不断地学习辩证法，学习马克思列宁主义、学习毛泽东思想，学习党的历史和经典著作，学习习近平新时代特色社会主义思想，熟记党章党规党纪，掌握党的路线方针政策，学思践悟、融会贯通、内化于心、外化于行。树立正确的"监督执纪问责""监督调查处置"指导思想，这是纪律审查与监察调查人员的应具备的基本素养。

作为纪律审查与监察调查人员，要想做好纪律审查与监察调查工作，在忠诚方面，要坚持理想信念宗旨这条"高线"。坚持这条"高线"，最根本的是强化理论武装。认真学习中国特色社会主义理论体系，学习党的十八大、十九大以来的新思想、新理念、新精神，学习习近平新时代特色社会主义思想，学习十八届和十九届中央纪委历次全会重要精神，真正做到立根固本。纪律审查与监察调查人员只有在理论上的坚定和成熟，才会有政治上坚定与成熟，才会坚定和挚爱自己工作和岗位，才会成为坚定与成熟的纪律审查与监察调查工作的优秀分子。纪律审查与监察调查人员只有通过学习才能增强政治鉴别力和政治敏锐性，提升忠诚于党的自觉性；只有通过学习，才能不断地保持思想上的先进性，才能以正确的科学态度、创新精神的立场、观点、方法去分析新情况，解决新问题，完成新情况和新形势下的"监督执纪问责""监督调查处置"任务。

第二，学业务，学技能。做为纪律审查与监察调查人员，要想做好纪律审查与监察调查工作，一定要学好业务，掌握履行职责的良好技能。

要学好业务，掌握履职技能，就要十分重视平素对业务知识的精细钻研，不断地优化自己的专业技能和素养。一方面要精通自身所从事的纪律审查与监察调查的专业知识，如党和国家的根本大法、本行业的政策法规等方面的知识，全面提高自身业务素养和工作能力，真正成为纪律审查与监察调查这一行当的行家里手；另一方面要熟悉和掌握法律法规以及领导管理等方面的知识。如领导科学、现代管理、人才学，还要认真学习与纪律审查与监察调查紧密相关的哲学、社会学、政治学、法学、心理学、侦查学、证据学、逻辑学等知识。使自己不仅是纪律审查与监察调查业务的专家，还是学识的杂家，在实际工作中不会被人蒙蔽、欺哄。

如学习、掌握、运用心理学是纪律审查与监察调查人员必备的学识素养，掌握谈话、询问对象的心理特点及变化，对于突破案件具有十分重要的意义。学习和运用心理学主要是掌握纪律审查与监察调查过程中，纪律审查与监察调查的组织领导者、人员、违纪违法人员心理现象的产生、发展和变化的规律，并采取的相应心理对策，从而达到事半功倍，提高纪律审查与监察调查中突破难点能力的目的。

另外，还要学习历史。学习中国史，学习外国史，更注重学习中国近代史，学习百年来中华民族的抗争史。以史实振奋我们的民族自豪感，振奋我们责任感，增强事业心和担当精神。

三、学以养心，学以放眼，学以为用

纪律审查与监察调查人员要通过学习培养自己高尚的道德情操，纯洁自己的心灵；要通过学习开阔自己的眼界，能够站得更高，看得更远，想得更深；要通过学习提升自己的政策理论水平，增加自己的本事，增强自己的办事能力，使自己在纪律审查与监察调查中阅历更加丰富，工作更加得心应手。因此，纪律审查与监察调查人员一定要博学精进。

当今社会是一个日新月异的社会，未来的时代是一个不断创新发展的时代，也是每个人审视自身能力与人生价值的时代。当今的社会、未来的时代，人是不断创造更大奇迹和更大价值的最金贵的资源。纪律审查与监察调查人员一定要成为复合型人才。一个纪律审查与监察调查人员，要想在纪检监察机关或纪律审查与监察调查团队中占有一席之地，就得有位，有位就得有威。但这个威不是靠你的背景得来的，不是靠你是否是领导得来的，更不是靠你抖威风、要脾气、摆架子得来的，是靠艰辛的劳动、高度的智慧和丰富的情商换来的。这种劳动和智慧又是靠持之以恒的勤奋学习的精神取得的。在当

今社会"知识和科技一日千里，一个人要想成为有用人才，惟一的办法就是终其一生不断地学习。"（美国未来学家克劳福）

第一，人是要有一点精神的。

人总是要有一点精神的，精神可以从方方面面汲取营养，其中最重要的就是读书。书是人的精神食粮，是心灵的洗涤剂。好书是智慧的结晶，是道德的载体。读书会使人的精神充实富有。北宋王安石说过"贫者因学而富，富者因学而贵"。有知识、有学问，在任何地点、任何时候都会受到尊敬。南宋的郑耕老讲"立身以立学为先，立学以读书为本。"古人云："腹有诗书气自华。"人的肚子里有了知识，气质就会得到升华，眼界会更宽，境界会更高。一个成功的人必然要有三个重要的因素——丰富的知识、良好的思考习惯和高尚的情操。没有丰富的知识，就会愚昧；没有良好的思考，就会鲁莽；没有高尚的情操，就会鄙俗。毛泽东说："饭可以一日不吃，觉可以一日不睡，书不可一日不读。""应当把工作以外的剩余精力主要放在学习上，养成读书的习惯。"我们纪律审查与监察调查人员要跟上时代的步伐，就要学习前沿知识，了解新技能。尤其是要学习市场经济、现代科技等知识。要开阔眼界，了解和掌握世界的发展、变化、趋势。胸襟要宽广，学习借鉴他人的优秀成果，不管是什么人。要了解掌握当代世界经济、政治、军事、科技和社会思潮的最新发展成果，敏锐地观察世界当今社会政治、经济、文化、科学技术等的变化。善于观察世界大势，正确把握时代的要求，才能做好纪律审查与监察调查工作。

第二，要博学、勤思、精进。

作为自然人，人与人是有差别的；作为社会人，人与人是有差距的；作为纪律审查与监察调查人员，人与人更是有差异的，相互间的能力、水平是不能同日而语的。并不是一些人所说的人和人都一样，你能干我也能干。这个差异就是学习的结果。敢于学习，善于学习的人肯定比不学习、不敢学习、不善学习的人能力要强、水平要高。生有涯，知无涯。人生有限，则学无止境。当今世界知识裂爆，新事物层出不穷，纪律审查与监察调查人员要想不落伍，就要珍惜时间，重视学习，时刻"充电"，充实自己的知识。在学习上要做到"四博"：一是要"博览群书"。多读书，多掌握知识，涉猎面要多要宽，尽可能多地了解和掌握相关知识。二是要"博闻强记"。纪律审查与监察调查人员一定要能够"博闻强记"，这既是一个学习能力，更是一个必需的工作能力。作为纪律审查与监察调查人员，有些知识、有些东西必须要记，有的还要"刻"在脑子里，到用时就要像放电影一样，立刻就会映现出来，这个效果靠翻本子是不行的。三是要"博采众长"。任何人的能力和智慧都是有限的，每个人都应当在良好的人际关系和相互欣赏相互学习的氛围中听取他人的意见，吸收别人的长处和智慧，谦虚地请教别人、学习别人，才会有更长足的长进，走在前列。四是要"博学多才"。前面的"三博"就是为了造就这一个"博学多才"。纪律审查与监察调查涉及法律、金融、科技等方面的知识，这决定了纪律审查与监察调查人员要努力熟悉各方面的情况、了解各方面的知识。纪律审查与监察调查人员要在努力成为专家的基础上尽量多涉猎一些领域，多掌握一些知识，才能够成为通才。世间万物不是孤立的，是联系的。既是专家，又是杂家，工作起来就会得心应手。要想做到这些，还要"三勤"：一要勤钻研。要像海绵挤水一样挤时间，要以像钉子一样锲而不舍地扎深扎透的毅力学深学透，在知识的面前不可有半点的虚伪。二要勤思考。光学不思，就是"食而不化"。学了要消化，要吸收。这种消化，这种吸收就是要结合纪律审查与监察调查的实践，结合改革开放的形势和发展，做到具体情况具体分析，具体情况具体对待。三要勤积累。学习的积累非常重要，学习不积累，不如不学。学习一定要积累，有效地学习，就是把学过的知识、见过的事物、只要有价值，就要积累起来。积累只有两种办法，一个是死办法，延续了几千年的办法，就是动手动脑。动手就是用笔记在本子上随时翻看，"温故而知新"；动脑就是开动思维这个机器，背、记、强记，刻在自己的头脑里。还有一个活办法，就是实践中的应用。有些东西必须在实践中加以应用，才能加深记忆。纪律审查与监察调查人员一定要注重积累，注重"厚积而薄发"。只有厚积才能薄发，不积累就不会有所谓"发"。

第三，要学以致用，学用相得益彰。

学习的核心在于针对性的学习和有效的思考，就是带着问题学，就要注重提高学习能力。

从某种意义上说，学习能力的培养，比获取知识更加重要。凡成功者都是好学精思善悟者，是持之以恒地学习、学习、再学习者。要"博学之，审问之，慎思之，明辨之，笃行之"，有了好的学习方法，就是有了善于学习的能力。学习是一个循序渐进的漫长过程，不会毕其功于一役，更不会一蹴而就。学习是要吃苦的，没有捷径可走。必须下苦功夫，没有艰辛的付出、坚韧的毅力和攻坚克难的勇气，是不能仅此而已正果的。书到用时方恨少，事非经过不知难。所以要刻苦读书，潜心钻研。

孔子说："学而不思则罔，思而不学则殆"。英国哲学家伏尔泰说："学而不思，则自觉学得多，只有学而多思，才自觉所知甚少。"马克思说："越是多读书，越是深刻的感到不满足，越感到自己知识贫乏。"在当今以智慧取胜的时代，学习的过程是培养心理素养和文化素养的过程；学习的敌人是自满和形式主义，是追求形式做样子的浮躁心理；学习的精要是有效的思考和思考后对业务的精益求精，是学以致用，是学和用的相得益彰。学以致用的关键就是理论联系实际，就是理论和实践相统一。

理论和实际的统一是马克思主义的一条基本原则。针对性的学习就是学以致用、学用相益，就是为了提高能力，把工作做得更好。宋代朱熹讲："为学之实，固在践履。苟徒知而不行，诚与不学无异。"毛泽东在延安整风时就明确提出，学习的目的全在于应用，要用马克思主义之"矢"去射中国革命实践之"的"。

习近平多次讲："一切学习都不是为学而学，学习的目的全在于应用。""领导干部加强学习，根本目的是增强工作本领、提高解决实际问题的水平。"只有增强本领，解决问题才是检验学习的唯一标准。古人云："书并不以用处告人，用书之智不在书面而在局外，全凭观察得之。"古代兵法之"权不可预设，变不可先图，因事制宜，因地制宜"，讲的就是要善于读书，善于思考，中纪委开展的"学思践悟"活动，也是为了促进学用结合，理论与实践的统一，学以致用。

第四节　心理素养

作为纪律审查与监察调查人员，在具备良好的政治业务素养的同时，还应具备良好的心理素养。纪律审查与监察调查人员具备了良好的心理素养，就能及时了解、掌握、控制涉嫌违纪违法人或涉案人员的心理状态和心理变化情况，顺利完成纪律审查与监察调查的任务。

一、具备良好的心理素养

（一）纪律审查与监察调查人员应具备的良好心理素养

作为一个优秀的纪律审查与监察调查人员要有这样几个方面的心理素养：一要有敏锐的观察力；二要有丰富的想象力；三要有良好的心理情绪控制力（自控能力）；四要有严密的抽象概括力；五要有坚强的意志力；六要有较强的人际适应力；七要有现实的自我认知力；八要有较强的应变力；九要有坚定不移的持续力；十要有敏捷果断的判断力；十一要有善打硬仗的战斗力。

（二）纪律审查与监察调查组织人、主持人、主办人应具备的心理学识和能力

掌握和运用心理学是纪律审查与监察调查人员的必备素养，纪律审查与监察调查的组织人、主持人、主办人作为具体纪律审查与监察调查的领导者，主要应具备四个方面的知识和能力：一是要有一定的心理学知识，了解心理学的基本原理及运用方式；二是要有良好的心理素质、心理品质和心理控制能力；三是要有了解和掌握下属心理状态，并加以指导、控制的能力；四是要有了解和掌握涉嫌违纪违法人员和涉案人员的心理状态、发展变化和有的放矢的调整调查方法的能力。在纪律审查与监察调查实践中要注重三个方面的运用：

第一，良好的审查调查决策心理。纪律审查与监察调查决策心理，主要是指指挥者在纪律审查与监察调查决策中的心理现象、个性心理特征和心理活动过程。作为具体纪律审查与监察调查的领导者或指挥者，一定要具备良好的纪律审查与监察调查决策心理。纪律审查与监察调查决策具有五大因素：决策者、决策对象、决策信息、决策目标、决策环境。最核心、最关键的是人的因素，也是人的主观能动性。良好的决策心理应当是果断的、顽强的、稳健的，而不应该是优柔的、寡断的、盲目的、随意的、贸然的。

第二，控制、指导下属情绪的心理疗法。作为具体纪律审查与监察调查的领导者或指挥者，不仅自己要始终保持一个良好的心理状态，还必须始终能够调动和激发下属的积极性和工作热情，并善于抑制、消除和化解消极性、惰性、急躁、怠工等不良的心理状况，使团队始终处于昂扬向上、热烈镇定、紧张有序的和良好的工作状态。主要有：强化法、缓冲法、感化法、疏导法、转移法、共鸣法等。

第三，指挥具体纪律审查与监察调查的心理谋略。主要是指具体纪律审查与监察调查的领导者或指挥者，在具体纪律审查与监察调查中所具备的心理战术、计策和方法等。巧妙地科学运用心理谋略，及时准确的心理谋略就能化害为利，变被动为主动，办好事情。主要有突破谋略、错觉谋略、谋诈谋略、诱导谋略、攻心谋略、迂回谋略，等等。

（三）注重研究纪律审查与监察调查人员在纪律审查与监察调查过程中的心理活动规律及实质

为了纪律审查与监察调查人员具备良好的心理素养，我们就要注重研究纪律审查与监察调查人员在纪律审查与监察调查过程中的心理活动规律及实质。

在纪律审查与监察调查过程中，纪律审查与监察调查人员的心理活动和心理变化是极为复杂的。在纪律审查与监察调查的每一环节、每一阶段和每一场合，纪律审查与监察调查人员要接触各种不同的人员，社会对纪律审查与监察调查中具体问题的不同反映、外界的不同干扰、说法，领导同志的不同指示和要求都会引起纪律审查与监察调查人员不同的心理反应。研究这些反应及其引起纪律审查与监察调查人员心理变化的规律和特点，对做好纪律审查与监察调查工作有着极为重要的作用。掌握纪律审查与监察调查过程中纪律审查与监察调查人员的心理实质和特点、纪律审查与监察调查人员的主体调节、主体情绪的自我整理和审查监察意识的养成，就抓住了心理问题的实质。

二、纪律审查与监察调查过程中纪律审查与监察调查人员的心理活动规律及实质

实践中纪律审查与监察调查人员的心理变化是错综复杂的，但有规律可循。掌握这些规律，抓住其实质，有助于提高纪律审查与监察调查的效率和质量。

（一）纪律审查与监察调查过程中的心理活动规律

1. 接受任务时的心理反应

纪律审查与监察调查人员在具体纪律审查与监察调查中的心理反应，是从接受任务开始的。接受任务的心理反应，一般有两种，一是正常工作感，二是压力感。

（1）正常工作感。这种反应一般是从事纪律审查与监察调查时间较长或虽然时间不长，但善于学习，勤于钻研，较快和较好地掌握、熟悉了纪律审查与监察调查业务，能力、水平都有所提高的纪律审查与监察调查人员。这些人在实践中积累了一定的经验，在思想深处认识到纪律审查与监察调查就是自己的职责，就是自己正常的日常工作。所以一旦接到任务，就会是正常的心理反应。即使遇到疑难复杂案件，虽会感到压力，也会很快调整心态进入正常状态。

（2）压力感。这种反应一般是从事纪律审查与监察调查时间较短或虽时间较长，但能力水平较低，严重缺乏工作经验者。所以一旦接到任务，不管轻重大小，都会压力很大、顾虑太多，怕办不好、查不清和影响自己的前程。另外一些特别重大的问题，或涉及单位较多、涉及人员较多、比较复杂的问题，或问题性质比较敏感、涉及职务较高的领导干部、群众反映比较强烈的问题。纪律审查与监察调查人员或纪律审查与监察调查的领导者或指挥者都会或多或少地有压力，感到棘手、难办，出现畏难情绪。

纪律审查与监察调查的领导者和组织者应该掌握这些不同的心理反应，有针对性地进行心理治疗，加强思想政治教育工作，和审查调查人员一起讨论分析案件线索，判断确定性质，制定方案和调查提纲，帮助认识现实情况，解决实际困难，勉励其放下包袱，轻装上阵，搞好纪律审查与监察调查。

另外，在实践中还有一些纪律审查与监察调查人员在接到任务时，会有一种"无所谓"的心理反应，认为自己无关紧要，反正天塌下来有大个子顶着，自己跟着混就行了。这种心理反应是极其有害的，会破坏整个团队的心劲和团结，涣散团队的力量，影响纪律审查与监察调查的正常办理，是要不得的。对这种反应的人员要加强心理疏导和教育，使其能够很好地融入团队之中，增强荣誉感，不要置身事外，必要时要将其调离。

2. 审查调查的进展情况与审查调查人员的心理关系

纪律审查与监察调查的过程是纪律审查与监察调查人员不断认识问题的过程。纪律审查与监察调查的进展状况必然引起审查人员的心理反应，其反应也必然影响着纪律审查与监察调查的进展，既有积极的影响，也有消极的影响。

（1）积极影响。审查调查人员的积极心理促使纪律审查与监察调查顺利展开，而纪律审查与监察调查的顺利展开又激励着审查调查人员的积极心理。

纪律审查与监察调查人员的担当意识、责任意识造就其高度的责任心和责任感，同时其敏锐的感觉和敏捷的分析判断能力、有效的心理疏导和有的放矢的审查调查措施，再加上审查调查人员的同心协力、默契配合，就能较快地获取有效的证据，查明问题事实。纪律审查与监察调查中每一个有价值的证据的取得，每一个证明事实真相的新线索的发现，特别是关键性问题或与问题有牵连的关键性人物的突破，或者是新的重大问题的发现都会引起审查调查人员的精神振奋，激励信心，继续努力做好审查调查工作，查清全部事实。

（2）消极影响。审查调查人员的消极心理就会阻碍纪律审查与监察调查的顺利展开，纪律审查与监察调查中碰到的种种困难，严重影响审查调查人员的心理情绪，进而形成了对纪律审查与监察调查的消极态度。纪律审查与监察调查人员对违纪违法问题事实的怀疑心。对重大复杂问题的畏难心、对违纪违法人员的同情心、对自己前程的忧虑心，以及审查调查人员的不齐心和指挥者的焦躁心，等等，都会引发纪律审查与监察调查的不专心，严重阻碍纪律审查与监察调查的顺利展开。纪律审查与监察调查过程中的难题太多，找不到证人，证据难以获得，涉嫌违纪违法人员或涉案人员的不配合，有关部门的不协调都会造成对敏感人员或敏感问题的难以突破。外来干涉过多，领导人员态度的变化，纪律审查与监察调查的指挥人决策的拖延、犹豫等，也会严重干扰审查调查人员的心理活动，容易使审查调查人员心理情绪低落，丧失信心，消极应付，敷衍了事，给纪律审查与监察调查造成不可估量的损失。

对于此种心理活动，纪律审查与监察调查的领导者和指挥者首先要注意调节自己的心理情绪，进而控制和指导审查调查人员调节情绪，克服消极心理，调动积极心理，推动纪律审查与监察调查正常进行。

3. 不同环节不同阶段的不同心理活动

纪律审查与监察调查不同环节、不同阶段的不同审查调查的重点，会引起审查调查人员不同的心理反应。

（1）审查调查的初期。纪律审查与监察调查的初期由于没有更多地感觉到或没有更多与案件线索等相关情况的因素，对问题线索反映的事实还处于逐步认知中，有急于进入状况的心理反应。这是积极的心理状态，对查清问题事实是有益的，要积极引导，正面掌控，防止急躁冒进的情绪，以防盲目无序，对纪律审查与监察调查造成不利。

（2）深入和相持阶段。由于纪律审查与监察调查已经进行了一段时间，比较简单的问题已经基本清楚，审查调查人员容易产生"松一口气"的心理。比较重大复杂的问题，才刚进入相持阶段，是进一步深入调查的开始，是调查工作持久战的起始，容易产生"慢慢来"的心理反应。一些人由开始的"急"变为"不忙""反正一时完不了，不着急，啥时完了啥时算"的情绪。这个时候，审查调查人员就要克服"松一口气"或"慢慢来"的情绪，坚定信心，继续抓紧调查取证工作，要确保按时完成纪律审查与监察调查任务。

经过一段时间的审查调查，多数审查调查人员对问题事实有了较多的感知，形成问题事实的基本认识。这种认识，如果符合问题事实真相，则有助于选准审查调查重点、迅速查清事实；如不符合问题事实真相，则会阻碍审查调查的正常顺利地展开。

（3）终结阶段。这一阶段的重点是认定违纪违法事实以及与涉嫌违纪违法人见面和提出处理建议。这个时候，有的审查调查人员，觉得"任务已经完成，怎样处理是领导的事，与己无关"，随之而来的是松劲、松散的状态。在这种心理反应状况下，纪律审查与监察调查的领导者、指挥者就要准确地掌控和指导，纪律审查与监察调查人员要仔细认真地思考、分析、判断审查调查情况，集体讨论研究违纪违法人的违纪违法事实、制定违纪（违法）事实材料与违纪违法人见面的方案、提出处理建议，使审查调查人员始终处于一个昂扬向上的良好精神状态，认真总结，提高认识，拓宽视野，提升水准。

（二）纪律审查与监察调查过程中心理活动的实质和特点

纪律审查与监察调查人员在纪律审查与监察调查过程中始终离不开对审查调查事实的感觉、感知、观察、思索、记忆。整个审查调查过程就是对具体违纪违法问题事实不断的反复的感知、思索、记忆的认识过程。这个过程的心理活动的实质就是对具体问题事实的认识过程。这个心理活动具有自身所属的特性。

1. 认识对象的特定性。这一认识过程不同于一般事物的认识过程，是有目的地揭露违纪违法问题事实的认识过程。其认识对象是特定的，对认识对象的认识也是有重点的，就是涉嫌违纪违法人的违纪违法事实，违纪违法人既可能是单一的自然人也可能是复合单位或集体。所以这个对特定认识对象的认识过程是复杂的。特别是对单位或集体违纪违法对象的认识，既单一又复杂。单一的体现是这时的任何认识都是围绕集体违纪违法这一问题事实进行的，复杂的体现在于不是调查一个人的一个情节，而是集体违纪违法行为中每个人的具体违纪违法事实，各个个人违纪违法事实的相互关系和各个个人在违纪违法行为中的地位、作用。

2. 认识过程的逆向性。这个认识过程是从已知找未知，用结果找原因，以点扩面，从点滴摸全貌的过程。审查调查的过程一般都是从检举、揭发、控告或主动交代等具体的违纪违法事实或结果为线索展开的，搞清全部事实的过程。这个过程是一个逆向的认识过程。

违纪违法结果产生的过程，一般都是由具有一定违纪违法心理结构的违纪违法人通过违纪违法行为的实施过程，造成特定的违纪违法行为的后果。其过程是：

具有违纪违法心理结构的违纪违法人——违纪违法行为的实施——违纪违法行为的结果。

纪律审查与监察调查的过程正好相反，一般是纪律审查与监察调查人员根据举报的问题线索反映的违纪违法结果，追溯违纪违法案件的事实真相，揭示违纪违法人的违纪违法心理结构。其过程是：

违纪违法行为的结果——违纪违法行为的实施——违纪违法人的违纪违法心理结构。

3. 认识目的的深刻性。这个认识过程是一个搞清违纪违法结果与违纪违法行为、违纪违法动机相互关系的过程。违纪违法结果是一个客观存在的事实，纪律审查与监察调查的过程就是寻找与违纪违法结果相联系的违纪违法行为、违纪违法心理结构的过程。既是搞清客观存在的全部违纪违法事实的过程，又是探求这些事实之间内部联系的过程，是一个复杂的开拓性的劳动过程。

4. 认识活动的间接性。这个认识过程，是一个间接的认识过程。纪律审查与监察调查的认识过程，都是对已经发生的事件恢复原状，追根溯源的认识过程。这个认识过程不是科学试验或社会改革的认识过程，不可以全程直接地观察，而是依赖一定证据材料、当事人或知情人的回忆来逐步认清问题事实，这就必然地具有了更多的间接性。

三、纪律审查与监察调查人员的主体调节

纪律审查与监察调查中的主体调节，是指纪律审查与监察调查人员在纪

律审查与监察调查的实际工作中调节自己的认识和行为的心理活动。

纪律审查与监察调查是在纪律审查与监察调查主体的支配下展开的，它以主体的心理活动为转移，也就是以审查调查人员对问题事实的感知、认识、适应、处理和解决的一系列活动的过程而转移。纪律审查与监察调查主体的调节，对审查调查工作的进展、提高工作效率十分重要。

（一）主客体心理积极信息交往的重要性

在纪律审查与监察调查中，审查调查人员和审查调查对象之间的心理接触处于何种状态，直接关联着审查调查活动的进展。

1. 主客体的心理差别。一般情况下，随着纪律审查与监察调查任务的不同，主体的心理处于不断变化之中；客体的心理则针对检查的方向处于比较稳定的自觉防守的状态。这种心理活动上的差别，直接影响着二者间的心理的交流和接触。信息交往中的这种差别，如果能得到主体适当的有效调节而消除，二者之间就能建立起有效的交流和接触。

2. 主客体心理信息积极交往的特征。主客体心理信息积极交往的特征，主要表现在主体具有的心理情绪，心理尘埃处于正常平衡的状态，信息的发送和反馈有明晰的程序性和逻辑性；客体心理被充分地激活，对主体信息有着正确的理解和反应。主客体心理接触中的信息交往要得到主客双方的正确理解和反应，主体才能从信息交往中获取调节自身活动的启示，客体也能从信息交往中明白自己应该做出的进一步的反应。

3. 影响主客体心理信息积极交往的心理因素。一是主体对具体审查调查的问题产生了厌倦的心理活动，懒于深入调查，认真细致地获取证据，敷衍应付，势必影响主客体之间心理接触的正常进行。二是客体对自己卷入纪律审查与监察调查感到懊恼、厌恶，不愿意直接回答问题或者对抗调查，说明客体尚不具备积极心理交往的条件，也势必影响主客体之间心理接触的正常进行。三是主客体心理接触中的信息交往没有得到正确的理解，不能产生正确的反应，也就没有主客体心理接触积极交往的条件。

（二）根据不同信息分析涉嫌违纪违法人或涉案人的心理实质

纪律审查与监察调查活动中出现的信息多种多样，这些信息并不是都有实际价值。根据各种信息所反映的涉案人员的心理实质，可分为全真信息、可靠信息、一般信息、逆变信息。这四种信息的表现形式，没有明显的差异。即使是同一个动作、同一句话语、同一组文字、同一种表情，在形式上是相同的或相似的，但体现的心理状态却会出现不同程度的差异。

1. 全真信息。这类信息完全真实地反映出涉案人员的心理活动。对此类信息，审查调查人员无需作特别的处理，就可以从信息反映的内容直接分析涉案人员的心理活动。

2. 可靠信息。这类信息大部分真实地反映了涉案人员的心理活动，审查调查人员需对信息的可靠性和可信度分析判断，才能正确评价其价值，确定取舍的内容。

3. 一般信息。这类信息的真实程度的高与低、虚假比重的大与小，要认真地分析研究。需作特别的处理，既不能笼统肯定，也不得随意否定。

4. 逆变信息。这类信息完全不能反映涉案人员的心理活动的实质。这是审查调查实践中经常遇到的，对此一定要有足够的认识，提高警觉，否则就会导致错误的判断，误导审查调查的方向。

（三）正确运用定向回忆方法

纪律审查与监察调查的问题通常是发生在过去的事情。审查调查人员要认识这些问题，必然要运用自己的记忆系统，同时借助涉案人员的记忆系统。

一个人所经历过的事情是非常复杂的，为什么会此时想起了这些事，彼时又想起了另外的事？这主要是受一个人所处的内部状态和外界情境的制约。人的活动常有所准备，所做活动都有一定的趋向性。活动的准备和活动的趋向性称为定向，影响或决定着继起的活动，使之朝着一定方向前进。在纪律审查与监察调查实践中，审查调查人员应根据具体的情况，针对不同的涉案人员、不同的问题，定向地启动回忆，使涉案人员将回忆方向稳定在主体所掌握或指定的范围内。

1. 定向回忆的启动。启动回忆可采用第一号系统——实物，或第二号系统——言词，或两者——实物与言词的综合使用。

使用实物时，通常以展示具体物件的形式让客体通过视觉接受信息；使用言词时则常常以口头语言——说话的形式，让客体通过听觉接受信息，有时，也以书面语言——文字的形式让客体通过视觉接受信息。

2. 定向回忆的调整。在实践中，有的时候，定向的影响似乎太大，回忆过程被压抑了，思想或认识被固定在一定的辙道中转不出来，就会妨碍思想或认识活动的正常进行。这时，主体就应适时地调整涉案人员的定向。在现实中无定向地启发使用得当，也能获取很有价值的线索。在纪律审查与监察调查中要根据涉案人员的个性心理特征，当时所处的心理状态和所要认识的问题，有节制地运用定向加快的方法。

3. 要善于启发，不得压抑或引诱。在纪律审查与监察调查实践中，收集的证据或线索中经常会有一些模糊不清的材料，必须予以澄清。这个时候，审查调查人员就要更加特别注意正确地运用定向回忆的方法，不得压抑或引诱涉案人员按照主体的要求回忆或认识问题。

询问目睹者或受害人，要让其尽量放松精神，不要有所拘束，启发其自由地谈出所注意到的问题和所感受到的真实情况。

4. 善于整理定向回忆的材料，正确解决和处理定向回忆中出现的问题。

在正确使用定向回忆方法的一个重要环节，就是要认真细致地整理涉案人员回忆形成的各种材料。对材料中不真实的情况，一定要查清是什么原因造成的。这种情况的出现往往有下列原因：一是涉案人员故意造成的。某些涉案人员因与审查调查的违纪违法事实有所牵连或者就是违纪违法行为人，为开脱自己或嫁祸于人，故意做虚假的陈述或伪证。二是涉案人员有着心理或生理上的障碍或缺陷，对事物的感知与客观事实相背离，记错了情节，颠倒了时间，认错了人，看错了事物，等等。对此，审查调查人员一定要正确地解决和处理，注意区别是故意篡改还是记忆的差错。

在某些具体问题中，往往会出现一些材料有着不同程度的相似之处，审查调查人员要善于观察和认识当前环境或涉案人员的特点，尤其是心理特点，与自己调查经验中的相似部分联系起来加以考虑，以便得到启发，提出解决问题的方法。

四、纪律审查与监察调查人员主体情绪的自我调整

纪律审查与监察调查人员的心理状态会直接影响具体纪律审查与监察调查的开展和质量。强调主体情绪的自我调整，对执纪审查人员剔除心理活动中的不良因素，消除消极情绪的影响，调动积极情绪，推动审查调查活动正确展开有着重要的意义。

（一）纪律审查与监察调查人员稳定情绪的重要性

情绪是一个人在特定环境下对外界事物态度的一种心理反应。

审查调查人员在纪律审查与监察调查中接触的环境是非常复杂的，对于这些杂乱的外界事物表现出的各种反应，会在不同程度上左右审查调查人员

的工作态度和工作方法。

1. 产生不良情绪的情况。纪律审查与监察调查实践表明，在纪律审查与监察调查中，不论是顺利还是不顺利，审查调查人员的情绪状态和心理活动都会产生很大的影响。一般，审查调查活动顺利时容易使人产生高涨的情绪，相反，则容易使人产生低落的情绪。倘若审查调查人员对自身不同情绪状态不能控制，缺少有效的自我调整，可能使顺利局面中高涨情绪转化为满足，进而发展到盲目自信，或者使不利状态中低落情绪渐次转化为失望，进而发展为灰心丧气。

2. 不良情绪对纪律审查与监察调查的后果。可以肯定，审查调查人员的不良情绪的变化或发展都会对纪律审查与监察调查产生不利的影响，尤其是会对纪律审查与监察调查活动的继续展开产生消极的作用。审查调查活动顺利时，审查调查人员的满足情绪将会妨碍对案件事实进一步的探索和核实；审查调查人员的盲目自信则会导致对案件事实分析判断错误。纪律审查与监察调查不够顺利时的低落情绪会降低主动自觉的意识和主观能动性；失望情绪会阻碍审查调查活动的正常进行；沮丧情绪则会挫伤整个团队的意志，致使整个审查调查活动停滞不前，贻误战机。

3. 及时控制和调整自身的不良情绪。

纪律审查与监察调查人员在纪律审查与监察调查中要及时地控制、调整自身的心理活动，防止不良情绪产生或发展，注意消除各种不良心理情绪形成的自我障碍。

当审查调查不够顺利，遭遇挫折时，应当防止情绪激变，坚持有计划地行动，按照调查（审查）方案做好工作的调整安排；审查调查比较顺利时，应当控制浮躁情绪，不可盲目自信，只重视自己的经验而忽略别人的经验，要虚心认真地从别人的经验中吸取有益的经验，不断地提高自己。

控制、稳定自身情绪是审查调查人员开展纪律审查与监察调查活动必不可少的条件。无论审查调查活动的进展如何，纪律审查与监察调查人员首先要学会控制和稳定自己的情绪。

（二）纪律审查与监察调查人员对自我情绪状态的认识

一个人的情绪状态不会是一成不变的，随着外界刺激的变化，人的情绪也会发生一系列的改变。来自外界环境的各种影响，要经过人的评价与选择，才能引起一定的情绪反应。这种评价与选择是人的大脑皮层发生的。一般来说，人的情绪为三种因素所制约：环境、生理状态、认识过程，其中认识因素在情绪的产生起着关键性作用。

审查调查人员在纪律审查与监察调查中遇到的环境条件是变化无常的。由于工作的特殊性质，审查调查人员的生理状态和心理状态时常会有大幅度的变化，复杂的审查调查活动会对审查调查人员的情绪状态产生重大的影响，审查调查中每一个具体情况也会使审查调查人员的情绪发生一定的变化。

在实际工作中，审查调查人员要随时分析判断认识自己情绪变化的原因，调节控制自己的情绪状态，既能自知更能自胜，既是明者更是强者，保持稳定平和的心境，从自身主观条件上为顺利展开检查活动提供良好的工作基础。

（三）调整失利的情绪影响

纪律审查与监察调查的顺利进行使审查调查人员产生高涨情绪，此时自我控制是在积极的心理状态下进行的，比较容易。需要特别注意的是正确对待失利时所产生的情绪。

1. 失利情绪的发展过程。因受挫而引起的情绪反应，往往伴随着消极的心理状态，在这种心理状态下，审查调查人员会对外界的刺激产生不正确的评价和认识，促使消极情绪的继续发展或恶化。这种情绪的变化，按其表现的特点来看，发展过程一般是三个阶段：情绪低落阶段、情绪动摇阶段、情绪沮丧阶段。

2. 失利情绪发展过程的表现及调整心理。

（1）情绪低落阶段。

情绪低落的表现是对工作不甚热心，敷衍潦草。在这种情绪的影响下，审查调查人员对审查调查工作缺少应有的自觉性和主动性，搜集证据和整理材料应付了事，没有担当精神和责任意识。

针对这些不利的情绪影响，审查调查人员要适时地自我控制和调整，慎重细致地分析面临的局面，找出受挫的原因，振作精神调整方案，重新安排工作计划，适当调配力量，推动纪律审查与监察调查继续有效地展开。

（2）情绪动摇阶段。

情绪动摇的表现是信心不足，并且伴有侥幸获胜的念头。在这种心理状态下，审查调查人员会产生盲目冲动的行为，偏离预定的方案和计划，造成纪律审查与监察调查活动的偏差。

遇到这种情形审查调查人员要打消任何侥幸的心理念头，以坚忍不拔的意志和严肃认真的工作态度，实事求是地开展审查调查工作，正确客观地分析认识工作中的有利条件，变不利为有利，增强信心，稳定心绪，克服困难，保证纪律审查与监察调查的顺利进行。

（3）情绪沮丧阶段。

情绪沮丧的表现主要是自信丧失，斗志松懈，进取心缺乏。在这种情绪的影响下，审查工作无法继续开展，对已掌握的证据材料不能做出正确的分析和判断。

面对这种心理情绪时，审查调查人员应当增强政治责任感，提振事业心，及时迅速地自我控制和调整。只有具备高度的政治责任感和刚强的事业心，才能排除思想上的混乱，心理上的杂念，稳住心神，振奋精神，经受挫折和失败的考验，克服各种困难，较好地完成纪律审查与监察调查的任务。

（四）积极情绪的自我调动

调动积极情绪，加强感知、思维等心理活动，是提高纪律审查与监察调查有效率的重要方法。

审查调查人员的积极情绪，首先表现在具有高度的工作热情和政治责任感，对纪律审查与监察调查认真负责，能够正确对待顺利或不利的工作局面，善于针对具体情况适时适当地调整自身的心理情绪。

1. 调动积极情绪的目的。调动积极情绪主要是为了加强对外界信息的感知和分析，加强对客观事物的评价，对客观事物发展情况的追溯，以及对客观事物未来发展变化的预测。

2. 调动积极情绪的意义。当纪律审查与监察调查处于顺利局面时，调动积极情绪的意义在于推动审查调查人员高涨的工作热情，同时对某些情绪因素进行适时的控制。这样既支持了已得到的积极的饱满情绪，又调节消除了高涨情绪中潜在的不良因素。当纪律审查与监察调查不够顺利时，调动积极情绪的意义在于改善审查调查人员的心理状态，变低落的情绪为饱满的工作热情和高涨的情绪。这对于提高审查调查人员的工作效率，摆脱不利的工作局面，重新掌控工作的主动权十分重要。同时还能避免不良情绪蔓延和工作的迟滞，推动纪律审查与监察调查稳健正常地开展。

3. 调动积极情绪的结果。经过积极情绪的调动，审查调查人员心理活动的积极情绪得以增强，个体心理品质和实际工作能力也会有所提高，同时，审查调查人员经过自身情绪良好的调整，锻炼了心理素质，思想得到了升华，具备了更高的修养。

五、纪律审查与监察调查人员良好的心理意识和能力

纪律审查与监察调查工作是一项艰巨、复杂、细致、政策性极强的任务。做好纪律审查与监察调查工作对于保护人民群众的利益，维护党纪国法有着重要的意义。纪律审查与监察调查人员除了要具备高度的政治素养、坚定的政治立场和忠于职责外，还应当具备良好的纪律审查与监察调查的心理意识和能力。

（一）良好的观察能力

由于每个人的生理机能和性格意识的不同，这就使个体的观察能力存在很大的差异。除了生理机能形成的差异是先天因素或后天经历决定的外，因每个人的性格意识的作用形成的差异，就是每个人不同的观察意识和观察能力。

1. 从主观能动性上看，可分为主动型和被动型。主动型的人，习惯于随时随地观察周围的事物，并能加以表达或予以记录。被动型的人，受个人的直接需要所驱动，只留意与自己利益相关的事物，对其它事物则不关心、不留意，更不会主动地去观察了解。

2. 从观察程度上看，可分为细致型和粗犷型。细致型的人，观察周围事物时特别认真仔细。观察物体不仅观察外表，而且通过外表的察看找出本质的区别；了解社会不仅了解社会的物质生产，而且细心地发现人的精神面貌的差异；分析违纪违法问题则善于从违纪违法问题的蛛丝马迹中发现违纪违法活动的特征、手段，进而找出违纪违法证据和违纪违法人，查清违纪违法问题的事实。粗犷型的人，凡事满足于一知半解，只知其一，不知其二；只解表面，不解其里。这种人容易主观臆断，甚至被假象所蒙蔽，出现判断决策上的重大错误。

3. 从观察特点上看，可分为动态型和静态型。动态型的人不仅能观察事物的表象，而且能洞察事物的发展趋势。这对违纪违法问题的审查调查非常重要，有助于对纪律审查与监察调查的发展趋势、调查的方向、方案的制定准确地判断和认识，更能有效预防违纪违法行为的发生或发展。静态型的人，则习惯于静止地孤立地看待事物，把周围的事物看成是静止不动的东西，不会联系地看待事物，因而缺乏对事物发展趋势的预见性。

审查调查人员要养成主动型、细致型、动态型的观察心理意识和观察能力。尤其是纪律审查与监察调查的领导者和指挥者更需要具备个体观察这种良好的基本品质。良好的观察意识和能力是长期的实践磨炼出来的，是意识作用观察活动长期形成的一种定势。只要肯下功夫，努力锻炼，就会养成良好的观察意识和观察能力。

（二）丰富的想象力

1. 概念

想象，是人脑对原有的感知形象经过加工改造而形成的新形象的心理活动过程。想象一般分为创造想象和再造想象两种。想象力就是指人对事物感知、加工、改造，形成新形象的心理活动的能力。

2. 纪律审查与监察调查需要的想象力

纪律审查与监察调查中的想象，主要是再造想象，即根据语言的描述在头脑中再造出相应的新形象。这个再造的基础来源于客观情况和自身头脑中积累的阅历和经验，两者也是人的思维的重要的基础。人的实践越多，经验越丰富，想象力就越强。实践证明，丰富地想象、准确地分析判断，往往对查清问题事实起着很大的作用。

（三）较强的记忆力与联想能力

在纪律审查与监察调查活动中，纪律审查与监察调查人员的记忆力有着特殊的意义。在纪律审查与监察调查中，尤其是了解一些特别情况时不能不凭借较强的记忆力，对那些细枝末节要在脑海中留下清晰的印迹，它们是审查调查人员想象和思维不可或缺的素材。

1. 记忆过程与联想的关系。记忆过程包括识记、保持、再现、再认四个方面。对纪律审查与监察调查人员来说，更重要的是再现（回忆）、再认和联想。所谓再认，是指曾经感知过的事物在再次感知时能够认出它来。所谓再现（回忆），是指过去感知过的事物虽不在眼前，但由于一定条件的诱发，能把过去事物的印象在脑海中重新显示出来，它不是和感知过程直接联系的。这就是说涉案人员在特定的或必要的场合能够回忆既往发生事实的情况。这个回忆实际上是以联想的方式出现的，即由当前感知或思考的事物想起相关的另一事物，或者由头脑中想到的一件事想到另一事。这种联想可以扩大思维，对问题做出判断，推动审查调查工作的进展。

2. 纪律审查与监察调查实践中运用的联想模式。在实际工作中纪律审查与监察调查经常运用的联想模式比较多的有：一是类似联想，即发现两个事物之间比较接近的地方；二是对比联想，即看到一事物就可以反映出事物的另一面或反面；三是关系联想，即看到了两个事物就会感知之间内在的联系；四是因果联想，即看到果就会知道因，看到因就会知道果，等等。实践证明没有记忆与联想，问题线索的查处就无从谈起。在实践中准确、恰当、有效地运用记忆与联想，就会思维敏捷，反应灵敏，为违纪违法问题的查处提供准确的线索或好的方法。

（四）善于交往和应变的能力

一个纪律审查与监察调查人员必须能够独立执行任务，敢于、善于与各式各样的人打交道，能够随机应变。这对查处违反政治纪律或集团性违纪违法案件尤为重要。审查调查人员只有长于同违纪违法人、同案人、知情人、技术专家等各种人打交道，善于组织各种力量，团结各种人共同工作，才能克服消极因素，调动积极因素，较好地完成纪律审查与监察调查任务。

纪律审查与监察调查人员要足智多谋，对任何具体违纪违法问题审查调查活动的发展、违纪违法人可能采取的反审查反调查的措施、手段，都应有足够的估计。要努力做到遇事不乱，行动果断，因势利导，使事态向有利于审查调查的方向发展。遇到客观障碍要当机立断，创造条件，推动工作，争取尽快完成纪律审查与监察调查任务。

第五节　品行素养

纪律审查与监察调查人员必须具备优良的品行素养，重品行，讲形象。在日常工作学习中时时处处注重自身修养，坚持自警、自省、自重、自爱，具有良好的品行。对于纪律审查与监察调查人员的品行素养，总括来说要做到气正、身正、心正、行正、形正，即人正。

作为纪律审查与监察调查人员一定要养正气，打铁先要自身硬。一身正气，百邪莫侵。要遵守审查调查纪律和保密纪律，经受得住各种考验。说话有准头，做事靠得住，为人信得过。

作为纪律审查与监察调查人员一定要修定力。遇事安然处之，面对诱惑，淡然处之。要处变不惊，每临大事有静气，泰山崩前而色不改。以镇定的心灵看透世间万象，淡然的情境历渡人生艰难。要敢于担当，要有决断力，随机应变能力强，敏捷、敏锐、沉稳、大气，果敢处置突然事件，善于应对复杂局面。

一、平素要增强的品行意识

纪律审查与监察调查人员平素在实践中，要注重增强党性观念，牢固树立正确的世界观、人生观和价值观。在实践中要具备和增强一些品行意识，这些意识也体现了一个人的工作能力和水准。

第一，在工作上坚持"惩处腐败者，惩戒违纪者，支持改革者，保护干事者，鼓励创新者，为改革、干事、创新的同志创造良好的干事环境和人际氛围"的工作理念。

第二，在纪律审查与监察调查的过程中随着调查的深入、情况的变化及时修正和调整问题线索的调查思路和方法，坚持处理问题站得高一些、看得远一些、想得深一些、做得稳一些，不凭一时的冲动和武断办事。

第三，要有大局意识和全局观念。要知大局，要掌握党和国家工作大局、全面从严治党大局、党风廉政建设和反腐败斗争大局，自觉在大局下行动。

要明公私，要尊崇党章，严格自律，始终做到先公后私、克己奉公。要正确处理个人与组织的关系，凡事以大局为重，不计较个人得失；勇于开展批评与自我批评，锤炼党性、磨练心性，自觉维护党的形象。注重抓住点滴时间，加强政治理论学习，增强素质养成。

第四，具有自觉学习，主动学习，系统学习的良好习惯和学习情趣。善于学习，要把学习作为终身追求，能够"坐得下来，静得下心，稳得住神"，认真学理论、学政治、学经济、学业务、学法律、学技能，更要学做人、学做事，开阔视野，活跃思想，积累经验，做到学以致用，造就本事，成就事业。通过学习，增强理论联系实际，指导实践的能力。

第五，要有主体意识，工作要有主动性和目的性。纪律审查与监察调查人员对纪律审查与监察调查工作要具有强烈的主体意识和较强的目的性。注重自身业务能力的提高，增强指导的针对性；要干好事，办成案子，做一个过硬的办案人员"胜任才是硬道理"。

第六，要懂敬畏，要对党组织有虔诚之心，对党纪国法怀戒惧之意，把党的纪律刻印在心上。要敬畏自己的工作岗位，而不是畏惧或躲避自己的岗位职责。有敬畏才能有责任感，有紧迫感，才能潜心研究自己的职责，思考怎样做好工作，怎样提高能力，才能胜任，良好地完成纪律审查与监察调查任务；工作一定要有原则性，要有是非观念，要态度鲜明，才能做好纪检监察工作；正确处理"人情""关系""意气"与职责的关系，公正地查处违纪问题，要党性高于人情，政策大于关系，原则重于义气，才能保持一个良好的心态和作风，才能保持纪检监察干部的政治本色。

第七，从日常工作入手，从细微处着眼，讲规矩，守纪律，注意规范个人言行，增强良好的工作意识。

增强服务意识。要始终服从服务于经济建设这一中心工作，化解矛盾，维护稳定，促进和保障社会、经济、政治、文化和谐发展；

增强创新意识。要"敢为天下先"，敢闯敢试，推进组织、制度和管理创新；

增强重点意识。工作要有轻重缓急，思路清楚，条理明晰，取舍得当；

增强社会责任意识。要通过违纪违法问题线索的查处解决问题，化解矛盾，规范秩序，保护社会良知，引导健康文明的社会风气；

增强法治意识。要通过查办违纪违法问题彰显法治，推进民主政治，促进社会发展。

第八，具有正确的岗位价值取向。坚持维护稳定，化解矛盾，排解纠纷，引导社会良善风尚和健康文明的社会风气，弘扬正气，抑制邪风，促进经济社会健康、可持续发展，构建社会和谐为执纪审查工作岗位的价值取向。坚持全面完整地履行党章、宪法赋予的监督监察职能，应是纪检监察机关纪律审查与监察调查人员的自觉意识。

二、在团队中要增强的品行意识

纪律审查与监察调查人员，在日常工作学习中不仅要注重自身良好品行的养成，更要注重在团队中的良好品行的表率示范作用，注重整个团队的优化意识。

一是要"认清一个道理"：一个团结互助、一心向上的团队，人人受益；一个软弱涣散、离心离德的团伙，必然是人人受损，要以工作为重，加强团结相互扶持。

二是"保持一个平和心态"：对人对事要平和，以平和的心态看待自己，对待别人；以平和的心态认识我们的纪检监察工作，认识自己的岗位、自己的职责；以平和的心态对待被审查调查对象，平和地分析、认识、处理问题。

三是要"端正一个态度"：认真做事，踏实做人。提倡待人坦诚，处事求真，在具体事务中能够按照不断变化的事实，调整认识问题的角度，思路要开阔，眼界要宽泛，做到认真不偏执，既原则又灵活。

四是要"崇尚一个精神"：就是要敬业奉献，敬畏自己的事业和岗位，摆正自己的位置，正确处理个人、家庭、集体、工作的矛盾关系，考虑他人和工作多一些，考虑自己和私事少一些；看他人和工作重一些，看自己和私事轻一些；对同志要温暖一些，多些关心爱护，在纪律审查与监察调查的工作中教思路、教方法，带动提高团队同志一起进步，一起提高。

五是要"提高一个能力"：创造条件，利用各种机会锻炼增强分析问题、认识问题、解决问题的综合能力，做到说话有把握，做事有准头，为人靠得住。

六是要有"真情"：就是要增强使命感和责任感，对纪律审查与监察调查工作，对团队，对同志，满怀真情、投入激情，满怀信心共同把"监督执纪问责""监督调查处置"工作干好。

七是要"创造一个局面"：努力创建和保持一个良好的工作生活局面。就是要注重在团队内部形成团结互助、刻苦学习、勤奋工作、努力向上的良好风气；对外具有生气勃勃、紧张严肃、果敢决断，既有战斗力又乐于助人的形象。

三、要注重塑造和提升人格魅力

所谓人格魅力，是指纪律审查与监察调查人员在运用法定权力，履行职责的过程中，所显现出来的影响和改变他人心理状态、情绪与行为的一种能力。这种能力与地位、权力没有必然的联系，而是一个人平素的知识、能力、品质、情感、意志、个性等综合修养所集成的品行素养集中体现，是一个人在工作实践中自觉地显现出来的颇具个性色彩的品质。注重个人人格魅力的塑造和提升，对于更好地适应纪律审查与监察调查的新形势，实现纪律审查与监察调查工作的新突破、新特点有着十分重要的意义。

1. 人格魅力是做好纪律审查与监察调查工作的重要因素。纪律审查与监察调查人员的人格魅力能够直接影响和改变涉案人员的心理状态、情绪与行为，进而影响纪律审查与监察调查的时效与质量，是一个不争的事实。

在工作实践中，有的人能够使涉案人心理能够接受，主动配合，形成公正、严明、协调的工作氛围，顺利地取得工作成效；有的人虽然工作认真，又十分辛苦，但工作效果不佳。涉案人往往心理不能接受，不服，满怀怨气，甚至给问题的查处留下后患。这种差异，就是人格魅力的差异。具有良好人格魅力的人，能以严谨的工作作风，高超的纪律审查与监察调查技巧，广博的知识，娴熟的方式，深厚的阅历和丰富的经验洞察涉案人员的心理活动，采用灵活性与原则性相统一的好方法、好措施，赢得纪律审查与监察调查的主动权，及时、快速、高质量地查清问题事实。

人格魅力既是纪律审查与监察调查人员良好的品行素养，也是纪律审查与监察调查人员不可或缺的一种能力，是行使职责的一种默契配合，是充分发挥纪检监察"监督执纪问责""监督调查处置"职能的重要因素。

2. 人格魅力是纪律审查与监察调查实现政治社会效果的重要保证。在实践中，要做好纪律审查与监察调查工作，除了充分地正确履行职能外，必须注重塑造和提升纪律审查与监察调查人员的人格魅力。以人格魅力感染人、影响人、改变人、促进人，以获取最佳的政治、经济和社会效果。

在纪律审查与监察调查工作中，纪律审查与监察调查人员不具有良好的人格魅力，就很难取得党员干部和人民群众信任，很难获得支持与参与，更不会获得积极反映问题的热情和有价值的有关违纪违法问题的线索，进而影响了纪检监察机关的威望和形象，显得纪检监察机关无威无力，纪律审查与监察调查工作就不会取得预期的政治、经济和社会效果。

3. 具有良好的人格魅力，是优秀纪律审查与监察调查人员的重要标准。

作为纪律审查与监察调查人员能够出色地完成所承担的任务，又赢得涉案人的佩服和尊敬，说明其是优秀的、称职的人员；作为纪律审查与监察调查人员，既不能出色地完成任务，工作中纰漏百出，又让涉案人员心生反感、鄙视、小看，说明其人格魅力太过匮乏，是一个不合格的纪律审查与监察调查人员；作为纪律审查与监察调查人员，虽然完成了任务，但其品行素养引起了党员干部和群众的不满，说明其亟待加强自身素养的修炼，会造成自身危机，不能胜任纪律审查与监察调查任务。所以是否具有良好的人格魅力是检验纪律审查与监察调查人员是否优秀和称职的一项重要标准。

4. 注重人格魅力的塑造和提升。要塑造和提升纪律审查与监察调查人员的人格魅力，就要不断地提高纪律审查与监察调查人员的业务素养和职业道德水准。

（1）养成高尚的职业道德，塑造健康的自我人格。纪律审查与监察调查人员的职业道德情操主要体现在职业立场和个人世界观。一个优秀的纪律审查与监察调查人员必然是公正的执纪执法人员，看问题和处理问题就会实事求是客观公正，就具有良好的人格魅力。作为纪律审查与监察调查人员，不注重职业道德的修炼，不坚守自己的职业情操，办事不公，执纪不严，执法不明，就会威信不高，说话不灵，降低自己的人格魅力。因此，纪律审查与监察调查人员一定要不断加强自律，率先垂范，塑造健康的人格，养成良好的职业道德，坚守职业情操。

（2）不断丰富学识，努力增加才干，提升自身的工作水准。学识、才能和水准是塑造人格魅力的重要因素。纪律审查与监察调查人员在实践中既要重视增加学识，又要重视拓宽视野；既要不断提高政策理论水平，又要注意了解和研究社情民意；既要培养逻辑思维能力，又要培养辩证思维能力；既要不断充电，更新知识，又要培养自己的高尚情操；既精通业务，严格照章办事，又要讲究工作方式，具体情况具体分析，具体问题具体对待。

（3）锻炼坚强的毅力，树立坚持原则，敢于碰硬的良好心态。坚强的毅力突出表现在坚韧性和自控力两个方面。纪律审查与监察调查人员在纪律审查与监察调查中，往往会遇到涉案人员权力的抗衡，职位的特殊等复杂因素的影响，会感到"监督难，难监督"的种种困难和阻力。这种情况下纪律审查与监察调查人员意志坚强，具有良好的人格魅力，就会震慑对方或打动对方得到对方的配合和群众的支持，顺利展开工作。

（4）努力提升职业情感，有效地把政策法规具体化、人格化。纪律审查与监察调查人员的职业情感主要体现在三个方面：一是是否热爱纪律审查与监察调查工作；二是是否尊重涉案人员的人格；三是是否忠诚于党的事业，忠实于人民群众，忠实于问题的事实真相。

纪律审查与监察调查人员有了正确的职业情感，就会尊重涉案人员的人格，不会歧视或蔑视，公平公正地调查取证，就会得到涉案人员的理解和配合。纪律审查与监察调查人员如果没有正确的情感，就会居高临下地有意识拉大与涉案人的心理距离，遭到心理对抗和抵触。所以纪律审查与监察调查人员应当积极培养自己的职业情感，提高自己的人格魅力。现实中，纪律审查与监察调查人员能不能有审查调查违纪违法问题、很好地完成纪律审查与监察调查任务的能力，往往与其是否具有稳定的良好心态有着紧密的关联。稳定良好的心态是做好纪律审查与监察调查工作的重要因素。

第六节　业务素养

纪律审查与监察调查的调查取证是一个思维复杂、操作多变、运作繁杂的过程，不仅仅是一项艺术性、专业性很强的工作，而且是一项很复杂的系统工程。

在纪律审查与监察调查的实践中要坚持"三注重"，即案前注重分析研究，案中注重证据的鉴别和运用，案后注重总结回顾。

一、案前注重分析研究，做好案前准备

案前注重分析研究违纪违法问题线索的焦点、细节，断定线索所反映问题的真实性、可靠性，评估其调查价值，理清疑点、难点，确定涉案范围和可能的突破点，形成切实可行的初核或调查（审查）方案。

分析研究就是要认真做好违纪违法问题线索的筛选、审查方案的制定、谈话笔录的书写、突破口的选择、审查调查的方法等程序和环节，使每个环节紧密相连，环环相扣，节节相接。

一个具体纪律审查与监察调查案件的开始，要从举报材料中筛选违纪违法问题线索，从违纪违法问题线索中抓住相关的人和事，从相关的人和事中选择突破口，再从所突破的问题中分析判断找出违纪违法问题的主要嫌疑人、次要嫌疑人或知情人。再从人与违纪违法问题事实的关联作用分析性质，判断其主观动机或原因，是故意还是过失。从性质入手分析其是否构成违纪违法，是否追究责任，追究何种责任，等等。这一系列的问题都牵连着纪律审查与监察调查人员的政策水平和查办违纪违法问题的能力。作为称职的纪律审查与监察调查人员要有做好审查调查准备的水平和能力。机会总是留给有准备的人的。真正优秀的纪律审查与监察调查人员是有思想的人，是时刻准备着的人。有思想的时刻准备着的人，往往会预计到事情发展的结局，然后再着手去做。纪检监察机关的纪律审查与监察调查政治性强，牵涉面广，社会影响大。纪检监察机关纪律审查与监察调查的对象具有一定的特殊性和复杂性，在纪律审查与监察调查前就要分析判断确定查什么，怎么查，要从可

能产生的政治、经济、社会影响出发，把各方面的因素都考虑到。这就要求案前的准备工作要细致，判断要准确，思路要清晰，开始要稳妥。没有良好的开端就没有良好的结果，因此做好案前准备十分重要。

纪律审查与监察调查人员接到违纪违法问题的审查调查任务，应当全面认真地分析研究问题线索材料，熟悉线索反映的情况，分析确定重点与非重点问题，列出审查调查提纲，理清查什么，怎么查的思路，制定周密详实的调查（审查）方案。

（一）认真分析案情，明确调查重点

纪律审查与监察调查首先要全面收集线索材料，认真分析情况，明确审查调查思路。就是要全面收集问题线索及相关的信息材料并认真分析，就是要对问题线索分类整理、辩证思考、去伪存真、去粗取精、由表及里、由浅入深，理出一个清晰的思路，进而对整个问题有一个全面的认识。在这一基础上制定出一个切实可行的审查方案。

分析问题线索反映的材料就要分析所反映材料的可信度和矛盾点，对材料要全面地、辩证地、联系地研究，透过现象看本质。熟悉情况必须充分地占有材料，吃透材料，探索材料的内在联系和材料的关联性、可信性和可查性，力求统揽全局，重点准确，思路清晰。

对于初核的案子，无论反映的涉案问题多么严重、线索多么复杂、范围多么宽泛，都要先准确、集中地抓住一两个重点问题着手审慎、稳妥、隐密、低调地进行核查，才有可能获得成果。如果在制定初核、调查（审查）方案时全面铺开，没有重点，就很难抓住要害问题予以突破。多方位出击，必然分散力量。有些人办了多年案子就是办不成案，除了自身素质外，重要原因就是没有思路，抓不住重点。

办案要注意选择，既要注意细小线索，也要舍弃一些无用的线索。要有一个符合客观实际的审查调查思路，因为"没有思路就没有出路"。思路不清，该抓的没抓，不该抓的乱抓，可能将大案办成小案，或者"跑案"，把有的办成没的，没的办成有的，形成假案、错案、冤案，造成不良影响和严重后果。

（二）调查（审查）方案要做到"五定"，确定调查（审查）要"六忌"

"五定"即一定主管领导；二定办案力量；三定查处措施；四定调查内容；五定完成时间。

实践中，在正式确定进行纪律审查与监察调查时还要注意"六忌"。

一忌盲目上案。任何一个纪律审查与监察调查案件的成立仅靠热情和高昂的情绪是不成的。要想办成案子，较好地完成纪律审查与监察调查任务，应当遵循事物的发展规律，有计划有步骤地进行。严肃认真，勤于思考才可能取得审查的成功。所以查前首先要分析判断线索材料，分门别类，分清主次，找准突破口。其次要合理搭配办案人员。还要熟悉法律法规、国家政策、纪律条规以及相关的文件，做到"有的放矢"，不打"无准备之仗"。

二忌先入为主。任何一个违纪违法问题的发生、发展、变化都不是孤立的，它的产生和发展也不是凭主观想象变化的，具有一定的必然性、复杂性、隐蔽性。执纪审查人员不能带有主观意识来取舍证人证言，只要能证实事实真相的材料都要收集，一些证明没有违纪违法的证据材料更要收集，增强证明的对比度。

三忌不分主次。调查取证要抓住主要线索，抓住主要线索的主要矛盾，查清主要事实和主要责任者，及时获取关键证据，迅速掌握重要违纪违法行为，不要在枝节问题纠缠不清。

四忌就事论事。要注重违纪违法问题的关联性，认真、及时排查与所查问题牵连的相关线索，调查落实，发现新线索，新问题。

五忌急于求成。要遵循纪律审查与监察调查的客观规律，要准确分析吃透案情，苦练内功，多用脑子。获取能够证明问题事实的有效证据。要围绕证据的客观性、可靠性、必然性，深入细致地收集证据材料，不可急功近利，急于求成。

六忌口风不紧。要有高度的保密意识，严格遵守保密纪律。不要在公共场所和无关人员面前谈论纪律审查与监察调查的情况或涉及案情的信息，以防泄密。在亲朋好友面前也要守口如瓶，严格保密。

还要注意在审查调查方案中列出涉嫌违纪违法人、知情人的主要、次要人员名单，分析其不同的特点。根据其特点，适应其特点，采用不同的谈话语言、谈话角度、谈话方式。即不同的年龄选择用不同的谈话语言，不同的职务选择不同的谈话角度，不同的气质选择不同的谈话方式。

二、案中注重证据的收集、鉴别和运用，强化审理意识

纪律审查与监察调查人员无论是初核或正式立案审查调查，在案中都要

注重证据材料的收集、鉴别和使用，要认真讨论、分析、判定其合法性、真实性、可靠性（客观性）、关联性，评定其对事实认定的效力，是否确实充分，准确使用控辩证据材料，夯实正确处理案件的事实基础，推出准确、恰当的调查结论和处理意见，拿出详略得当、清楚明晰、准确无误的初核或调查报告。要做到这些，就要强化在纪律审查与监察调查过程的审理意识。要注意从案件审理的角度和用案件审理的眼光来收集、鉴别、运用证据，提高审查调查质量和效率。审查与调查和案件审理是一对矛盾的统一体。既相互渗透、相互配合、相辅相成，又相互监督、相互制约。正是这样一种既对立又统一的关系，保证了实现正确执行纪律法律的目的。

1. 注重解决同一证据自身的矛盾。在纪律审查与监察调查实践中，证人、受害人、涉嫌违纪违法人的证言或陈述往往会出现前后不一，差距很大的现象。有的是前轻后重、前少后多、前模糊后清楚，有的刚好相反，半真半假。遇到这种情况，审查调查人员就要耐心地切实分析，用审理的眼光发现问题，进行鉴别，由表及里，去伪存真，找出真相，确定事实。

2. 注重证据的完整性和情节的一致性。任何客观事物都是一个内容与形式的统一体，但在纪律审查与监察调查获取证据时要做到这一点绝非易事。一些人出于种种目的往往制造一些假象，掩盖实质或真相，误导调查。这时就要从审理的角度判断、鉴别、确定和运用证据材料剥茧取丝，还原真相，确定真实的情况。

3. 注重言词证据与实物证据的统一性。有效证据必须是一个内容形式完全统一，且相互之间环环相扣，节节相接的体系，无论是言词证据还是实物证据都应当相互印证，决不能被假象所迷惑，不然就会误入歧途。因此在审查调查中一定要对证据材料进行充分的印证，证明同一事实的多个证据必须相互印证、排他、同一且无歧义。

4. 注重证据与客观环境的融合和浸润。一个有效证据所证实的事实应当与所处的时间、地点、人物和情节的因果关系相吻合，不相悖、不相斥。否则其真实性和可靠性就令人生疑，令人不信服。

实践证明，纪律审查与监察调查中强化审理意识，以审理的要求收集、鉴别、运用证据，夯实审查调查事实，就会少走回头路，是提高纪律审查与监察调查质量和效率的有效办法。

三、案后注重总结回顾，增强能力，提高水平

案后注重总结回顾，分析违纪违法问题发生的原因，发现管理、制度、机制、体制等方面的问题，找出监督、监管的薄弱环节，掌握常发、多发、易发、反复发生的问题规律，针对问题提出有关建议与遏制不正之风和违纪违法行为滋生蔓延的措施，进一步增强认识，提高纪律审查与监察调查的能力和水平。

（一）分析问题发生的原因，堵塞漏洞，防范未然

1. 协助发案单位党组织总结经验教训

《案件检查工作条例》第 38 条规定：调查结束后，调查组要总结工作，并应协助发案单位党组织总结经验教训。

在实践中具体的纪律审查与监察调查终结后，承办的执纪审查部门应组织纪律审查与监察调查人员认真分析问题发生的原因，发现发案单位在管理、制度、机制和体制等方面存在的问题。找出监督、监管的薄弱环节，掌握常发、多发、易发、反复发生的问题规律，协助发案单位总结经验教训，针对问题提出有关建议与遏制不正之风和违纪违法行为滋生蔓延的措施，明确提出整改的要求和时限。做到"一案双报告"或"一案三报告"。

所谓"一案双报告"是指纪律审查与监察调查终结后，不但要提出审查报告或调查报告，还要提出问题发生的原因、发案单位存在的问题分析及要求整改的报告。

所谓"一案三报告"是指在前两个报告的基础上，发案单位要向纪检监察机关或上级单位报送纪律审查与监察调查发现的问题整改完成情况的报告。

2. 做好违纪违法案件的剖析工作

要协助发案单位党组织总结经验教训，做好查、整、改、建、防的工作，就要未雨绸缪，及时准备，做好违纪违法案件的剖析工作，为发案单位制度建设提供依据。

对违纪违法案件进行归纳、剖析和总结是优秀的纪律审查与监察调查工作人员应当具有的能力。在实践中一定要注意做到：

（1）注重信息收集

在初核、审查调查中对涉嫌违纪违法人基本情况要详细地了解、掌握。如主体身份、简历、岗位职责、家庭情况、身体状况、个人爱好、房产车辆、

夫妻感情、群众口碑等。既有益于谈话中运用信息和营造语境氛围，更有利于后期总结的问题剖析。

（2）结合岗位特点

党员干部的违纪违法行为往往与其所在的岗位、职务分不开，如违反廉洁纪律，存在收受礼品、礼金，接受服务对象宴请等违纪情节，都离不开岗位赋予的职权影响。此类问题剖析需对违纪者所在的岗位廉政风险点进行重点分析，并查找所在单位是否存在监督或管理漏洞，这样才能从客观方面剖析案情，向案发单位提出制度建设方面的合理化建议。

（3）熟悉具体案情

案件剖析离不开具体案情介绍。鲜活的案情介绍，既能让其他党员干部有身临审查调查现场聆听被审查调查对象交代问题之感，也能教育提醒他们对照检查自身存在问题。但在剖析过程中，纪律审查与监察调查人员无需把所有的案情罗列在剖析报告里，要从中认真挑选，仔细辨别哪些案情具有代表、典型性，介绍出来具有震撼和警示作用。纪律审查与监察调查人员必须清楚哪些案情不适合出现在剖析报告中，以免牵涉其中待查的违纪违法线索，造成案情泄露，违反保密要求和工作纪律。

（4）抓住最佳时机

纪律审查与监察调查过程中，特别是到后期，被审查调查对象进行悔过时，审查调查人员要认真听、记、悟，要从被审查调查对象悔过中再一次查找分析违纪的主客观原因。包括被审查调查对象理想信念动摇、价值观的转变、环境影响、放纵贪欲行为等诸多要素。准确掌握这些要素后，纪律审查与监察调查人员要抓紧时间，迅速开展剖析，以免审查调查结束后，对这些关键要素遗忘或感悟不深，造成剖析材料深度不够、过于平实等问题。

（5）严格履行程序

案件剖析工作具有严谨性，应严格按照工作要求开展，对剖析报告要汇报请示，须经过分管领导和主要领导审核把关后，才能在相应的范围内进行讨论和交流。对公开发表的案件剖析材料，无论是案件剖析人，还是分管领导和主要领导均要认真对待，经过集体研判，在确保数据真实、不涉密的前提下，予以公开发表。

（二）审查调查终结后，做好审查与调查工作的总结

承办具体纪律审查与监察调查任务的纪律审查与监察调查部门应组织调

查（审查）组认真总结审查调查过程中的经验，推广发扬；找出不足，吸取教训，警示后人。做到审查调查终结，队伍有锻炼，人员有长进，经验有积累，水平有提高，能力有增强，提升纪律审查与监察调查队伍的整体素养。

在纪律审查与监察调查实践中，每办理一个具体的案件，都要认真地分析研究，总结一些带有规律性的东西，长久而往，就会提炼出一些行之有效的工作方法和积累一些好的工作经验，以此指导今后的纪律审查与监察调查实践。实践证明，案件经常有，案案不相同，一案一总结，案案有提高。

1. 总结的目的。总结目的在于找出我们纪律审查与监察调查中的强项即经验，挖出我们在纪律审查与监察调查工作中的弱项即教训。从而总结经验吸取教训，扬长避短，使纪律审查与监察调查工作能够再上新台阶。

没有总结，就没有提高。只有善于总结，才能少走弯路。只有坚持实践论与认识论的统一，对办理的每个执纪审查案件多做理性的思考，勤于总结、善于总结，才能得出正确的规律性的认识，用以指导今后的工作。对工作中好的方法和成绩要认真总结，发扬光大；对工作中的失误和存在的问题，要深入剖析原因，找准症结，对症下药，切实改进。这是一个人是否能干事、会干事、能否干成事的基本途径。

总之，没有系统的总结，就没有系统的思考方法，就难以形成一个成熟的工作模式。只有经过实践的总结而形成的模式才会符合实际，才会摆脱形而上学，才会克服人的惯有思维方式——对传统模式的盲从或蔑视，从而使自身进入理性的自由状态。

2. 总结的内容。总结的内容一是经验的整理和肯定；二是失误和教训的查找、检讨和吸取；三是对带有规律性、普遍性的东西的发现和认识。这三点不是笼统的、抽象的，而是有着实在的、具体的内涵，是点点滴滴的积累。比如，执纪审查过程中抓住了一个好的突破口就可事半功倍，拿到一个真实可靠的证据即可使案件事实真相大白；贻误一次机会就可能造成满盘皆输的后果等。所以，一句击中要害的问话，一次恰到好处的沉默，一个出奇制胜的举措，一种独特氛围的酝酿，一次至关重要的笔录的制作，一次成功的调查，一种有效的手段，等等都是需要总结的内容。每办一起执纪审查的案子，都要认真总结，以此督促执纪审查人员在实践中学习，注重实践的思考与总结，增强干中学，学中提高的自觉性和意识。办理一起执纪审查的案子无论成功与否都要认真总结，成功是财富，错误更是财富。成功有成功的经验，要发扬光大；失败有失败的教训，需要认真地检讨和吸取，以免再犯，也可使新人不走弯路，不蹈覆辙。

总结是对纪律审查与监察调查过程的总结，是对纪律审查与监察调查过程认真的回顾和分析，理性地肯定自己，敢于明智地否定自己，勇于直面自己的失误和失败，不推责，不诿过。经过一番认真甚至是痛苦地回顾与思索，就会迈上更高的层次，人的精神、思想的境界都会得到升华，工作就会更加顺手，更加得心应手。

3. 总结的方法。总结的方法就是勤于思考，深入解剖，洞察事物的本质。总结是一种艰苦的劳动，是一种费神、费心、费身的劳动。不能让心浮气躁的环境、名利欲望的诱惑扰乱本应宁静平和的心态，总结成绩不沾沾自喜，趾高气扬；查找和认识失误和失败，不垂头丧气，萎靡不振。

有的人工作了几十年，长年办案，却办不成一个像样的案子；有的人思路不清，墨守成规，办砸了案子；有的人异想天开，随心所欲，盲目蛮干，错失时机而失败；有的人同样错误一犯再犯，贻害于集体，贻害于事业。这里边除了很多说不清道不白的种种因素外，一个重要的原因就是不总结经验，不吸取教训。有的人是不会总结，有的人是不愿意总结，有的人是害怕总结，逃避总结，害怕丢人，害怕检讨，结果是丢了更大的人，还给组织造成政治经济上的不良影响和损失。一个纪律审查与监察调查人员办一两起失败的案子，很正常，情有可原。但几十年如一日地屡屡办不成案子，就不可原谅了。

我们队伍中的一些人长期养成的掩饰失败、文过饰非、遮短护丑、忘乎所以、报喜不报忧、喜吹不喜批，等等毛病，是我们工作作风、思想作风、生活作风中的一种劣根，正是这种劣根常常导致我们一次次的失败，陷入泥潭而不得自拔，永远也走不出失败的怪圈和阴影。说白了总结就是直面失败，吸取教训的一个痛苦的回顾与反思，经过这个痛苦的历程就是"柳暗花明又一村"，境界才会"更上一层楼"。

2017 年 1 月发布的《中国共产党纪律检查机关监督执纪工作规则（试行）》第 54 条明确规定：开展"一案双查"，对审查结束后发现立案依据不充分或者失实，案件处置出现重大失误，纪检干部严重违纪的，既追究直接责任，还应当严肃追究有关领导人员责任。

十三届全国人大一次会议制定的《中华人民共和国监察法》第 61 条规定：对调查工作结束后发现立案依据不充分或者失实，案件处置出现重大失误，监察人员严重违法的，应当追究负有责任的领导人员和直接责任人员的责任。

4. 总结的实质。总结是创新的基础和前提，总结的实质就是为了创新，为了更进一步，为了更好的发展，为了更高的水准和能力。

创新是自我否定、自我超越和与时俱进的标志。但创新不是空中楼阁，不是异想天开，是实践的总结，是在过去实践基础上的创新。没有过去就没有现在，更不会有未来。现在是对过去的总结、继承和发扬，未来是对现在的总结、继承和发扬。

纪律审查与监察调查的总结，是对纪律审查与监察调查的思路、思维、方法的创新，是对传统做法的辩证地扬弃，而不是标新立异，更不是简单地否定。纪律审查与监察调查的总结是为了培养纪律审查与监察调查人员的创造性思维的能力，使其敢于、善于从理论和实践的结合上分析、总结、认识实践中的新问题、新情况、新方法，与时俱进，去粗取精，根据不断发展变化的形势，丰富知识，提高能力。

创造性思维是人脑思维活动的高级层次，是智慧的升华，是新事物层出不穷、社会进步的动力。事业的成就是创造思维的成功，事业的失败是创造思维的缺失。缺乏创造思维联想，纪律审查与监察调查的成功也就是不可能的。所以我们一定要敢于总结，善于总结，在总结中提高，在总结中创新，就会使纪律审查与监察调查工作锦上添花，成就斐然。

四、提高谈话、询问和讯问的素养

纪律审查与监察调查中，纪律审查与监察调查人员与涉嫌违纪违法人和其他涉案人员谈话，提取证实问题事实的言词证据，是最直接、最重要、最基本的基础性工作。谈话、询问或讯问能否成功，是否有效，直接关系着纪律审查与监察调查的成败。纪律审查与监察调查人员一定要学习积累这方面的方法和技巧，不断地提高谈话、询问和讯问的素养。

1. 分工要明确。纪律审查与监察调查人员在谈话（询问和讯问）前，要做好分工，认真准备。谁问谁记，各自要做充分的准备。准备包括思想准备、精神准备、物质准备、政策准备和应对突发情况的应急准备。

2. 讲究相互配合。在谈话中遇到态度蛮横、狡辩、不予配合的涉案人时，不可急躁，不要急于求成。审查调查人员就要相互配合，唱好红脸和白脸，可转移话题或者一个人做耐心细致地思想政治教育工作，要动之以情，晓之以理；另一人则要利用已掌握的证据指出其问题实质，以取得与事实相符的证言，但不可引供、诱供或使用不文明语言。问话要客观，不能先入为主，带有主观倾向，以防止暗示的影响，造成证言失实。

3. 重视案件情节。要认真分析案情，重视案件的情节，仔细推敲，确定要点。在运作中要注意相互提醒，明确应记录的重点。

4. 注重笔录的质量。谈话完毕后要认真仔细核对检查笔录，必须要准确、规范、完整且符合逻辑。笔录完成后，要交付陈述人仔细核改，修改不准确或有矛盾的言辞，特别是一些关键的字眼、字词，都不能漏掉，对一些不确定意思的字词不能使用，如"大概、好像、印象、如果、倘若"。

5. 不可死搬硬套，要灵活机动。问话要朴实通俗，不要死板生硬。不能怕费力费时，更不能图省事省力，照抄照搬固定模式，要多动脑子，灵活机动，因人而宜，因人而异，谋划取证。

6. 坚持一事一清。在问话时要一个事一个事地问，一个事一个事地清。问话不能东一榔头西一棒子，东没说完就转向西，一定要把一个问题问到底，一气呵成。不然就会造成证言的残缺。同时还要坚持一个事一个人问到底，防止一事多问，又无人负责，结果出现疑点没有排除，关联的证据没有进一步地调查取证，使案件事实和证据间呈现矛盾，缺乏一致性、完整性和有效性。

7. 调整谈话策略。要根据不同对象的不同情况采用不同的方法，使之放下包袱，消除心理障碍，认真地回答问题，及时准确地提供证据。纪律审查与监察调查人员要公平公正，不偏不倚，注意问话方法和技巧，让人信赖和依赖。

一要营造良好的谈话氛围。要把握问话的分寸，问题宽泛一些，由浅入深，由表及里，循序渐进，不可急躁。

二要及时捕捉其心理变化，做到观其迹，知其心，听其言，察其行，眼中要有人，心中要有事。针对其不同阶段的心理变化，适时调整谈话策略，改变谈话语气、语调，控制谈话节奏，或是政策攻心，或是典型案例教育，或是出示证据予以震慑等，促其如实讲清问题。

三要刚柔相济，坚持党性，坚持原则。纪律审查与监察调查人员无论何时何地都要保持头脑的清醒，时刻牢记自己的身份，咬定青山不放松。不为谎言虚语所迷惑；不为狂傲的态度、心虚的恫吓、激奋的情绪和利益的诱惑所干扰；不为沮丧的心理和虚假的眼泪所动情，更不为种种的压力和蛮横的大话所吓倒。常言说得好："智者相逢霸者胜"。一个优秀的纪律审查与监察调查人员，既要做稳健的智者，更要是坚强的霸者。所谓的霸者就是要坚持党性，坚持原则，运用已经取得的证据，抓住时机，击其要害，使其无路可退，有理、有利、有节，刚柔相济，用正义的气势压倒嚣张的气焰，获得案件的进展。

8. 认真判断陈述的真伪，确定其效力。纪律审查与监察调查人员在问话完毕后，要按照证据收集、鉴别运用的原则审查判断涉案人陈述的真伪，确定效力。

9. 重证据，轻口供。一定注重证据的客观性、关联性、完整性，保证有效性。

10. 把握谈话的收尾。谈话的收尾非常重要，一定要注意把握收尾的方式，提高谈话收尾的艺术性，以利后续谈话的顺当和有效。根据不同情况，一般谈话的收尾方式有：留尾式、夸奖式、批评式、人为结束式等。总之，无论何种方式，不外乎一种使谈话对象放松下来，产生信赖感和依赖感，觉得说得越早越好，越彻底越好的收尾方式。对仍存有幻想的涉案人采用不同的方式，使其不可能有串供的机会。要注重每次的笔录达到事实清楚，情节分明，符合实际，前后一致，语言完整，认真审核后才能结束谈话。总之一个好的谈话，必须要有好的笔录来体现。一份好的笔录必须要具有客观真实性、明晰确定性、合法性、严肃性、完整性。

五、善于选择与把握案件的突破口

随着社会的发展，一个违纪违法案件往往涉及多方面的违纪违法事实，审查调查的难度在增加。善于选择和把握突破口，是决定审查调查进展的速度、效果的大小，案件调查能否突破的关键环节。所以，一定要注意违纪违法问题审查调查突破口的选择与把握。

1. 把握全局，理清思路，未雨绸缪，预案在先。古人云："先谋而后事，其战可胜；先战而后谋，其战可败。凡事预则立，不预则废。"纪律审查与监察调查也是如此。要准确地选择和把握突破口，案前的准备至关重要。

2. 分析情况，抓住关键，选准目标，一举突破。选准突破口，要注重线索的分析，抓住关键环节，找准关键人物，运用关键证据，突破关键问题，查清整个案件事实。

（1）抓关键环节。

所谓关键环节就是薄弱环节。实践证明每个违纪行为总会有些部位是薄弱环节，比较容易入手调查，进而查清事实真相。在实践中要避开违纪违法人精心设置的防线，了解和掌握其防守相对比较薄弱的地方入手予以突破，一个事实一个事实地查清，逐步查清全部事实。

（2）抓关键人物。

所谓关键人物未必是主角，而是和违纪违法问题有着密切联系、对审查调查的突破起着关键作用的人物。这样的人一旦突破，往往事关全局，使整个问题事实真相大白，或使错综复杂的情况水落石出，呈现柳暗花明的转机。

（3）抓关键证据。

证据是审查调查突破的重中之重，能否掌握关键的证据至关重要。所以在纪律审查与监察调查实践中，一定要防止串供、作伪证、毁灭证据的行为，设法取得关键证据才能取得关键性的突破。

（4）抓关键问题。

俗话说牵牛要牵牛鼻子，打蛇打七寸。实践中的纪律审查与监察调查往往涉及多方面的问题，相互交叉，相互联系，纷繁复杂。这类问题关键是选准问题突破口的重心。抓住了重心就能推动整个审查调查的进展。

3. 讲究策略，掌握技巧，因势利导，适时突破。纪律审查与监察调查的过程，既是维护纪律的过程，也是和违纪违法人斗智斗勇的过程。因此在选择突破口时掌握必要的办案技巧，采取灵活的策略和手段十分重要。

（1）选准对象，分化瓦解，打开缺口。在纪律审查与监察调查实践中选择两种人，做好工作，就可打开缺口，突破案件。一是阅历较浅、年龄较轻、职务较低、社会背景较为简单而又知情的人；二是涉案人中与主要违纪人没有根本利害关系，案中涉足较浅，态度明确，愿意争取主动的人。只要找到这两种人进行调查取证，就能突破案件。

（2）利用矛盾，各个击破。在突破案件中巧妙利用矛盾是主要的方法。一是利用涉案人之间的矛盾；二是利用证据之间的矛盾；三是利用涉案人心理的矛盾。在实践中要善于利用各种矛盾，善于抓住主要矛盾，找出主要矛盾的主要方面，分析矛盾主要方面的主要问题，把握案情的实质，充分利用主观客观的条件，寻找有效的方法突破案件。

（3）把握时机，快速出击。查案如救火，时间就是生命，抓住了时机就是胜利。在实践中尽快地抓住有利的时机，突破案件非常重要。一旦掌握了关键的环节，找到了关键的证据，找准了关键的人物，了解了关键的问题，就要迅速出击，快速行动，趁其不备，打其措手不及，这是突破案件的成功方法。

（4）针对案件的特殊性，因势利导，变换不同的策略。一把钥匙开一把锁，纪律审查与监察调查亦是如此。在选择案件突破口时，纪律审查与监察调查人员不仅要对整个案情心中有数，还要研究掌握其特点，针对特点运用技巧，因人制宜，因事制宜，因时制宜，针对不同人物的不同情况，采取有力的措施和灵活的策略和战术，把握好时机，及时突破案件。

第七节　实践中应注意的事项

纪律审查与监察调查工作，决不能致使人们关注社会负面的东西，愤世嫉俗，消极处世，消沉颓废，而是要引导人们建立人心的良善，树立对社会、人性、真善美的信任，呼唤社会的良知，道德的责任，积极进取，追求高尚，维护社会的公平、正义，风气的良善、清正。所以我们在纪律审查与监察调查的实践中一定要注重正确的认识、意识、方法，避免出现不可弥补的差错。

一、应当注意的认识、意识、方法

1. 纪律审查与监察调查实践中要坚持"六及时"。

具体纪律审查与监察调查工作中要坚持做到"六及时"：一是及时收集涉案信息；二是及时分析、研究、推断、确定有用的信息和线索；三是及时制定方案与提纲，做好初核或调查的准备；四是及时向上级、向领导请示、报告、提出建议；五是及时听取案情汇报，研究案情；六是及时决策、部署，抓住时机，查清事实。

2. 纪律审查与监察调查人员，尤其纪律审查与监察调查的组织者、指挥者、主办人应注重的能力和素养。

坚持查办案件要让人明白、还人清白、促人警觉、示人以戒；严厉惩处腐败者，严肃处理违纪者，适时警示可能违规者，及时提醒迷茫越线者，热情鼓励创新者，坚决支持改革者，坚定有效的保护干事者，为创新者、改革者、干事者创造一个宽松、良好的有利于干事的社会环境和人际氛围的监督执纪问责理念。在具体纪律审查与监察调查中要能够发现问题，提出问题，思考问题，解决问题，提升能力和水平。处理问题要站得高，看得远，想得深（周全），做得稳。要敢于担当，要有决断力，随机应变能力强，敏捷、敏锐、沉稳、大气，果敢处置突然事件，善于应对复杂局面。

3. 要坚持两个"一案双查"。在纪律审查与监察调查中一定要增强问题意识和责任意识，坚持做好"一案双查"的工作。既要查清违纪人的违纪事实和责任，还要查清发案单位党委和领导班子党风廉政建设责任制的执行情况，党委的主体责任和纪委的监督责任的履职情况及与所发生案件的关系和责任。

同时，《中国共产党纪律检查机关监督执纪工作规则（试行）》第54条规定：开展"一案双查"，对审查结束后发现立案依据不充分或者失实，案件处置出现重大失误，纪检干部严重违纪的，既追究直接责任，还应当严肃追究有关领导人员责任。

4. 查办违纪违法问题是纪检监察机关的天职。

查办违纪违法问题是纪律审查与监察调查的基础工作，更是纪检监察机关的基本职责，在新的历史起点上，我们一定要把查办违纪违法问题工作放在党风廉政建设和反腐败斗争更加重要的位置。在思想认识上，要明确作为纪检监察机关，严肃查处违纪违法问题线索，惩处腐败分子和违纪违法行为是我们的本分，是我们的天职；有案不查就是失去本分，是失职，纪检监察机关必须旗帜鲜明，态度坚决地查办违纪违法问题。

对我们纪检监察机关的同志来说，在查办违纪问题上一定要有主体意识，自我意识，主动办案，自觉办案。要增强政治敏锐性和查办违纪问题的目的性。在查处群众关注、反映强烈的问题上，要有一种"与其你来办，不如我先办"的抢先意识；在自己动手解决问题上要有"舍我其谁"的积极态度；在对待突发性事件、群体性事件、紧急性问题上要有高度的敏锐性和警觉性，敢负责任，走在前头，查清原因；在处置问题的方式上要讲究稳妥恰当，要讲政治，讲政策，讲策略，要站高看远想周全，兼顾上下左右，四面八方。

5. 查办违纪问题要抓早抓小抓苗头。

加大查办违纪违法案件力度要从倾向性、苗头性问题抓起，从小处着眼，及早解决问题，预防或减少违纪问题的发生。

纪律审查与监察调查实践中查处的严重违纪违法案件起初都是在具有一定倾向和苗头时，未引起重视，及早解决，逐步演变、积累成不可挽回的大问题。因此我们一定要从倾向性、苗头性问题抓起，加大案件查处力度。一定从小处着眼，及早着手，将问题尽可能地解决在始发期、未遂期或萌芽状态，只有这样我们才能有效地保证我们的干部不出问题，少出问题，不出大问题。我们一定要认真关注发生在基层的一些倾向性和苗头性问题，及早下手，解决问题，防患于未然。立足于教育、挽救，不要为查案而查案。真正保护我们的干部放心大胆地、一心一意地干好工作。

6. 学会争取领导和群众的支持与理解。

在纪律审查与监察调查方面，我们还要学会工作，学会争取主要领导同志的理解支持，学会向领导请示报告，学会争取群众的理解和支持。要增强沟通交流的能力，主动争取主要领导同志对查办案件的指导、领导；要切记党的群众路线，主动地努力地去争取群众的理解支持，让群众帮助我们克服困难，让群众给我们解惑答疑，支持我们完成执纪审查的任务。这里关键的问题是我们的工作是否得法，是否会争取领导和群众的支持，这是一种能力和水平，我们应当认真研究、修炼，提高汇报、请示、沟通、交流的能力。

二、应当注意的问题和避免的差错

（一）坚持依纪依法办案

坚持依纪依法办案，就要严格按照国家法律和党内法规的规定搞好纪律审查与监察调查，切实保证纪律审查与监察调查的程序合法，手续完备。只有保证了手续和程序的完备、合法，才能保证实体处理的公正合法，程序正义才能保障实体正义。随着社会的进步和党内民主的发展，这一点越来越重要，越来越被人们所看重。

（二）坚持文明安全办案

坚持文明办案，就要敬畏事业，敬畏职责，更要敬畏生命。要尊重人权，尊重人格。

坚持安全办案，就要注意在纪律审查与监察调查过程中的安全问题，不可有一丝一毫的忽视，要慎之又慎。在这方面我们是有深刻的教训的，我们要充分尊重涉嫌违纪违法人、涉案人的人格，维护他们的民主权利和合法权益。在严格注意和保障涉嫌违纪人安全的同时，也要关注保障其他涉案人的人身安全。对纪律审查与监察调查人员来说安全办案有着至关重要的特殊内涵。安全办案对执纪审查人员是两个方面的问题，即人身安全和政治安全。就是纪律审查与监察调查人员不仅要保障所有涉案人的安全，更要保护好自己、家人和亲朋的人身安全，防止各种意外。尤其是要十分注意自身政治安全，严格遵守办案纪律和保密纪律，经得起诱惑和考验。要做到案子拿下，办案人员全身而退、全员而退，确保纪律审查与监察调查队伍不出问题。

（三）注意做好"查、整、改、建、防"的工作

在处理与涉案单位关系上，坚持信任和依靠涉案单位的党组织和纪检监察部门，争取他们的理解和支持。注重通过查处案件，稳妥慎重地处理一些敏感问题，促进涉案单位的团结和安定，保证涉案单位工作的正常开展。

既要严肃地查处问题，更要坚持帮助发案单位认真剖析发案原因，查出发案的原因，督促涉案单位的自身整改，堵塞漏洞，从体制、机制和制度上预防问题的发生。

做到"查处一起案件，发现一些问题，堵塞一些漏洞，建立一批制度，挽救一些人，预防同类问题再次发生"，切实体现查办案件的治本功能和达到引导社会良善风气的效果。

（四）注重审查调查与党风党纪教育的有机结合

以查处一案、教育一片为目的。坚持在纪律审查与监察调查的过程中抓住不良风气集中进行整治，既能解决一个时期的倾向性问题，又能消除滋生腐败的土壤和条件，从而起到治本的作用，达到消除不良倾向、纠正不正之风的目的。

把纪律审查与监察调查的过程作为建章立制、堵塞漏洞的过程。发现和查找在体制、机制和管理制度上存在的问题，提出带有预防性的措施办法，督促发案单位制定完善对预防违纪违法问题确有制衡作用的制度措施，真正从制度上预防和减少违纪违法问题的发生。

在纪律审查与监察调查的过程中充分发挥警示、提醒和教育手段的预防作用，做好违纪案件的剖析工作。注重纪律审查与监察调查与警示教育的有机结合，在纪律审查与监察调查的同时，认真做好纪律审查与监察调查的"后一半"工作，发挥执纪审查、纪律审查与监察调查的综合效能。对存在一定问题的同志诚勉谈话，早打招呼，及时提醒，严格要求，防止错误继续发

展蔓延，达到"处理一个人，提醒个别人，教育、挽救、保护一批人"的效果。

（五）坚持主体意识，摒弃单纯办案意识

坚持主体意识，做好组织协调和力量整合，既注意处理好有关单位的关系，又要坚持原则讲政治，在严肃查处违纪违法行为的同时注意保障涉案人员、党员干部的民主权利，保护他们的合法权益。

坚持社会责任意识，坚持全面履行纪检监察机关的监督监察职能，将其有机地统一在纪律审查与监察调查的全过程中。始终坚持纪律审查与监察调查工作必须服从服务于经济建设这一中心工作，为社会稳定服务，为市场稳定服务。化解矛盾，规范秩序，保护社会良知，引导健康文明的社会风气；维护社会稳定，促进经济社会健康、可持续地发展，进而保障社会、经济、政治、文化和谐发展。

在具体问题的处理上要有政治意识和大局意识，站高一些，看远一些，想深一些，做稳一些，力求取得良好的社会效益。

（六）增强主人意识，学会配合和支持外部的调查

上级或有关部门在对自己所在的地区、单位、部门或企业有关问题调查中，应当采取积极正确的做法，学会积极地配合和支持，实事求是、客观、全面、公正地介绍有关情况以求问题得到正确认识、处理，保证所在的地区、单位、部门或企业的稳定，保护党员、干部和员工的合法权益和民主权利。不应采取怨恨、出气，火上浇油，落井下石，趁机整人或者事不关己，放任自流，不闻不问的做法。

（七）要有成本意识，讲求效率

在纪律审查与监察调查中要讲究成本，讲究质量，讲究效率，讲究社会效益，力争办案工作、办案过程、办案环节等方面不出纰漏和差错。

提示：

1. 掌握纪检监察执纪审查人员应具备的政治和业务素养，能够注意对照要求自觉养成应具备的素质和修养。

2. 熟悉纪检监察执纪审查人员的品行素养、学识修养等要求。

3. 了解应当禁止的行为、注意的事项和避免的问题和差错。

重点思考题：

第一节　简述

1. 素养指什么？我们所讲的素养是什么？

第二节　政治素养

2. 坚持坚定正确的政治方向最起码的要求是什么？

3. 对纪检监察干部第一位的政治要求是什么？

4. 对党忠诚首先要对谁忠诚？

5. 简述理性忠诚和利益忠诚的含义。

6. 纪检监察干部要守住的底线是什么？

7. 守住干净这条底线，关键是守住什么？

8. 什么是忠诚的具体体现？

9. 作为共产党员，敢于担当是什么？

10. 试述纪检监察人员担当的体现和做好权责对等，履职尽责的含义及内容。

11. 如何做到始终是政治上的明白人？

第三节　学识素养

12. 作为一个有较强战斗力的集体，要强力营造什么？

13. 什么是"本领恐慌"？

14. 提升履职能力，靠什么？

15. 作为纪律审查与监察调查人员，要想做好纪律审查与监察调查工作，首先也是最根本地需要不断地学习什么？

16. 坚持理想信念宗旨这条"高线"，最根本的是什么？

17. 纪律审查与监察调查人员只有在理论上的坚定和成熟，才会有什么？

18. 学习、掌握、运用心理学对纪律审查与监察调查的作用意义是什么？

19. 简述一个人成功的三个重要因素。

20. 人和人的差异是怎样形成的？

21. 简述"四博""三勤"。

第四节　心理素养

22. 纪律审查与监察调查人员应具备的良好心理素养有哪些？

23. 纪律审查与监察调查的组织人、主持人、主办人应具备的心理学识和能力有哪些?

24. 什么是主体调节?

25. 失利情绪的发展过程有几个阶段?

26. 调动积极情绪的结果是什么?

27. 纪律审查与监察调查的良好心理意识和能力有哪些?

第五节　品行素养

28. 懂敬畏要怎么样做?

29. "保持一个平和心态"是要保持什么心态?

30. 什么是人格魅力?

第六节　业务素养

31. 纪律审查与监察调查人员的调查取证是什么样的过程?

32. 办案实践中要坚持的"三注重"是什么?

33. 纪律审查与监察调查案前准备的"五定""六忌"是什么?

34. 总结目的是什么?

35. 总结的内容是什么?

36. 总结的方法是什么?

37. 总结的实质是什么?

38. 突破案件的"四抓"是什么?

第七节　应注意的事项和避免的差错

39. 简述办案实践中要坚持的"六及时"。

40. "一案双查"是什么意思?

本书主要参考书目

1. 中央纪委监察部教材编审委员会审定：《纪检监察业务简明教程（下册）》，中国方正出版社 2002 年版。

2. 孙金全：《纪检监察办案策略与艺术》，中国方正出版社 2005 年版。

3. 张子培主编：《刑事诉讼法教程》，群众出版社 1984 年版。

4. 樊崇义主编：《刑事诉讼法专论》，中国方正出版社 1998 年版。

5. 程达刚、党振家：《纪律检查心理学》，西安交通大学出版社 1990 年版。

6. "建设忠诚干净担当的纪检干部队伍"，载中央纪律监察委员会中华人民共和国监察部官网，www.ccdi.gov.cn/special/sxjw/series12/201801/t20180102_160801.html，最后访问日期：2018 年 9 月 16 日。

关于执纪监督审查调查业务工作呈批类文书的
规范格式（试行）

中共××市纪委办公厅
关于印发《关于执纪监督审查调查业务工作
呈批类文书的规范格式（试行）》的通知

党风政风室、信访室、案管室、纪检监察室、保障室、干部监督室：

《关于执纪监督审查调查业务工作呈批类文书的规范格式（试行）》及相关文书模版，经市纪委监委领导同意，现予以印发，请结合工作实际贯彻执行。在试行过程中，如果发现存在问题或有需要改进的意见建议，请向案管室反馈，以便及时修订更正。

中共××市纪委办公厅

年 月 日

关于执纪监督审查调查业务工作
呈批类文书的规范格式（试行）

一、线索处置类

（一）线索集中分办。案管室填写《市纪委监委呈批单》（附件1），附《关于对×××线索进行集中分办的请示》及问题线索原件。

（二）单个线索分办。案管室填写《市纪委监委问题线索分办呈批表》（附件2），附问题线索原件。

（三）采用初步核实方式处置线索。纪检监察室或相关承办室使用《市纪委监委初步核实呈批表》（附件3），附《关于对反映×××同志有关问题进行初步核实的请示》（附件4，适用于对被核查人为下一级单位、部门主要负责人，应当报市委主要领导批准的初核件）、《关于对反映×××同志有关问题进行初步核实工作方案》（附件5）。

（四）采用谈话函询方式处置线索。纪检监察室或相关承办室使用《市纪委谈话函询审批单》（附件6），附《关于对反映×××同志有关问题进行谈话工作方案》（附件5）或《中共××市纪律检查委员会纪检监察函询通知书》（附件7）。对需要谈话函询下一级单位、部门主要负责人，纪委主要领导认为有必要报市委主要领导批准的，附《关于对反映×××同志有关问题进行谈话函询的请示》（附件4）。

（五）采取暂存待查、予以了结方式处置线索。纪检监察室或相关承办室使用《市纪委监委呈批单》（附件1），附《关于对反映×××同志有关问题进行暂存待查（予以了结）的请示》（附件8）。

（六）经初步核实（谈话函询），予以了结的线索。纪检监察室或相关承办室填写《市纪委监委呈批单》（附件1），附《关于对反映×××同志有关问题初步核实（谈话函询）的情况报告》（附件9）。

二、立案审查调查类

（一）立案审查调查呈批报告。经过初步核实，决定立案审查调查的，由纪检监察室填写《市纪委监委呈批单》（附件1），附《关于对×××同志违纪问题立案审查的呈批报告》（附件10）；对需要报市委或省纪委监委批准的案件，附《关于对×××同志违纪问题立案审查调查的请示》。

（二）立案呈批表。立案请示或报告按程序经批准后，纪检监察室填写《市纪委监委立案呈批表》（附件11），附立案审查调查报批件（附件10或对市委的请示报告）、《立案审查（调查）工作方案》。

（三）审查调查报告。审查调查工作结束后，纪检监察室填写《市纪委监委呈批单》（附件1），附《关于×××同志违纪问题的审查（调查）报告》（附件12）。

（四）移送审理。对违纪案件或职务违法案件，纪检监察室填写《市纪委监委案件移送审理呈批表》（附件13），附件包括审查调查报告、忏悔反思材料、违纪违法事实材料、涉案款物报告。对涉嫌职务犯罪案件，纪检监察室填写《市纪委监委呈批单》（附件1），附《关于将×××同志有关违法问题移送审理的请示》（附件14），附件中包括审查调查报告、忏悔反思材料、违法事实材料、涉案款物报告。

（五）立案审查并采取留置措施。采取留置措施前未立案的，纪检监察室填写《市纪委监委呈批单》（附件1），附《关于对×××同志涉嫌×××问题立案调查并采取留置措施的请示》（附件15）。已批准立案的，办理留置措施手续。

三、使用措施类

关于12项措施使用的审批权限，除搜查和留置措施外，其他措施由办案部门的分管领导审批，涉及市管干部的，由纪委主要领导审批。其中，留置措施由市监委委务会研究决定，报省监委批准，涉及市管干部的报省监委前先报市委主要领导审批。搜查措施及申请公安机关协助技术调查、限制出境等措施须由纪委主要领导审批（限制出境需报省监委审批）。

另外，对需要采取谈话、询问、讯问措施，纪委主要领导在初步核实及立案审查调查方案中批准同意的，为了提高工作效率，不再另行审批。涉及方案以外的其他人员（包括市管干部），报分管领导审批，涉及重大事项或重要问题的，报纪委主要领导审批。

（一）谈话、讯问、询问措施。纪检监察室及相关承办室填写《市纪委监委审查调查谈话呈批表》（附件16），必要时附专题请示。另外，经批准的初步核实或谈话函询，《工作方案》已涉及的人员不再重复审批，其他需要开展审查调查谈话的（包括市管干部），一般层报分管领导审批，分管领导认为有必要报告纪委主要领导的，报纪委主要领导批准。

（二）查询措施。纪检监察室填写《市监委查询金融财产呈批表》（附件17），报分管领导审批。纪检监察保障室协助办理相关手续，在办公厅加盖印章。

（三）冻结措施。纪检监察室填写《市监委冻结金融财产呈批表》（附件18），报分管领导审批。案件监督管理室协助办理相关手续，在办公厅加盖印章。

（四）扣押、查封、调取措施。纪检监察室填写《市监委扣押/查封款物呈批表》（附件19），附《市监委扣押款物登记表》（附件20），或附《市监委查封款物登记表》（附件21）；《市监委调取证据呈批表》（附件22），附《市监委调取证据登记表》（附件23），报分管领导审批。案件监督管理室协助办理相关手续，在办公厅加盖印章。

（五）搜查措施。纪检监察室填写《市监委采取搜查措施呈批表》（附件24），必要时附专题请示，按程序报纪委主要领导批准。案件监督管理室协助办理搜查手续，在办公厅加盖印章。

（六）留置措施

1. 审查调查部门办理留置措施。对已批准立案调查需提请采取留置措施的，承办室填写《市监委使用留置措施呈批表》（附件25），附《关于对×××同志涉嫌×××问题采取留置措施的请示》（附件15），报请市监委委务会研究审定（需要报市委的，承办室会同办公厅办理）。经审批后，案件监督管理室将《关于对×××同志涉嫌×××问题采取留置措施的请示》（附件15），附《市监委使用留置措施呈批表》（附件25），立案决定书及相关证据材料，报省监委批准。（注：省监委对留置有要求的按规定办理）

2. 区、县办理留置措施。区县监委对拟采取留置措施的案件，上报文书材料：《关于对×××采取留置措施的请示》（加盖区、县监委印章），附《区（县）监委使用留置措施情况呈批表》（纪委主要领导签批同意），立案决定书及相关证据材料。报送程序：先联系纪检监察室审核是否符合留置条件，由联系的纪检监察室报其分管领导同意后，再到案件监督管理室办理批复，填写《市监委使用留置措施情况备案表》（附件 26），报省监委办理备案手续。

3. 延长、解除留置措施。对采用延长留置措施的，纪检监察室填写《市监委延长留置措施呈批表》（附件 27），附延长留置措施请示，经市监委委务会研究审定后，由案件监督管理室报省监委批准。对采用解除留置措施的，纪检监察室填写《市监委解除留置措施呈批表》（附件 28），经委领导批准后，由案件监督管理室报省监委备案。

（七）使用技术调查措施。纪检监察室填写《市监委使用技术调查措施呈批表》（附件 29）、《市监委使用限制出境措施呈批表》（附件 30），附向省监委报批的请示、《市监委使用通缉措施呈批表》（附件 31），按程序报纪委主要领导审批后，由案件监督管理室协助办理。使用限制出境措施的，纪检监察室应按要求填写《边控对象信息情况汇总表》（附件 32），交案件监督管理室报省监委。对批准使用技术调查措施的，由案件监督管理室出具《市监委使用技术调查措施通知书》、《市监委使用通缉措施通知书》，交公安机关及有关机关执行。

附件：

1. ××市纪委监委呈批单

2. 中共××市纪律检查委员会××市监察委员会问题线索分办呈批表

3. 中共××市纪律检查委员会××市监察委员会初步核实呈批表

4. 关于对反映×××同志有关问题进行初步核实（谈话函询）的请示

5. 关于对反映×××同志有关问题进行初步核实（谈话）工作方案

6. 中共××市纪律检查委员会谈话函询审批单

7. 中共××市纪律检查委员会纪检监察函询通知书

8. 关于对反映×××同志有关问题进行暂存待查（予以了结）的请示

9. 关于对反映×××同志有关问题初步核实（谈话函询）的情况报告

10. 关于对×××同志违纪问题立案审查的呈批报告

11. 中共××市纪律检查委员会××市监察委员会立案呈批表

12. 关于×××同志违纪问题的审查（调查）报告

13. 中共××市纪律检查委员会××市监察委员会案件移送审理呈批表

14. 关于将×××同志有关违法问题移送审理的请示

15. 关于对×××同志涉嫌×××问题立案调查并采取留置措施的请示

16. 中共××市纪律检查委员会××市监察委员会审查调查谈话呈批表

17. ××市监察委员会查询金融财产呈批表

18. ××市监察委员会冻结金融财产呈批表

19. ××市监察委员会扣押/查封款物呈批表

20. ××市监察委员会扣押款物登记表

21. ××市监察委员会查封款物登记表

22. ××市监察委员会调取证据呈批表

23. ××市监察委员会调取证据登记表

24. ××市监察委员会采取搜查措施呈批表

25. ××市监察委员会使用留置措施呈批表

26. ××市监察委员会使用留置措施情况备案表

27. ××市监察委员会延长留置措施呈批表

28. ××市监察委员会解除留置措施呈批表

29. ××市监察委员会使用技术调查措施呈批表

30. ××市监察委员会使用限制出境措施呈批表

31. ××市监察委员会使用通缉措施呈批表

32. 边控对象信息情况汇总表

附件 1

××市纪委监委呈批单

紧急程度		密　级		编　号	
主要领导 批　示					
分管领导 意　见					
协助分管 领导意见					
承办部门 意　见					
标　题	关于对反映×××有关问题进行初步核实（谈话函询、暂存待查、予以了结）的请示				
呈文单位			拟稿人		
备　注	附件：关于对反映×××同志有关问题进行初步核实（谈话）的工作方案				

填报日期：　　　　　　　　　　　　　　联系电话：

××市监委呈批单

紧急程度		密　级		编　号	
主要领导 批　示					
分管领导 意　见					
协助分管 领导意见					
承办部门 意　见					
标　题	关于对反映×××有关问题进行初步核实（暂存待查、予以了结）的 请示				
呈文单位			拟稿人		
备　注	附件：关于对反映×××同志有关问题进行初步核实的工作方案				

填报日期：　　　　　　　　　　　联系电话：

附件 2

中共××市纪律检查委员会
××市监察委员会
问题线索分办呈批表

线索来源		函号	
涉及人姓名		职级	
单位及职务			
主要内容			
承办室意见			
协助分管领导 意　见			
分管领导 意　见			
主要领导 批　示			
附　件			

填表人：　　　　　　　　　　　　　　年　月　日

附件 3

中共××市纪律检查委员会
××市监察委员会

初步核实呈批表

×纪监核〔20　　〕　　号

线索来源							
涉及人姓名		性别		出生 年月		政治 面貌	
单位职务及 职　级							
反映问题 线　索							
承办室意见							
协助分管 领导意见							
分管领导 意　见							
主要领导 批　示							
附　件	①初步核实（请示）报批件　②《初步核实工作方案》						

承办室：　　　　　填表人：　　　　　年　月　日

××市监察委员会
初步核实呈批表

×监核〔20 〕 号

线索来源							
涉及人姓名		性别		出生年月		政治面貌	
单位职务及职　级							
反映问题线　索							
承办室意见							
协助分管领导意见							
分管领导意　见							
主要领导批　示							
附　件	①初步核实（请示）报批件　②《初步核实工作方案》						

承办室：　　　　　填表人：　　　　　年　月　日

附件 4

关于对反映×××同志有关问题进行初步
核实（谈话函询）的请示

市委（××）：

×年×月×日，我室收到××××转来（交办）反映×××（单位+职务+姓名）有关问题线索。经研究，拟×××××××××××××（简述处置意见）。具体情况如下：

一、反映的主要问题（按六大纪律分类排序）

……………………………………………

二、处置意见

初步核实类：经研究，拟对反映×××上述问题进行初步核实（工作方案附后）。

谈话类：经研究，拟对反映×××上述问题由×××与其本人进行谈话（工作方案附后）。

函询类：经研究，拟发函要求×××就反映的上述问题作出说明。

妥否，请审批。

××纪委办公厅

年　月　日

附件 5

关于对反映×××同志有关问题
进行初步核实（谈话）工作方案

问题线索的来源：…………

一、研判的主要问题线索

…………

二、工作步骤

…………

三、初核涉及单位人员

……………………………

四、工作人员

初步核实类：主办人、核查组其他人员、安全员、起始时间、工作地点、核查组组长、……

谈 话 类：主谈人、参加人、记录人、谈话时间、谈话地点、谈话方式（直接谈话或委托谈话）、……

五、相关要求

安全预案、保密要求、……

附件6

中共××市纪律检查委员会
谈话函询审批单

承办部门：　　　　　　　　　呈报时间：　　　年　月　日

处置方式	谈　话	谈话通知单	西纪谈字（　）号
	函　询	函询通知书	西纪询字（　）号
被谈话人 （被函询人）	姓　名		性　别	
	工作单位 及职务			
谈 话 人		记 录 人	
谈话时间		谈话地点	
谈　话 函　询 事　由			
承办部门 意　见	（承办部门应根据问题线索提出谈话函询具体的处置方式）		
协助分管领导 意　见			
分管领导 意　见			
主要领导 批　示			
备　注	①《谈话工作方案》　　②《函询通知书》		

附件 7

中共××市纪律检查委员会
纪检监察函询通知书

×纪询字〔20××〕××号

×××同志（单位）：

根据群众反映，依据＿＿＿＿＿＿＿规定，按照市纪委监委领导批示，现将群众反映有关问题，向你（单位）函询如下：

1. …………；

2. …………；

3. …………；

……………。

请你（单位）对上述问题逐一如实做出书面答复，并附相关证据资料。函询答复要实事求是，如实客观，并对此答复要负相应的党纪、政务及法律责任。凡是存在对组织说假话、哄骗、隐瞒、作伪证等行为，经核实将从重处理。上述答复于××年××月××日前，报市纪委监委×××室，未按时答复的需说明情况。

联 系 人：×××

联系电话：××××××

×××纪委办公厅

年 月 日

附件 8

关于对反映×××同志有关问题进行暂存
待查（予以了结）的请示

委领导：

×年×月×日，我室收到××××转来（交办）反映×××（单位+职务+姓名）有关问题线索。经研究，拟×××××××××××××××××××××（简述处置意见）。具体情况如下：

一、反映的主要问题

·····························

二、处置意见

暂存待查类：经分析研判，因×××同志×××原因，暂不具备审查条件，建议对此问题线索暂存待查，待条件成熟后开展调查。

予以了结类：经分析研判，反映×××同志违纪问题线索为重复件，×××室×××机关已作出结论，建议对此问题作了结处理。

妥否，请审批。

×××室

年　月　日

附件 9

关于对反映×××同志有关问题
初步核实（谈话函询）的情况报告

······························（序言：简述线索来源、领导审批、办理结果、处理建议等情况）。具体情况如下。

··············（被核查人基本情况）

一、反映的主要问题（按六大纪律分类排序）

··

二、初步核实（谈话、函询）情况

··

三、处理建议

··

初步核实类——核查组人员签名：×××　×××
谈话函询类——承办人签名：×××　×××

年　月　日

附件 10

关于对×××同志
违纪问题立案审查的呈批报告

委领导：

．．．．．．．．．．．．．．．．．．．．．．．．．．．．（序言：简述线索来源、领导审批、核查结果、处理建议等情况）。具体情况如下：

．．．．．．．．．．．．．．．．．．．．．．．．．．．．．．．．．（被核查人基本情况）

一、初步查明的违纪问题

．．．．．．．．．．．．．．．．．．．．．．

二、有待进一步核查的问题线索

．．．．．．．．．．．．．．．．．．．．．．

三、立案审查建议

．．．．．．．．．．．．．．．．．．．．．

附件：关于对反映×××同志有关问题进行初步核实的报告

×××室
年 月 日

附件 11

中共××市纪律检查委员会
××市监察委员会
立 案 呈 批 表

×纪监立〔20 〕 号

被审（调）查人/单位/事件/事故					
性别		民族		学历	
出生年月		政治面貌		入党时间	
单位及职务					
任现职时间		职级		线索来源	
是否党代表		是否人大代表		是否政协委员	
主要问题					
承办室意见					
协助分管领导意见					
分管领导意见					
主要领导批示					
附件	①立案审（调）查（请示）报批件 ②《立案审（调）查方案》				

承办室：　　　　　　　　　　　　　填表人：　　　年　月　日

中共××市纪律检查委员会
立 案 呈 批 表

×纪立〔20 〕 号

被审（调）查人/单位/事件/事故				
性别		民族		学历
出生年月		政治面貌		入党时间
单位及职务				
任现职时间		职级		线索来源
是否党代表		是否 人大代表		是否 政协委员
主要问题				
承办室意见				
协助分管领导 意 见				
分管领导 意 见				
主要领导 批 示				
附 件	①立案审（调）查（请示）报批件 ②《立案审（调）查方案》			

承办室： 填表人： 年 月 日

×× 市监察委员会
立 案 呈 批 表

×监立〔20 〕   号

被审（调）查人/单位/事件/事故				
性别		民族		学历
出生年月		政治面貌		入党时间
单位及职务				
任现职时间		职级		线索来源
是否党代表		是否人大代表		是否政协委员
主要问题				
承办室意见				
协助分管领导意见				
分管领导意见				
主要领导批示				
附件	①立案审（调）查（请示）报批件 ②《立案审（调）查方案》			

承办室：   填表人：   年 月 日

附件 12

关于×××同志违纪问题的审查（调查）报告

⋯⋯⋯⋯⋯⋯⋯⋯⋯⋯⋯⋯⋯⋯⋯⋯⋯⋯⋯⋯（序言：简述线索来源、领导审批、审查结果、处理建议等情况）。具体情况如下：

⋯⋯⋯⋯⋯⋯⋯⋯⋯⋯⋯⋯⋯⋯⋯⋯⋯⋯⋯⋯（被审查人基本情况）

一、主要违纪事实

⋯⋯⋯⋯⋯⋯⋯⋯⋯⋯⋯⋯⋯⋯⋯⋯⋯⋯⋯⋯⋯

二、涉案款物有关情况

⋯⋯⋯⋯⋯⋯⋯⋯⋯⋯⋯⋯⋯⋯⋯⋯⋯⋯⋯⋯⋯

三、本人态度和认识

⋯⋯⋯⋯⋯⋯⋯⋯⋯⋯⋯⋯⋯⋯⋯⋯⋯⋯⋯⋯⋯

四、处理建议

⋯⋯⋯⋯⋯⋯⋯⋯⋯⋯⋯⋯⋯⋯⋯⋯⋯⋯⋯⋯⋯⋯

审查组人员签名：×××　×××

×××　×××

年　月　日

附件 13

中共××市纪律检查委员会
××市监察委员会
案件移送审理呈批表

被审（调）查人/单位/事件/事故				
单位及职务			职级	
立案部门		初核时间	立案时间	
留　置 起止时间			案件类型	
移送材料目录 及承办室意见				
协助分管 领导意见				
分管领导 意　见				
移送部门 交接人员		案理部门 接收人员		
附　件	审查调查报告，忏悔反思材料， 违纪违法事实材料等			

填表人：　　　　　　　　　　　　　　　　年　　月　　日

附件 14

关于将×××同志
有关违法问题移送审理的请示

委领导：

　　××××年×月×日，经市委（委）领导同志批准，我室对反映×××（单位+职务+姓名）的有关问题进行了立案审查。经查，…………………………………………………………………………（简要说明调查情况）。根据……………，建议对×××同志有关违法问题移送审理；根据…………，建议………………（简述处理意见）。

　　妥否，请审批。

附件：1. 关于×××同志违法问题的调查报告
　　　2. 忏悔反思材料
　　　3. 违法事实材料
　　　4. 涉案款物报告

×××室

年　月　日

附件 15

关于对×××同志涉嫌×××问题
立案调查并采取留置措施的请示

委领导（市委、省监委）：

　　××××年×月×日，经市委（或委）主要领导批准，我室（我委）对反映×××（单位+职务+姓名）的有关问题进行初步核实。

　　经查，……………………………………（简要说明查实的违纪事实），上述行为涉嫌严重职务违法或职务犯罪。

　　根据《中华人民共和国监察法》第二十二条第×项、第三十九条规定、第四十三条规定，×××，为进一步调查有关情况，经×××会议研究决定，建议对×××同志涉嫌×××问题立案审查并采取留置措施，留置时间为×个月。

　　妥否，请审批。

附件：关于对×××同志违法问题初步核实情况（立案调查）的报告

×××室（××监委）
年　月　日

附件 16

中共××市纪律检查委员会
××市监察委员会
审查调查谈话呈批表

承办部门：　　　　　　　　　　　　　　　　　　　　编号：

被谈话人姓名		性　别	
工作单位及职务			
谈话时间		谈话地点	
谈话人		记录人	
事　由			
承办部门 意　见			
协助分管领导 审　签			
分管领导 审　签			
主要领导 审　批			
备　注			

××市监察委员会
调查谈话呈批表

承办部门：　　　　　　　　　　　　　　　　编号：

被谈话人姓名		性　别	
工作单位及职务			
谈话时间		谈话地点	
谈　话　人		记录人	
事　由			
承办部门 意　见			
协助分管领导 审　签			
分管领导 审　签			
主要领导 审　批			
备　注			

附件 17

××市 监 察 委 员 会

查询金融财产呈批表

×监查〔20　〕　号

提请协助的单位		承办人姓　名	
调查组			
查询理由			
承办室意见			
协助分管领导意　见			
分管领导审签			
主要领导批示			
备　注			

承办室：　　　　　　　　　　　　　　　　填表人：　　年　月　日

附件18

××市监察委员会
冻结金融财产呈批表

×监冻〔20 〕 号

提请协助的单位		承办人姓名	
调查组			
冻结理由			
承办室意见			
协助分管领导意见			
分管领导审签			
主要领导批示			
备　注			

承办室：　　　　　　　　　　　　　填表人：　　　年　月　日

附件 19

××市监察委员会
扣押/查封款物呈批表

×监扣/封〔20 〕 号

原款物文件 持有（保管）人		承办人 姓 名	
调查组			
扣押/查封理由			
承办室意见			
协助分管领导 意 见			
分管领导审签			
主要领导批示			
备 注	附《扣押/查封款物文件登记表》		

承办室：   填表人：   年 月 日

附件20

××市监察委员会
扣押款物登记表

第　页　总　页

编号	款物文件名称	数量	规格	单位	特征	备注

承办人：　　　　　　　原款物文件持有人（保管）人：
　　　　　　　　　　　见证人：
　　　　　　　　　　　　　　　　年　月　日

　　登记表一式四份，案件调查组、原款物文件持有（保管）人、涉案款物专户专库保管员各一份，附卷备查一份。

附件 21

××市监察委员会
查封款物登记表

第　页　总　页

编号	款物文件名称	数量	单位	特征	备注
被查封款物文件持有人： 见证人： 查封人： 年　月　日					

　　本清单一式四份，一份统一保存，一份附卷，一份送达协助查封单位，一份送达被查封人或家属。

附件 22

×× 市 监 察 委 员 会
调取证据呈批表

×监调〔20 〕 号

原证物持有单位 及个人		承办人 姓　名	
调查组			
调取理由			
承办室意见			
协助分管领导 意　见			
分管领导审签			
主要领导批示			
备　注	附《调取证据登记表》		

承办室：　　　　　　　填表人：　　　　　　年　月　日

附件 23

××市监察委员会
调取证据登记表

第　页　总　页

编号	名　称	数量	特　征	备　注

提供人：

办案人：

（委印）

年　月　日

本清单一式三份，一份附卷、一份交证据材料持有人、一份交证据材料保管人员。

附件 24

×× 市 监 察 委 员 会
采取搜查措施呈批表

×监搜〔20   〕号

被调查人姓名			性别	
年龄		政治面貌		民族	
单位及职务				
调查组		承办人员		
搜查范围				
承办室意见				
协助分管领导意见				
分管领导意见				
主要领导批示				
备注				

承办室：　　　　　　　　填表人：　　年　月　日

附件 25

××市监察委员会
使用留置措施呈批表

×监留〔20 〕 号

被留置人姓名		性别		政治面貌		民族	
出生年月		参加工作时间		入党时间			
工作单位							
现任职务	党内				职级		
	行政						
	其他						
是否党代表党委委员		是否人大代表		是否政协委员		是否垂直管理单位	
立案时间			留置地点				
留置起始时间			陪护人员				
涉及问题及理由							
承办室意见							
协助分管领导意见							
分管领导意见							
主要领导批示							

承办室: 　　　　　　　　　　填表人: 　　年　月　日

附件 26

××市监察委员会
使用留置措施情况备案表

×监留备〔20 〕 号

		被留置人姓名		性别		出生年月		
		入党时间			参加工作时间			
		工作单位						
现任职务	党内						职级	
	行政							
	其他							
		使用措施单位						
		审批情况						
		留置起始时间				留置地点		
		看护人员情况						
		主要问题及使用措施的理 由						
		报送审批		委领导签字: 年 月 日				

填表人: 联系电话: 年 月 日

附件 27

×× 市监察委员会
延长留置措施呈批表

×监延留〔20　　〕　　号

被留置人姓名			性别			政治面貌		民族	
出生年月			参加工作时间			入党时间			
工作单位									
现任职务	党内						职级		
	行政								
	其他								
是否党代表党委委员			是否人大代表		是否政协委员		是否垂直管理		
立案时间				留置地点					
留置起始时间				延长时间					
延长理由									
承办室意见									
协助分管领导意见									
分管领导意见									
主要领导批示									

承办室：　　　　　　　　　　　填表人：　　　　年　月　日

附件 28

××市监察委员会
解除留置措施呈批表

×监解留〔20 〕   号

被留置人姓名			性别		政治面貌		民族	
出生年月			参加工作时间		入党时间			
工作单位								
现任职务	党内						职级	
	行政							
	其他							
是否党代表党委委员			是否人大代表		是否政协委员		是否垂直管理	
留置起始时间				留置地点				
拟解除时间				留置天数				
解除理由								
承办室意见								
协助分管领导意见								
分管领导意见								
主要领导批示								

承办室：　　　　　　　　　　填表人：　　　　年　月　日

附件 29

××市监察委员会

使用技术调查措施呈批表

×监技〔20　〕　　号

涉案人姓名		性别		政治面貌	
单位及职务 （包括兼职）				职级	
是否党代表 党委委员		是否 人大代表		是否 政协委员	
案件名称					
使用理由					
拟使用时间					
承办室意见					
协助分管 领导意见					
分管领导 意　见					
主要领导 批　示					
附　　件	《案件情况报告》				

承办室：　　　　　　　　　　　　填表人：　　　　年　月　日

附件 30

××市监察委员会
使用限制出境措施呈批表

×监限〔20 〕 号

涉案人姓名		性别		政治面貌	
单位及职务 (包括兼职)				职级	
是否党代表 党委委员		是否 人大代表		是否 政协委员	
案件名称					
使用理由					
拟使用时间					
承办室意见					
协助分管 领导意见					
分管领导 意 见					
主要领导 批 示					
附 件	《案件情况报告》				

承办室：   填表人：   年 月 日

附件 31

××市监察委员会
使用通缉措施呈批表

×监通〔20　〕　号

涉案人姓名		性别		政治面貌	
单位及职务 （包括兼职）				职级	
是否党代表 党委委员		是否 人大代表		是否 政协委员	
案件名称			承办人		
通缉理由					
承办室意见					
协助分管 领导意见					
分管领导 意　见					
主要领导 批　示					
附　件					

承办室：　　　　　　　　　　　　填表人：　　　年　月　日

附件 32

边控对象信息情况汇总表

姓　　名			
曾用名（或化名）			
国籍（地区）		性别	
出入境证件种类、号码	护照编号： 台湾通地证号： 港澳通行证号：	出生日期	
身份证号码			
职业或社会身份			
体貌特征			
住址　境内			
住址　境外			
控制范围			
控制期限至			
主要问题			
边控要求及发现后处理办法			
法律依据			
说　　辞			
审批领导			

交控单位：××市监察委员会　　　　　　　　　　　联系人：

后 记

  2018 年，对我来说是繁杂而又忙碌的年份。好多事情集中而又频繁地来到，需要耗费精力去处理。《纪律审查与监察调查教程》经历多次修改、重写，终于修改完毕。

  本《教程》成书过程中不少领导、同事、老师们给予了无私地指导和帮助。

  西安市纪委、监察局的有关领导同志对教材编写的体例章节给予了具体的指导。西安市监察局原副局长董明炎同志对教材的内容、章节和具体细节的修改，多次提出明确的见解，最近又按其意见增加附录，将某地试点成熟的《关于执纪监督审查调查业务工作呈批类文书的规范格式（试行）》收录其中，以供学习参考。

  西安文理学院政治学院原院长赵精兵教授在初稿编写中给予了热情的支持、指导、鼓励和肯定。西安文理学院马克思主义学院孟英教授对教材的框架、内容提出了详细具体的修改意见，使我受益匪浅。西安文理学院政治学院原教学副院长向华教授不辞辛苦多次组织专家、学者进行审核，提出修改意见。

  中纪委纪检监察学院王希鹏研究员对教材的文字、专业术语、内容、结构等作了全面、细致、详实地指导、修改。

  西安文理学院已然毕业的 2013 级和 2014 级学生刘哲源、高杨博、史参同学从学生角度提供了良多的修改意见，并多次帮助打字、校对、整理文稿。

  在此，我虔诚地致以真挚的感谢，并将把这种感谢化作行动，做好后续的教学工作。

  再次诚挚地感谢大家。

2018 年 9 月于西安

补 记

　　书稿付印前夕,《中国共产党纪律检查机关监督执纪工作规则》修订出台,书中有关内容以新《规则》为准,将在教学中予以修正。

2019 年 1 月于西安